勇気溢れるヒーローやヒロイン、
信じられないサクセスストーリー、
逆境を跳ね返した不屈の精神、
絶体絶命からの逆転劇。
奇跡のような実話をベースに作られた映画は
果たしてどこまで本当の話なのか。
全56タイトルの元ネタを完全解説！

映画になった奇跡の実話 II

True Story films

鉄人ノンフィクション編集部

映画「ジャージー・ボーイズ」より

グリーンブック

運転手役のビゴ・モーテンセン（左）と売れっ子ピアニストを演じたマハーシャラ・アリ。映画「グリーンブック」より

黒人ピアニスト、ドン・シャーリーと白人運転手トニー・リップが人種差別と闘い敢行した1962年、アメリカ南部コンサートツアー

２０１８年公開の映画「グリーンブック」は、人種差別が色濃く残る１９６０年代前半のアメリカ南部を舞台に、天才黒人ピアニストと用心棒の白人運転手がコンサートツアーを続けるうち友情を深めていくヒューマンドラマだ。物語はジャマイカ系黒人ピアニスト、ドン・シャーリーが、運転手の白人トニー・リップとともに南部の州をツアーした実話がもとになっている。

高額なギャラのため運転手兼用心棒に

映画は1962年、ニューヨークの有名ナイトクラブ「コパカバーナ」で給仕頭をしていたトニー・リップ（1930年生。本名フランク・アンソニー・バレロンガ。演：ビゴ・モーテンセン）が、高名なアフリカ系アメリカ人ピアニストのドン・シャーリー（1927年生。演：マハーシャラ・アリ）に運転手として雇われる場面から始まる。

シャーリーは2歳からピアノを始め、19歳で自作の交響曲をひっさげ世界ツアーを開始。ロンドン・フィルハーモニー管弦楽団と共演したり、万国博覧会で演奏するなど、ピアニストとして確固たる地位を築いた。

1960年代以降、シャーリーは全米をコンサートツアーで回り、そのライブ地には人種差別が激しい南部も含まれていた。

当時、アメリカ南部11州には「ジム・クロウ法」なる人種差別法が存在し、宿泊施設やレストランなどは黒人の利用を拒否することが当たり前。しかし、シャーリーは黒人である自身の演奏によって、白人観客の心を動かせるはずと信じていた。

実際のドン・シャーリー（左）とトニー・リップ

もっとも、ツアーの運転手として雇ったリップが根っからの人種差別主義者だった。作中で描かれる、自宅に来た黒人修理人が使ったグラスをリップがゴミ箱に捨てるシーンも実際の話で、運転手を引き受けたのは高額なギャラのためだった。

映画で、シャーリーは幼い頃からヨーロッパに音楽留学し、〝黒人文化〟とは無縁なセレブとして描かれている。劇中、リップが素手でフライドチキンにかぶりつき、骨を車の窓から投げ捨てる〝黒人スタイル〟をシャーリーに教える場面は、映画の脚本家兼プロデューサーでもあるリップの息子ニック・バレロンガが父親の口から直接聞いたエピソードだという（シャーリーの近親者は、生前、彼からそんな話は聞いた覚えがないと話している）。

また、映画ではリップがシャーリーに対して、ジャズや黒人音楽の要素を取り入れたらいいのにとアドバイスし、以降、シャーリーの演奏が変わったかのように描かれている。実際にシャーリーは、クラシック音楽にジャズやポップミュージックをブレンドした独自のジャンルを作りあげた名手だ。交響曲やピアノ協奏曲などを作曲する一方

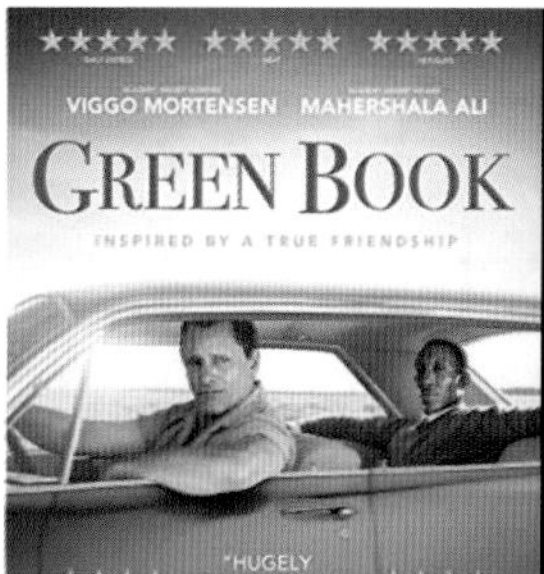

グリーンブック

2018／アメリカ
監督：ピーター・ファレリー
黒人ピアニスト、ドン・シャーリーとイタリア系白人運転手トニー・リップが1962年、人種差別の激しいアメリカ南部をコンサートツアーで回った実話を映画化。第91回アカデミー賞で作品賞、助演男優賞（マハーシャラ・アリ）、脚本賞の3部門で最優秀賞を受賞した。

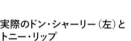

コンサートは絶賛されたがホテルもトイレも白人とは別

で16枚のアルバムをリリース。ビルボードのチャートに14週連続で乗るほどヒット曲もある。

　だが、それはリップと出会う前のこと。実はクラシックのピアニストとして世界ツアーを成功させたシャーリーに、業界の重鎮が「〝色付き〟のピアニストをアメリカの聴衆は見たくない」と釘を刺していた。クラシック音楽のキャリアを絶たれたシャーリーは悩んだ末に独自のスタイルを構築。ヒット曲を産みだした後、全米ツアーに旅立つのである。

シャーリーに対し容赦のない差別が

　彼らが拠点としていたニューヨークを含むアメリカ北部とは、文化習慣はもちろん価値観が大きく異なる南部でコンサートツアーを行うにあたり、運転手リップに手渡されたのが映画のタイトルにもなっている『黒人ドライバーのためのグリーン・ブック（通称グリーン・ブック）』だ。黒人旅行者がトラブルに巻き込まれないよう、利用可能な施設を紹介したガイドブックである。

　コンサート会場は白人の富裕層たちでどこも満員で、シャーリーの演奏に最大級の賛辞が贈られた。そんな様子を見て、リップはしだいにシャーリーに敬意を抱くようになる。

　が、一方で、彼らが同じホテルに泊まることも一緒に食事をすることも同じ建物のトイレを使うことも許されなかった。また、ケンタッキー州やオレゴン州には日没後に黒人が足を踏み入れることを制限し、もし破ればリンチをして構わないとする「日没の町」も点在していた。

車で旅行する黒人に向けた指南書『グリーン・ブック』（名称は表紙が緑色であることから）。人種差別が公然とまかり通っていた1936年〜1966年、毎年約1万5千部が発行された

ドン・シャーリーの演奏は南部でも大喝采を浴びたが…。映画「グリーンブック」より

グリーンブック

リップはツアー中、シャーリーに手伝ってもらいながら妻のドロレスに手紙を送り続けた（後ろが実際の2人。手前は映画より）

当時の南部では、それが常識としてまかり通っていたのだ。

シャーリーに待ち受けていた現実が自分の想像を遥かに超える過酷なものと知ったリップは、自ずと人権意識を変えていく。自分たちでシャーリーを招待し、演奏を堪能しながら決して同じ人間として扱わない白人たちに怒り、さらには差別を甘んじて受け入れるシャーリーにもいらつき、ついには警官を殴り倒してシャーリーと一緒に留置場に放り込まれてしまう。

この危機を救ったのが、人種問題に積極的に取り組んでいた当時の司法長官ロバート・ケネディだ。作中で描かれているとおり、実際にシャーリーは彼と友人で、ロバートの兄ジョン・F・ケネディ大統領が暗殺された際にはツアー先から葬儀に駆けつけたという。

映画ではシャーリーとリップの旅を2ヶ月間で描いているが、現実には1年半を共にし、かけがえのない友情を育んだ。ツアー中、リップが妻に書いた手紙をシャーリーが添削した劇中のエピソードも事実で、ツアーの後、2人はカナダへ旅行に出かけたこともあったという。

リップはこの旅の後、元の勤務先コパカバーナに復帰。そこで知り合ったフランシス・フォード・コッポラ監督の映画「ゴッドファーザー」（1972）で俳優デビューし、以降「狼たちの午後」（1975）や「レイジング・ブル」（1980）、「グッドフェローズ」（1990）などの名作で、主にマフィアのチョイ役として活躍。2013年1月、82歳で亡くなった。

一方、シャーリーは映画のとおりニューヨークのカーネギー・ホール上にあるアパートで生涯、音楽家として暮らし、リップが逝った3ヶ月後に心臓病で死去した。享年86。

シャーリーが終の棲家とした、カーネギー・ホール上のアパートの部屋

フォードvsフェラーリ

主人公の2人、キャロル・シェルビーをマット・デイモン（左）、ケン・マイルズをクリスチャン・ベールが演じた。映画「フォードvsフェラーリ」より

1966「ル・マン24時間レース」で絶対王者フェラーリを破ったフォードの意地とプライド

２０１９年に公開された「フォードvsフェラーリ」は、１９６０年代半ばの「ル・マン24時間レース」を舞台に、絶対王者フェラーリに挑んだ男たちのドラマである。主人公は、フォード社からレースで勝つことを委託されたカーデザイン会社を運営するキャロル・シェルビーと、彼がスカウトした一匹狼のレーサー、ケン・マイルズ。映画は、レースに理解のないフォード社幹部の反発を受けながらも、２人が困難に打ち勝ち栄冠を手にするまでの過程を事実にそって描いている。

醜い車を量産してろ。重役たちは間抜け

アメリカのフォード社とイタリアのフェラーリ社は、同じ自動車メーカーでありながら会社の成立理念は真逆だ。

20世紀初頭に起業したフォード社は、アメリカのモータリゼーションを牽引し、贅沢品だった自動車を普及させるため徹底的にコストを削減。ベルトコンベアーで安価な大衆車を大量生産した。対するイタリアのフェラーリ社は、元レーシングドライバーのエンツォ・フェラーリが1947年に設立し、レースに出場する資金を捻出するため車の販売を開始。職人が造り上げる芸術品のようなレーシングカーと、王侯貴族や富裕層に向けた高級スポーツカーのみを製造していた。映画は両社が接点を持った1963年から始まる。

アメリカでは、第二次世界大戦後に生まれたベビーブーム世代が成長するにつれ車の購買習慣が変化し、親世代が愛用する質素なフォード車の人気がなくなり、若者はデザインや性能のいいヨーロッパ車を求めるようになった。そこで、フォード社はスポーツカーを開発し、カーレースに参戦してブランドイメージを上げようと画策。手っ取り早く、ヨーロッパで名を馳せていたフェラーリ社の買収に乗り出す。

実際のケン・マイルズ（左）とキャロル・シェルビー。写真は1966年2月、「ル・マン」の前哨戦「デイトナ24時間レース」で優勝した際の1枚

一方のフェラーリ社は、デザイン的にも機能的にも優れた車でレースでも好成績をあげていたが、手作業が多く生産コストがかさむうえ、レースへの過剰投資によって経営状態が悪化。オーナーのエンツォ・フェラーリはいったん買収交渉のテーブルについたが、レースへの参加権をフォード側が握ることに怒り席を立つ。このとき、エンツォが「醜い車を量産してろ。重役たちは間抜け。ヘンリー二世はしょせん二世、偉大な祖父には遠く及ばない」と悪態をついたのは劇中で描かれるとおりだ。

ル・マンに勝つため呼ばれた2人の男

交渉決裂を知ったフォード社の社長フォード二世は大金を注ぎ込み、自社のレースチームを立ち上げる。世界最高峰のカーレース、ル・マンでフェラーリを打ち負かすためだ。

フランス西部の都市ル・マン近郊で行われるル・マン24時間レースは、1台の車を複数のドライバーが交代で運転しながらサーキットを周回。昼夜を通して24時間、総走行距離約4千800キロを走り続ける過酷な戦

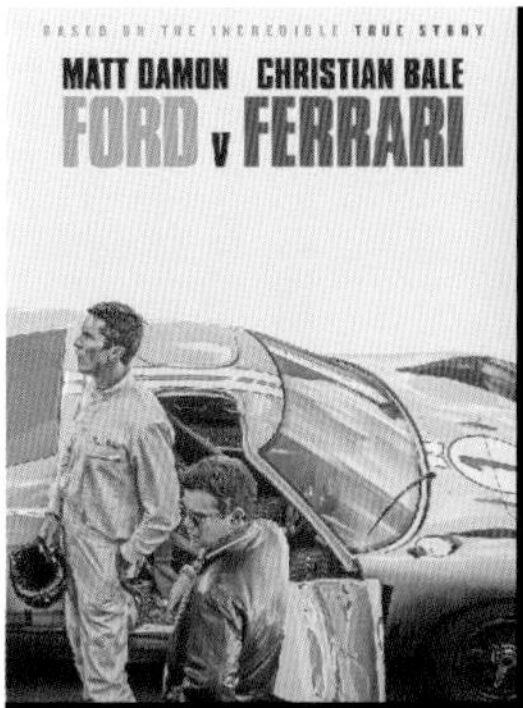

フォードvsフェラーリ

2019／アメリカ
監督：ジェームズ・マンゴールド
1966年の「ル・マン24時間レース」にまつわる実話を映画化。レースシーンはCGを使わず実際の車を走らせ撮影された。2019年度のアカデミー賞で最優秀音響編集賞と最優秀編集賞を受賞。

いだ。Ｆ１がサーキット専用に造られた１シートのフォーミュラカーを使うドライバーメインの大会なのに対し、ル・マンは２シートの車両を使った〝メーカー選手権〟の色合いが濃く、およそ１００年に及ぶ歴史を誇るル・マンでの勝利は、自動車メーカーに最高の栄誉とブランド価値をもたらしていた。

　映画でははっきり描かれていないが、フォード社は最初に参戦した１９６４年のル・マンで全車リタイアの惨敗。翌１９６５年、マーケティング戦略の責任者リー・アイアコッカと副社長のレオ・ビーブは、勝利に必要なスタッフをかき集める。その中の１人が１９５９年のル・マンで優勝し、現役引退後、レーシングカー・メーカー「シェルビー・アメリカン」を設立していたキャロル・シェルビー（１９２３年生。演：マット・デイモン）だった。

　フォード社から依頼を受けたシェルビーは、友人のケン・マイルズ（演：クリスチャン・ベール）を仲間に誘う。１９１８年、イギリスに生まれたマイルズは10代の頃から車の整備工として働き、第二次世界大戦に従軍後、妻子とともに渡米。ロサンゼルスに居を構え、ＭＧ（イギリスのスポーツカー・メーカー）関連の自動車整備工場を経営しつつ、自作の車でＳＣＣＡ（非営利の自動車クラブ）のレースに参加し14連覇を記録。シェルビーは、マイルズがレーシングドライバーとしてはもちろん、運転しただけで車の問題点を判断できる能力を持った類まれな人材と見抜いていた。

副社長の減速命令はフィクション

　１９６５年ル・マン。映画では、すぐにカッとなる粗野な性格のマイルズを副社長レオ・ビーブが毛嫌いし、レースから外したことになっている。が、実際のマイルズは非常に紳士的な男で、ビーブとの対立は全てフィクション。１９６５年のレースにもドライバーとして出場したものの車体故障でリタイアを余儀なくされている。優勝は１９６０年から連覇を続けるフェラーリだった。

　そして、迎えた１９６６年のル・マン（６月18日〜19日に開催）。３年目の挑戦となったフォード社は、シェルビーのデザインによるレーシングカー「フォード・ＧＴ40」を改良した「ＧＴ40マークⅡ」を８台出場させる。このとき、映画では依然フェラーリを絶対王者として描いているが、実際は前哨戦《ぜんしょうせん》とされる同年２月の「デイトナ24時間レース」と３月の「セブリング12時間レース」で、マイル

上／フォード社長のヘンリー・フォード二世本人（右。1987年、70歳で死去）と、演じたトレーシー・レッツ
下／副社長レオ・ビーブ本人（右。2001年、83歳で死去）と、彼を演じたジョシュ・ルーカス。劇中では悪役に描かれているが、事実と異なる

1966年「ル・マン」のスタート時の様子

ピットインした「フォード・GT40マークII」1号車。右端がマイルズ本人

ズらの乗るフォード車が優勝。しかもデイトナではフォードが1、2、3位を独占。完全勝利を成し遂げており、ル・マンでの初優勝も有力視されていた。

　結果は、映画に描かれているとおりだ。フェラーリ車が次々に接触事故や車体トラブルでリタイヤしたのも、中盤以降マイルズがぶっち切りでトップを走ったのも、フォード車3台が並んでゴールしたのも全て事実だ。ただし、副社長ビーブが3台同時にゴールさせるため、マイルズにわざと減速するよう指示したのは劇中の演出である。事実は逆で、マイルズの車を2位と判定した主催者側に同率1位にしてほしいと交渉したのがビーブだったという。

フォードvsフェラーリ

快挙から2ヶ月後、テスト走行中に事故死

　マイルズがカリフォルニアのリバーサイドサーキットでGT40改良型のテスト走行中、スリップによる車の横転で事故死するのはル・マンの2ヶ月後、8月17日のこと(享年47)。フォード社は翌1969年までル・マンを4連覇するが、その後はレースから撤退している。

　またシェルビーはフォード社からクライスラー社に移籍し、他スタッフとともにスポーツカーの名車「バイパー」を開発。1991年、国際モータースポーツ殿堂入りを果たし、2012年、89歳でこの世を去った。

ゴールシーン。右前マイルズ乗車の1号車が速度を落とし並んだのに対し、2号車がゴール前で加速したとの証言もある

ボヘミアン・ラプソディ

夭折《ようせつ》の天才ボーカリスト、フレディ・マーキュリーに関する映画とは違う6つの真実

「クイーン」のボーカリスト兼ライブパフォーマーのフレディ・マーキュリー本人。「ボヘミアン・ラプソディ」「キラー・クイーン」「愛にすべてを」「伝説のチャンピオン」などのヒットナンバーを作詞・作曲したメロディメーカーでもある

2018年、監督や主演の降板など相次ぐトラブルのせいか海外では散々な評価を受けながら、日本でナンバー1の大ヒットを記録した「ボヘミアン・ラプソディ」。イギリスの伝説的ロックバンドで現在も活動中の「クイーン」が音楽界の頂点まで駆け上がっていく過程を、ボーカル、フレディ・マーキュリーに焦点を当て描いた伝記映画の傑作だが、その内容は事実との相違点が少なからずある。

本名を捨て、自分を殺した

「♪ママ、僕は今、ひとを殺し

1976年当時のクイーン（上）。左からジョン・ディーコン（ベース）、ロジャー・テイラー（ドラム）、フレディ・マーキュリー（ボーカル）、ブライアン・メイ（ギター）。下は劇中でメンバーを演じたキャスト。映画「ボヘミアン・ラプソディ」より

たんだ〜」と歌うクイーンの代表曲「ボヘミアン・ラプソディ」。映画のタイトルに使われているとおり、作品のテーマもこの歌に深く関わっている。

作詞・作曲を手がけたフレディが何も言わずに亡くなったため真意は不明だが、ファンの間では歌詞に登場する「僕」はフレディ自身だと解釈されている。曲が発表された１９７５年当時、同性愛者であることに悩んでいた彼が、本名のファルーク・バルサラを捨てた、すなわち殺したのだと。

フレディの生い立ちについて映画は詳しく語らず、バンドを結成する前に「パキ」（パキスタン人に対する蔑称）と罵られているシーンが挟まれる程度だ。

フレディは１９４６年、当時イギリスの保護国だった東アフリカのザンジバル島（現タンザニア）に生まれた。両親とともに子供時代をインドで過ごし、ザンジバル革命の勃発（１９６４年）を機にイギリスへ移住。彼が17歳のときだ。

イギリスでの暮らしは貧しく、さらに、父親が敬虔なゾロアスター教徒だったため、フレディはその独特な教えに苦しめられる。ゾロアスター教は善悪二元論を採用し、善以外は全て悪という極端な考え方が基本。頭ごなしに「正しい行いをしろ」と説教する父親に抗いながらも、フレディはゲイである己のセクシャリティに悩みぬき、ありの

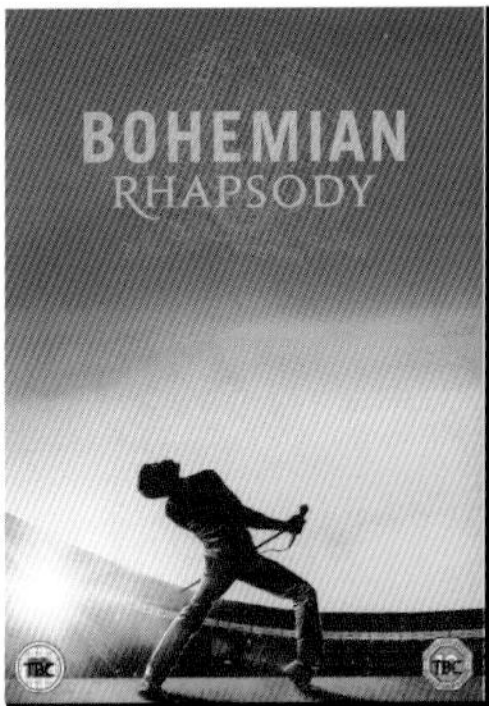

ボヘミアン・ラプソディ

2018／アメリカ
監督:ブライアン・シンガー
世界的ロックバンド「クイーン」のボーカルで、1991年に45歳の若さでこの世を去ったフレディ・マーキュリーの生涯を描いた伝記ドラマ。アカデミー賞で作品賞を含む5部門にノミネートされ、最優秀主演男優賞（ラミ・マレック）他4部門を受賞した。

ままの自分で生きることを選択する。

とはいえ、両親は幼少期より息子フレディの音楽的才能を認めていた。7歳からピアノを習わせ、8歳でイギリス式の全寮制寄宿学校に入学し12歳からバンド活動を開始。イギリスに渡った後も高校で芸術を、さらに大学で芸術とグラフィック・デザインを学ばせている。

生涯の友人で元恋人のメアリー・オースティン（1951年生）

同性愛者とは気づかなかった

1970年、フレディ23歳のときにブライアン・メイ（1947年生）とロジャー・テイラー（1949年生）が所属していたバンド「スマイル」に加入する形でクイーンが誕生。それからの活躍は映画でも描かれるとおりだ。

ただし、作中にはストーリーをドラマチックに盛り上げるためか、事実と違う部分が7つある。これが海外で不評を買っている理由でもある。

パートナーだったジム・ハットン（左。1949年生）。ジムは2010年、肺ガンで死去

まず1つ目は、バンド結成の経緯だ。映画では、たまたま見たスマイルのライブ後、ブライアンやロジャーと知り合い、その日のうちにバンドを組んだことになっている。が、フレディは1968年のスマイル結成当時から彼らのファンで、メンバーに加えてほしいと何度も懇願。それを覚えていたブライアンが、ボーカルが抜けた際にフレディに声をかけたのが真実だ。

また劇中では、フレディの恋人で後に生涯の友となる女性メアリーとの出会いを、バンド結成直前の出来事として描いているが、実は彼女はもともとブライアンと付き合っていた。当然、フレディが彼女と出会うのはクイーンが活動を始め、ブライアンと彼女が別れた後のことだ。

3つ目は、フレディのパートナー、ジム・ハットンとの出会い。劇中のジムはフレディ主催のパーティで給仕をしていたことになっているが、実際の彼は美容師で、1984年、ロンドンのゲイクラブでフレディが声をかけ知り合ったという。

さらに映画では、フレディが同性愛者であることを強調して描かれているが、後にブライアン・メイは「ツアー中、僕はフレディと相部屋だったけど、フレディの寝室にはいつもきれいな女の子たちがいっぱいいた」と、彼がゲイであるとは気づかなかったと証言している。

上／1985年7月13日、ロンドンのウェンブリー・スタジアムで開催された「ライヴ・エイド」のステージに立つクイーンのメンバー　下／「ライヴ・エイド」の様子を完コピした劇中シーン。顔を向けているのがフレディを演じたラミ・マレック。映画「ボヘミアン・ラプソディ」より

ボヘミアン・ラプソディ

メンバーへのエイズ告白は「ライヴ・エイド」出演後

死の数ヶ月前に撮影されたフレディの最後の姿

5つ目は、クイーンの解散に関する描写だ。映画にはフレディがソロ・プロジェクトにサインし、バンドと距離を置きたいと告白し、メンバーと亀裂が生じるシーンがある。確かに、クイーンは1982年から1年半近く活動を休止していた。が、当時のメンバー4人は、10年間ツアーを続け、燃え尽き症候群に陥っていた。フレディだけでなく、ブライアンやロジャーもソロでの活動は行っていたものの、1983年にはアルバム「ザ・ワークス」の制作を始めており、解散どころかメンバーが疎遠になったことは一度もなかった。

ファンの間で一番問題視されているのは、映画終盤、フレディが他のメンバー3人に自身がエイズだと告げるシーンだ。その言葉をきっかけにバラバラだった4人の心が寄り添い、1985年7月13日に英米で同時開催された20世紀最大のチャリティーコンサート「ライヴ・エイド」に出演し約7万2千人の大観衆を熱狂させる。

自らの命を削った熱演を披露したフレディと、彼を支えたメンバーたち。なんとも感動的なクライマックスだが、これは完全なフィクションだ。フレディがエイズの診断を受けたのは1987年で、メンバーに打ち明けたのは1989年のことだ。

2年後の1991年11月24日、フレディはイギリス・ケンジントンの自宅で死去する。死因はエイズによる免疫不全に伴う気管支肺炎。享年45だった。

インビクタス／負けざる者たち

1995年6月24日、RWCでマンデラ大統領が自国南ア代表チームのジャージを着用して行った優勝トロフィー授与は、スポーツ史における最も偉大な瞬間のひとつとして記憶されている。右はチームのキャプテン、フランソワ・ピナール（実際の写真）

ネルソン・マンデラと「スプリングボクス」が勝ち取ったラグビーワールドカップ初出場初優勝の栄冠

日本代表が初のベスト8進出を果たし、大きな話題となった２０１９年開催の第９回ラグビーワールドカップ（以下ＲＷＣ）。優勝したのは準々決勝で日本を26対3の大差で下し、決勝戦でも強豪イングランドを32対12で撃破した南アフリカ共和国（以下南ア）である。

名匠クリント・イーストウッドがメガホンをとった「インビクタス／負けざる者たち」は、その南アが１９９５年、初めてＲＷＣに参加し、優勝を遂げるまでの軌跡をほぼ史実どおりに描いたスポーツヒューマンドラマだ。初出場初優勝の快挙の背景には、アパルトヘイトによる

白人でもなく黒人でもなく、全南ア国民から応援を受けるために

チームキャプテン、フランソワ・ピナールを演じたマット・デイモン（中央）。
映画「インビクタス／負けざる者たち」より

人種差別や経済格差をなくし、国をまとめるためには、自国で開催されるＲＷＣでの優勝が必要と感じていた南ア大統領ネルソン・マンデラの強い思いがあった。

アパルトヘイトの廃止後も消えない国民間の差別感情

　アパルトヘイトはかねてから数々の人種差別的立法があった南アにおいて１９４８年に法制として確立された、悪名高き人種隔離政策である。選挙権は人口の15％に過ぎない白人だけが有し、就業面でも白人と非白人の給与格差は6倍。さらに白人と非白人の共学や婚姻は禁止され、非白人の居住区も限定されていた。

　１９１８年、南アに生まれたマンデラは20代半ばから反アパルトヘイトに身を投じてきた政治活動家で、１９６４年、国家反逆罪で逮捕、終身刑を受け、周囲を強い海流が囲み脱出不可能とされるロベン島の刑務所に収監されていた。

　転機が訪れるのは投獄から20年後。１９８０年代半ばから世界で沸き起こったアパルトヘイトへの非難を受け、１９８９年、

インビクタス／負けざる者たち

2009／アメリカ
監督：クリント・イーストウッド
南アフリカ共和国のネルソン・マンデラ大統領と同国代表ラグビーチームの白人キャプテンがワールドカップ制覇へ向け奮闘する姿を描いた人間ドラマ。「インビクタス」はラテン語で「征服されない」「屈服しない」の意。

南ア政府はついに数年以内の制度撤廃を決定。これによりマンデラが27年ぶりに自由の身となった１９９０年2月から映画は始まる。

4年後の１９９４年4月、アパルトヘイト関連法案が完全廃止となった南アで初めて全人種参加の選挙が開催され、マンデラは黒人初の大統領となる。

今までの圧政を覆してくれるだろうといきり立つ非白人に対し、恐怖にさいなまれる白人たち。マンデラは復讐を強く禁じるが、国民間の根深い差別意識は簡単になくならない。そこでマンデラが考えたのが、ラグビーによる国民の意識改革だった。

南アはもともと伝統的にラグビーの強豪国である。代表チームは「スプリングボクス」の愛称で呼ばれ、19世紀末から世界の表舞台で活躍していた。が、選手は白人が中心で、非白人にとってはアパルトヘイトの象徴として忌み嫌われる対象でもあった。映画の冒頭、南アに声援を送る白人観客に対し、黒人が敵のイングランドチームを応援する様子が描かれるように、人種間でラグビーに対する認識は全く異なっていた。

代表メンバー30人のうち、唯一の黒人選手だったチェスター・ウィリアムズ本人。白人と非白人の融和の象徴的存在に

マンデラはこの意識差を一つにまとめようと考えた。劇中、黒人代表者がスポーツ協会の会合で「（スプリングボクスの）チームカラーと愛称はアパルトヘイトの象徴」と主張、その変更が全会一致で認められる史実どおりのシーンがある。このとき、マンデラは変更を阻止すべく、彼らに向かって言う。

「今まで我々は白人に脅かされてきた。が、我々は白人たちと協力する寛容の心で迎えるのだ」

決勝戦で、大本命のニュージーランドを15対12の僅差で撃破

マンデラのラグビーに対するこだわりは、大統領就任の翌年１９９５年、南アでＲＷＣが開催されることが大きく影響している。

１９８０年代から南アのラグビーは弱体の一途を辿っていた。アパルトヘイトによる経済制裁、国際試合からの追放。１９８７年に開催された第1回ＲＷＣ、１９９１年の第2回大会も参加を拒否されている。

しかし、マンデラ政権誕生2年前の１９９２年、国際試合復帰後、急速に実力をつけ、自国開催の第3回大会では優勝候補の一角であり、映画のように極端に弱体化したままだったような描写は誇張である。

マンデラはこの大会にかけていた。白人でもなく黒人でもなく、全南ア国民から応援を受けるためにはＲＷＣでの優勝が絶対に必要だと。その強い意志をマンデラ直々に伝えられたのが、代表チームのキャプテンで、劇中マット・デイモンが演じたフランソワ・ピナール（１９６７

インビクタス／負けざる者たち

年生）である。後の彼の証言によれば、マンデラの意向でスプリングボクスが貧困地区の黒人の子供たちへ行ったラグビー指導や地道な活動を介して、自分たちの存在が南アのみならず、世界的に注目されていることを知ったという。

優勝に歓喜するスプリングボクスのメンバー（実際の写真）

1995年5月25日、第3回RWC南アフリカ大会開催。4ヶ国で形成される予選プールのA組に入った南アは3試合全勝で危なげなく決勝トーナメントに進出する（C組に入った日本は3試合全敗で予選敗退）。準々決勝もサモアに42対14で圧勝したものの、準決勝は強豪フランスを相手に19対15の僅差で辛勝《しんしょう》、そして決勝では優勝候補の大本命、ニュージーランド代表「オールブラックス」を15対12で下し世界一の栄冠に輝く。

1995年6月24日、ヨハネスブルグの会場に詰めかけていた白人、非白人がともに歓喜したその日、ラグビーは南ア国民全体のスポーツに変わった。

その後、南アラグビー代表はRWCにおいて、1999年3位、2003年ベスト8、2007年優勝、2011年ベスト8、2015年3位、2019年優勝と輝かしい成績を残し、2020年5月時点の世界ランキングは堂々1位の座にある。

劇中で再現された優勝トロフィー授与シーン。マンデラを演じたモーガン・フリーマン（左）は自ら映画化権を買い取り、作品の製作総指揮も務めた。映画「インビクタス／負けざる者たち」より

★

映画「インビクタス／負けざる者たち」は、マンデラの自伝『自由への長い道』を原作としている。同書が出版された際、記者の「映画化されるとしたら誰に演じてもらいたいか」との質問にマンデラはモーガン・フリーマンの名前を挙げた。それを受け、フリーマンは南アのプロデューサーを通じてヨハネスブルグにあるマンデラの自宅を訪問し、自伝の映画化権を買い取り、本作品の制作を決定。盟友イーストウッドに監督を依頼した。

マンデラがこの世を去るのは映画公開から4年後の2013年12月。享年95だった。

最強のふたり

映画以上に深く結ばれていた大富豪の障害者フィリップと介護人の黒人青年アブデルの絆

主演のオマール・シー（左）、フランソワ・クリュゼともにフランスの米アカデミー賞に当たるセザール賞の主演男優賞にノミネートされ、シーが受賞した。映画「最強のふたり」より

四肢麻痺の大富豪と、その介護人となった黒人青年の交流を描いた2011年のフランス映画「最強のふたり」。本来出会うはずのない彼らが育んだ友情は大きな感動を呼んだが、モデルとなった実在の2人は映画以上に深い絆で結ばれていた。

この体じゃ自殺もできない

物語の主人公のモデルの1人、フィリップ・ポゾ・ディ・ボルゴはフランスの元侯爵家の家系に生まれ、世界的なシャンパン製造会社の重役として何不自由

映画のモデルになったフィリップ・ポゾ・ディ・ボルゴ（左）とアブデル・セロウ本人

ない生活を送っていた。悲劇に襲われるのは1993年、42歳のとき。スイスで趣味のパラグライダーを楽しんでいた際、着地に失敗し脊髄を激しく損傷。首から下の感覚をなくし、自分の意志で体を動かすことが不可能になったのだ。

食事もシャワーもトイレも、寝返りを打つにも他人の手が必要。そこで、フィリップは住み込みの介護人を一般募集する。好待遇の条件に多くの介護経験者が応募し、適当な人物を採用した。が、仕事が激務のうえフィリップは超堅物。誰もが1週間と持たず辞めていった。

そんなとき面接にやってきたのがアブデル・セロウという21歳の黒人青年だった（映画での役名はドリス）。劇中ではアフリカ系黒人になっているが、実際はアルジェリア出身の移民で、介護経験はおろか、障害者と話すのも初めてだった。

フィリップは、他の応募者と違い、自分を可哀想な病人ではなく、ただ普通の人間として接してきたアブデルを気に入り、即座に採用を決める。それまで周囲から同情的な目で見られ、腫れ物に触るように扱われることにウンザリしていたのだ。

映画のとおり、アブデルの働

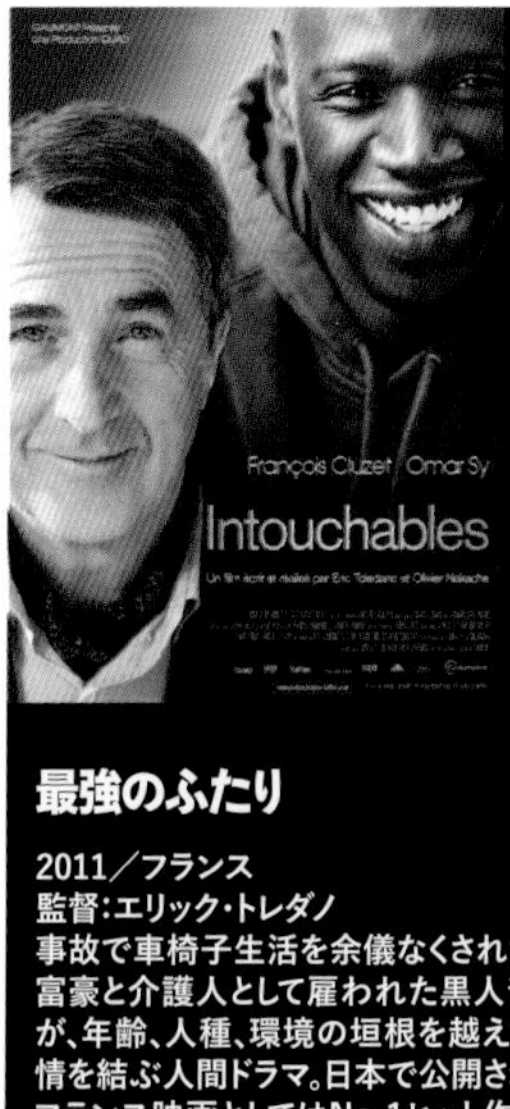

最強のふたり

2011／フランス
監督：エリック・トレダノ
事故で車椅子生活を余儀なくされた大富豪と介護人として雇われた黒人青年が、年齢、人種、環境の垣根を越えて友情を結ぶ人間ドラマ。日本で公開されたフランス映画としてはNo.1ヒット作となった。原題の「Intouchables」は「本来は触れるはずのない（2人）」の意。2019年、ハリウッドでリメイク版が公開された（邦題「人生の動かし方」）。

き方は常識外だった。本当に全身が麻痺しているのかを疑いフィリップの脚に熱湯をかけたり、フィリップを乗せたロールス・ロイスをスピード違反で止めた警官を発作のフリをして振り切ったり、痛みを抑えるためフィリップに大麻を吸わせたり。また、フィリップの車椅子を時速9マイルで移動できるよう改造したのもアブデルだった。

　ちなみに、劇中、「俺なら自殺しているな」と口にするアブデルに対しフィリップが「この体じゃ自殺もできないんだよ」と返すシーンがあるが、実際、フィリップはアブデルを雇う寸前、首にチューブを巻きつけ自殺を図り、未遂に終わる経験があったそうだ。

心を通い合わせる初めての親友

　重い障害を負ったフィリップの大きな支えとなるアブデルもまた、社会の弱者だった。

　9人の兄弟がいるアルジェリアの貧しい家庭に生まれ、4歳のとき両親と一緒にパリに移住。周囲から受ける差別の反動もあってか、10歳の頃には、小学校の同級生を恐喝する一人前のワルになっていた。

　中学を中退した後は長年パリでホームレスに近い暮らしを送るとともに、観光客から金を盗んだり詐欺を働き、2年間の服役経験もあった。これまでマトモな職に就いたことは一度もなく、フィリップの介護人に応募したのも、単に福祉カウンセラーに勧められたからで、政府の支援を受けるための形ばかりのものだった。劇中では触れられていないが、面接中、アブデルはフィリップ邸のテーブルにあった卵を盗んだそうだ。

アブデルの介護はいつも献身的だった

　落ちこぼれの自分を雇い入れ、専用の部屋を用意し、本気で話をし、社会のマナーやクラシック音楽、絵画の楽しみを教えてくれたフィリップ。一方、アブデルもフィリップにヒップホップ音楽の楽しさを教え、2人は心を通い合わせる。後のインタビューで両者ともに答えているが、互いに〝初めてできた親友〟だった。

果たされた亡き妻との約束

　映画で脚色された事実もある。たとえば劇中、フィリップの妻ベアトリスはすでに死亡したことになっているが、実際に彼女がガンで亡くなったのは、アブデルが家にやってきて4年後の1996年5月のこと。フィリップの事故は、妻がガンを宣告された悲しみを忘れようと出かけた先で起こしたものだった。

　ベアトリスを看病しなければならない立場なのに、逆に介護が必要になった自分。フィリップは己が情けなく、事故後は妻の入院先を見舞うこともできなくなっていた。

　そんな彼を勇気づけたのもアブデルだった。毎日、フィリップを病院に連れていき、夫婦間の信頼関係を取り戻す手助けをする。そのことでアブデルとフィリップ夫婦との間には切っても切れない絆が生まれたという。

　また、映画の後半、フィリップとアブデルが、それぞれの道を歩き始める事情も、実際とはまるで違う。

　劇中では、アブデルの弟がフィリップ邸に助けを求めに来た

最強のふたり

2人が雇用関係を解消した本当の理由

2人は今も頻繁に連絡を取り合う間柄だという

ことをきっかけに、「彼を必要としているのは自分だけではない」「介護は自分の一生の仕事ではない」と互いが気づき、雇用関係を解消。最後は、フィリップと文通相手の女性の恋愛を予感させるシーンで終わる。映画だと、ほんの1年程度の出来事のような印象だ。

しかし、実際にはアブデルは10年にわたってフィリップの面倒をみていた。その後、2人は暖かい気候が体に良いからとモロッコへ移住するのだが、そこでアブデルがホテルのフロント係の女性を好きになったため、フィリップの方から契約を解除したのが真相だ。アブデルが将来のパートナーと出会ったら彼を自由にすることは、生前の妻と交わしていた約束だった。

その後、フィリップはモロッコで身の回りの世話をしていたカディヤというイスラム教徒の女性と2004年に再婚。アブデルも件の女性と結婚し、現在は故郷のアルジェリアで養鶏場を経営しながら奥さんと3人の子供と暮らしている。

最強の友情を育んだ2人は、今も頻繁に連絡を取り合い、家族ぐるみのつきあいが続いているそうだ。

フィリップは現在、再婚した妻カディヤ（右）と彼女の娘2人、新たに生まれた娘1人と一緒にモロッコで暮らしている

ファイティング・ファミリー

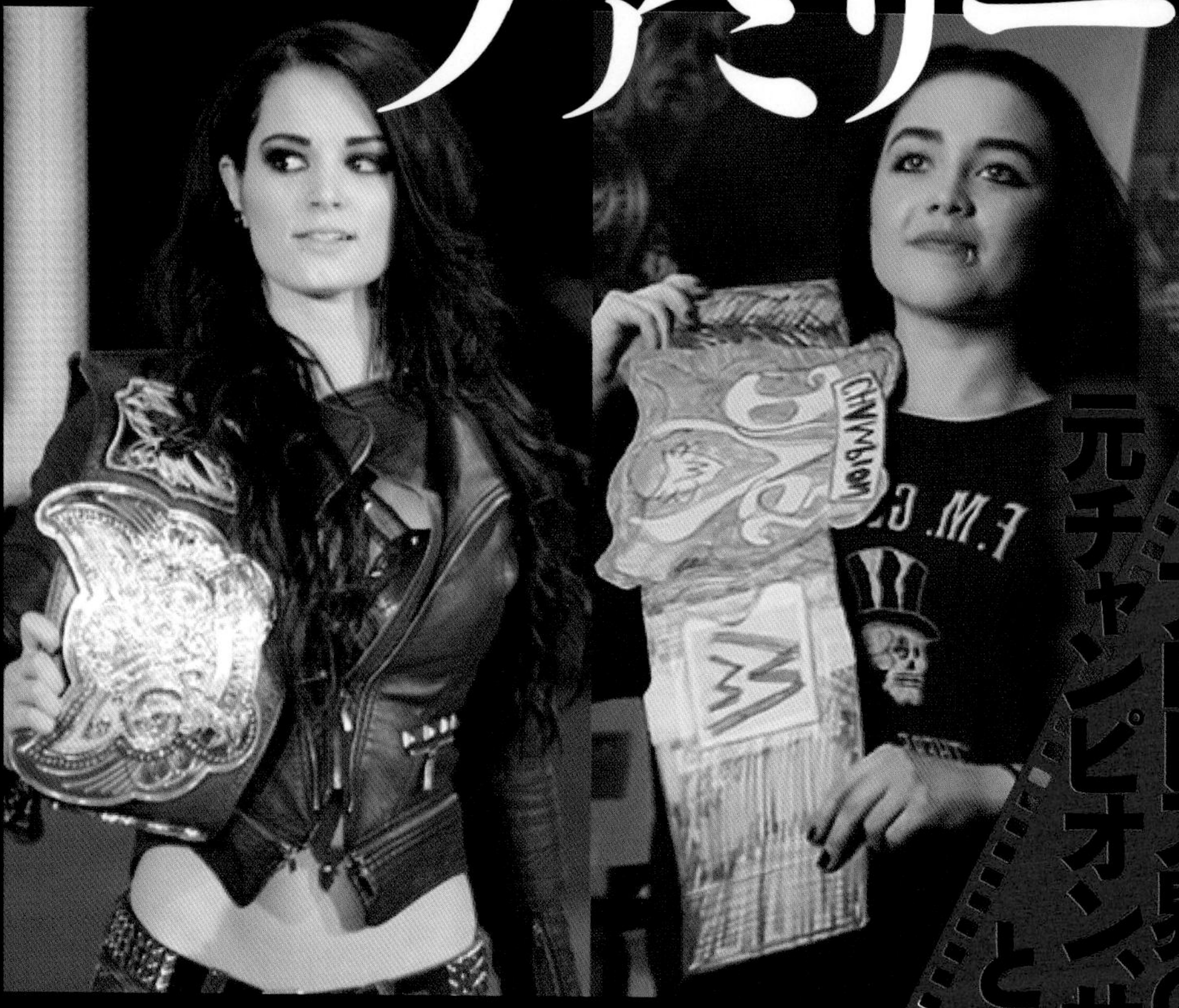

サラヤ（リングネームはペイジ。左）本人と、演じたフローレンス・ピュー

プロレス界の最高峰WWE元チャンピオン、サラヤ・ベヴィスと彼女を支えた最強家族

２０１９年公開の「ファイティング・ファミリー」は、イギリスの片田舎から世界最高峰の米プロレス団体ＷＷＥ（ワールド・レスリング・エンターテインメント）のチャンピオンに上り詰めた実在の女性ファイター「ペイジ」ことサラヤ・ベヴィスと、彼女を支えた両親や兄との強い絆を描いた痛快作だ。映画は「ザ・ロック」の愛称で知られ、本作にも出演しているドウェイン・ジョンソンが、全員がレスラーという破天荒な一家の生き様に感動、制作に名乗りを上げ完成にこぎつけた。

トライアウトで兄は落ち妹は合格

サラヤは1992年、イギリス・ノーフォーク州の州都ノリッジに生まれた。父リッキー（1953年生）、母ジュリア（1971年生）ともにプロレスラー。1990年に結婚した2人は出会ったとき、暴行事件などで8年の服役歴を持つ男と、薬物依存で自殺寸前だった女の異色カップルで、人生をリセットするためプロレスのインディーズ団体WAWを旗揚げし、自らもリングに立っていた。

長男ザック（1991年生）は両親の指導のもと10歳で、長女サラヤは13歳でプロレスデビューを果たす。劇中では描かれないが、父と息子、母と娘が直接闘い王座を争ったり、時にはタッグを組み他団体との試合に出場。ジュリアとサラヤ組は、日本の松本浩代&大畠美咲組や浜田文子&栗原あゆみ組と対戦したこともある。

転機が訪れるのは2011年4月。ロンドンで実施されたWWEのトライアウトに、兄ザックと妹サラヤが挑戦したのだ。

プロレスに詳しい方には説明するまでもないが、WWEは全世界に数多くあるプロレス団体の頂点である。2018年時点で年間売上は約800億円（世界2位の新日本プロレスは約50億円）。このうち試合の観戦料は約2割で、残りはPPV（ペイ・パー・ビュー）の課金による収入だ。WWEでは「RAW」と「スマックダウン」の2大看板番組が毎週生で放映されており、全米で1千100万人が視聴（日本ではスカパー！で視聴可）。試合に出場する選手は男女問わず「スーパースター」と呼ばれ、中には億の年収を稼ぐ者も少なくない。

選手に求められるのは、レスラーとしての力量もさることながら、一番は試合を盛り上げるパフォーマンス力だ。魅力的な外見やキャラクター、派手な技、挑発力。つまり観客を楽しませるエンターテインメント能力を持った者だけが、真のスーパースターになりうるのだ。

プロレスラーを目指す全ての者のゴールがWWEで、ザックとサラヤもその夢の一歩にチャレンジした。が、結果はサラヤのみ合格で、ザックは不合格。理由は映画でも説明されるとおり、妹が兼ねそなえていたWWE必須のスキルが兄にはなかったのだ。ちなみに、実際にはサラヤは2010年10月に初めて

サラヤの家族。左から異母兄のロイ、兄ザック、父リッキー、母ジュリア、サラヤ。全員がレスラー！

ファイティング・ファミリー

2019／イギリス・アメリカ
監督：スティーヴン・マーチャント
イギリスの小さなプロレス団体から世界一の規模を誇るWWEのチャンピオンになったサラヤ・ベヴィスのサクセスストーリーと、彼女を支えた家族の絆を描く。

上／プロレス界の最高峰WWE。写真は2019年4月、米ニュージャージー州のメットライフ・スタジアムに約8万2千人の観客を集め実施されたイベント「レッスルマニア35」の様子　右／1990年代末から2000年代初頭にかけ、WWEで活躍した「ザ・ロック」ことドウェイン・ジョンソン（右）が本人役で出演。左はサラヤの兄ザックを演じたジャック・ロウデン。映画「ファイティング・ファミリー」より

トライアウトを受けており、このときは選外。2回目のトライで契約を手にしている。また、劇中ではトライアウト当日、選考会場で兄妹がWWEのスーパースター、ドウェイン・ジョンソン（本人役で出演。1972年生）にアドバイスを受けるシーンがあるが、これは事実ではない。ジョンソンがサラヤを知ったのは彼女の一家を取り上げたTVドキュメンタリー（映画の原作）が放映された2012年のこと。そもそもトライアウトが実施された2011年4月時点でジョンソンは映画俳優に転身していた。

2018年に引退、現在はGMとして活躍

映画では夢への挑戦権を手にした妹と、破れた兄の明暗が描かれる。実際、少年の頃からプロレス一筋だったザックの落ち込みは相当なもので、露骨に妹への嫉妬を募らせた。劇中には出てこないが2012年に受けた2回目のトライアウトも不合格。以降、彼は年に数回しか試合に出場しなくなってしまう。

一方、サラヤは2011年9月、WWEと正式に契約を結び渡米。WWE傘下の「NXT」（前出のRAWやスマックダウン所属選手の2軍に相当）に入り、2012年1月デビュー。後にリングネームを「ペイジ」と変更し、めきめき頭角を現す。

劇中では、美しくスタイルのいい女子選手に囲まれ、サラヤは地味で特徴のない選手に描かれている。が、彼女を演じたフローレンス・ピューが身長162センチなのに対し、実際のサラヤは身長173センチ体重54キロのプロポーションで、決して見た目で劣ることはなかった。

さらに、映画ではNXTの厳しいトレーニングに挫け、戦線離脱を口にするサラヤの姿が描かれているが、実際は当初から一目置かれた存在で、2013年6月には、新設されたNXT

ファイティング・ファミリー

デビュー戦で王者からベルト奪取

2014年4月7日、ベルトを賭け女子王者AJ（右）との試合に挑んだWWEデビュー戦。AJの挑発に屈せず、見事ピンフォール勝ちを収め歓喜するサラヤ（ペイジ）

女子王座トーナメントで初代チャンピオンに輝くなど、トップの位置を誇った。ちなみに、映画にNXTの鬼コーチとして登場するハッチ・モーガンなる人物は実在せず、サラヤを指導した複数のコーチを組み合わせた創作上のキャラクターである。

２０１４年４月７日、映画のクライマックスに描かれる「AJ」ことエイプリル・ジャネット（１９８７年生）との一戦が実施される。AJは当時、RAWの女子トップファイターで、ディーヴァズ（２０１６年まで使われていたWWE所属の女子選手の呼称）のチャンピオン。サラヤにとっては、WWEのデビュー戦でディーヴァズ王座を懸けた試合でもあった。これをメイクマッチしたのは、劇中のとおりドウェイン・ジョンソンで、サラヤにデビュー戦のことを告げたとき、彼女は感激で涙を流したそうだ（ジョンソンがサラヤの家族に試合の実現を電話した劇中シーンも事実）。

そして、ペイジことサラヤは見事にAJに勝利しベルトを掴む。遠く離れたイギリスで両親や、兄ザックが歓喜したのも映画のとおりだ。が、同年６月にAJに王座を奪還され、その後再びチャンピオンに返り咲いたものの、９月にまたもAJに敗れ王座から陥落している。

その後、サラヤは頸部負傷の手術、違法薬物の使用、恋人男性との喧嘩による警察沙汰など様々なトラブルを起こしながらも、WWEのスーパースターとして活躍。２０１８年４月９日の試合を最後に引退し、現在はスマックダウンのGM（ゼネラルマネージャー）として活躍している。

また兄ザックはその後、異母兄ロイ（父リッキーと前妻との間の子供）とタッグを組みリングに上がるとともに、両親経営のWAWで新人を育成。劇中にも登場する盲目の少年も彼が実際にコーチした人物（後にプロデビュー）で、他にもダウン症や自閉症など障害を抱えた子供たちの指導に当たっているそうだ。

マネーボール

主人公ビリー・ビーンを演じたブラッド・ピット（中央）。映画「マネーボール」より

弱小アスレチックスを常勝球団に育て上げたビリー・ビーンの野球革命

ブラッド・ピット主演の「マネーボール」は、アメリカ・メジャーリーグの貧乏球団オークランド・アスレチックスを常勝球団に育て上げた実在のゼネラルマネージャー（以下GM）、ビリー・ビーンの闘いを描いた野球ドラマだ。

戦力不足を補うだけの資金がない球団の台所事情のなか、ビーンが用いたのは、今まで注目されなかった、データ分析による画期的な選手起用法だった。

出塁率の高い選手に注目せよ

映画「マネーボール」の原作

となった同名ノンフィクション(マイケル・ルイス著)には『不公平なゲームに勝利する技術』という意味深な副題が添えられている。

不公平なゲームとは、2000年代以降のメジャーリーグで広がった、球団による資金格差のことだ。映画冒頭のスーパーにも出てくるように、2002年シーズン、アスレチックスの選手年俸総額は、1億2千万ドルのニューヨーク・ヤンキースの約3分の1だった。にもかかわらず、この年、アスレチックスが上げた勝率はメジャーリーグ全30球団で堂々の1位。前年の2001年から数え、同球団は4年連続でポストシーズン(毎年、レギュラーシーズン終了後の10月に開催されている、ワールドシリーズ制覇=世界一を目指す戦い)進出を決める。

なぜ、アスレチックスはこんなに強いのか。答えはビーンが採用した選手評価の新理論「セイバーメトリクス」にあった。

ゲームで勝つには「得点する」こと、そのためには「塁に出てアウトにならない」ことが鍵となる。そこで彼は、四死球だろうがエラーだろうが、とにかく出塁率の高い選手に着目。戦術的にも、確実にアウトになる犠牲バントは論外、危険がともなう盗塁も軽視した。

こうした考えから、ビーンが希望するのは、四球を選ぶ能力は高いが足は速くない、ちょっと小柄で太めの選手が多くなるのだが、これは当初、周囲の猛烈な反発をくらった。

ビリー・ビーン本人(中央)。選手現役引退翌年の1990年にアスレチックスのスカウトに。1997年、同球団のGMに就任

劇中でも描かれるように、球団スカウトは通常、背が高い、筋力があるなど外見を重視。ビーンの選手起用には「欠陥品を集めている」と容赦ない非難が集中する。が、彼は決して価値基準を曲げなかった。

そこには、映画にピーター・ブランドの役名で登場するイエール大学卒の若きスタッフの力も大きく作用している。彼のモデルになったのは、クリーブランド・インディアンスのフロントにいて、ビーンにGM補佐としてアスレチックスに招き入れられたポール・デポデスタだ。野球経験が皆無ながらも名門ハーバード大卒の明晰な頭脳でビーンが推す理論を使いこなし、他球団が見逃しがちな数値を持ち、安価で獲得できる選手をピックアップしていった。

試合は決して生で観戦しない

1962年生まれのビーンは、もともと将来を嘱望された野球選手で、1980年、ドラフト1巡目指名でニューヨーク・メッツに入団した。高額な契約金

マネーボール

2011/アメリカ
監督:ベネット・ミラー
メジャーリーグの常識を覆す理論・戦術で貧乏球団オークランド・アスレチックスを常勝チームに育て上げた実在のGM、ビリー・ビーンの挑戦を描く。

他球団が評価しない「欠陥品」を次々に獲得

に目が眩んだのも事実だ。
が、周囲の期待も空しく、メジャーに定着できないまま1989年に現役引退。原因は自身の性格にあった。映画でも描かれるとおり、とにかく短気で、思いどおりにいかないと周りに当たり散らした。それが災いし、

映画「マネーボール」より

選手時代に結婚した妻とも別れている。
アスレチックスの球団スカウトに転身したのが1990年。同年を含めアスレチックスは、それまで3年連続でワールドシ

劇中でビーンの有能な補佐役を演じたジョナ・ヒル（上の写真の右）。下はモデルとなったハーバード大卒のポール・デポデスタ。ビーンの参謀を務めた後、2004年、ロサンゼルス・ドジャースのGMに就任。現在はアメフト（NFL）のクリーブランド・ブラウンズの最高戦略責任者として活躍中。ちなみに、デポデスタは映画化に際し、あまりに自分の外見とは異なる俳優がキャスティングされたこと、データおたくのようなキャラに描かれていることに納得できず、実名の使用を拒否した

リーズ（アメリカンリーグ優勝チームとナショナルリーグ優勝チームによる最終決戦。先に4勝したチームがシリーズ制覇）に出場（1989年は制覇）する強豪チームだったが、年俸高騰による深刻な財政難に陥り、カンセコ、マグワイアなどの主力選手を放出。ビーンがGMに就任した1997年、翌1998年はともに、所属するアメリカンリーグ西地区の最下位に沈んだ。

低予算で、いかにチームを立て直すか。そこでビーンは前述のセイバーメトリクスに基づき、他球団が注目しない選手を採用し、年俸が高くなった選手は躊躇なくトレードに出す。

ちなみに、GMに就いて以降もビーンの短気な性格は変わらず、チームが連敗しているときなどはロッカールームで暴れ、モノを壊すこともしばしば。映画でのビーンは決して試合を生で観戦せず、トレーニングルームで汗を流すなどして時間を潰

しているが、それも全て事実で、自身の性格をよく理解していたからこその行動だった。

２０１５年、GMを退任、現在は球団副社長に

いずれにしろ、結果を残したことで周囲の声は静まる。どころかその手腕は球界で高く評価され、２００２年シーズン終了後、ビーンは名門ボストン・レッドソックスから5年契約1千２５０万ドルというメジャー最高額でGMにスカウトされ、いったん承諾する。が、数日後、自らそのオファーを破棄。理由は「二度と金によって人生を左右されまいと心に決めたから」だった。

以後、アスレチックスは２００３年と２００６年に地区優勝するが、その後5年間低迷を余儀なくされる。これは「マネーボール」理論が球界に認知されたことで、ヤンキース、レッドソックスのような豊富な資金力を持つ球団までもがビーンの手法を模倣。他球団から過小評価されている選手を安価で獲得する従来の方法が通用しにくくなったからだ。

そのためビーンの哲学にも若干変化が生じ、それまで軽視していた守備や走塁にも重きを置くようになった。結果、映画公開の翌年２０１２年はシーズン終盤から怒涛の快進撃で6年ぶりの地区優勝。２０１３年シーズンもぶっちぎりでア・リーグ西地区を制した。

もっとも、２０００年以降出場したポストシーズンでは、２００６年以外全て地区シリーズで敗退。２０１５年から２０１７年シーズンはア・リーグ最下位。２０１８年、２０１９年はア・リーグ2位で地区シリーズ出場をかけた「ワイルドカードゲーム」に挑んだものの、いずれも涙を呑んでいる。これは、出塁率重視の戦術は多くの試合を重ねて結果が出るレギュラーシーズンにこそ力が発揮され、運や偶然が働く短期決戦のポストシーズンには不向きと見られている。

ビーンは２０１５年のレギュラーシーズン終了後、GMを退任、現在はアスレチックスの上級副社長の任に就いている。

2002年、アメリカンリーグ新記録となるレギュラーシーズン20連勝を代打サヨナラホームランで飾り、歓喜するアスレチックスのメンバー（実際の写真）。映画でもクライマックスシーンとして描かれている

フラガール

右が東京から来たダンス講師を演じた松雪泰子。映画「フラガール」より

潰れかけの炭鉱と踊り子たちが起こしたミラクル

1950年代後半、エネルギー源が石炭から石油に変わりつつあったこの時代、福島県いわき市（当時は常磐市）の常磐炭鉱（後の常磐興産）は大幅な規模縮小に追い込まれていた。危機に瀕し、常磐炭鉱は、町ぐるみの起死回生事業を立ち上げる。常磐ハワイアンセンター（1990年、スパリゾートハワイアンズに改名）の開設だ。

2006年に公開された映画「フラガール」は、同センターが目玉に考えていたフラダンスショーを披露する踊り子たちと、彼女らを指導する女性講師の成長と奮闘の軌跡を実話に基づき描いた感動作である。

松雪泰子が演じた講師のモデルは日本フラ界の草分け

常磐炭鉱は１８８４年（明治17年）に設立された福島県いわき市の炭鉱経営会社である。第二次世界大戦前までは首都圏に最も近い大規模炭田として発展したものの、戦後の技術革新により業績が悪化、１９５５年から人員整理を始めていた。

多くの炭鉱が閉山に追い込まれるなか、常磐炭鉱は東北地域で最後まで生き残った会社だった。が、もはや炭鉱産業に未来はない。そこで同社は、炭鉱労働者やその家族の雇用創出、さらに新たな収入源確保のため、当時「日本人が行ってみたい外国ナンバー１」だった〝常夏の島ハワイ〟をイメージしたリゾート施設の建設を計画する。

もっとも、炭鉱と観光は真逆の事業内容。１８０度の方向転換に社内では反対の声が多かったが、当時の常磐炭鉱副社長、中村豊氏（後の社長）が押し切る形で事業を進め、１９６６年1月16日、常磐ハワイアンセンターをオープンさせる。

映画「フラガール」は当初、中村氏（劇中で岸部一徳が演じていたハワイアンセンターの吉本部長のモデル）を主人公に企画が進んでいた。が、その後構想が見直され、松雪泰子演じる、モダンで鼻っ柱の強い女性講師、

常磐ハワイアンセンター開園の告知ポスター

映画のモデルになった人々。右から早川和子氏、中村豊氏、小野恵美子氏。映画ではそれぞれ松雪泰子、岸部一徳、蒼井優が演じている（写真提供／常磐興産株式会社）

フラガール

2006／日本
監督:李相日
1966年、福島県の炭鉱町に誕生した常磐ハワイアンセンターにまつわる実話を基に、フラダンスショーを成功させるために奮闘する人々の姿を描いた人間ドラマ。2006年キネマ旬報ベスト・テン邦画第1位。
DVD販売元:ハピネット・ピクチャーズ

平山まどかを主役としたシナリオが作成される。

中村氏はセンターのアトラクション最大の売りをフラダンスショーと考え、施設オープン前年の1965年4月、専属の踊り子を育成する目的で、日本初のフラダンス、ポリネシアン民族舞踊の学校・常磐音楽舞踊学院を開校した。

同校の講師として招かれたのが、平山まどかのモデルとなった日本のフラダンス界の草分け、カレイナニ早川氏（本名・早川和子）だった。ハワイ留学から帰った彼女がNHKのクイズ番組「私の秘密」に出ていたのを偶然観た中村氏が、ぜひダンス講師にと声をかけたのだ。

開校当時、早川氏は33歳。映画では、借金を抱え、都落ちしたSKD（松竹歌劇団）のダンサーという設定だが、実際は常磐を「東北のハワイにしたい」という中村氏の熱意に感銘し、講師を引き受けたそうだ。

（写真提供／常磐興産株式会社）

©2006 BLACK DIAMONDS
映画「フラガール」より

ステージで踊りを披露する小野恵美子氏（右）と、映画で彼女を演じた蒼井優

後に彼女は、当地を最初に訪れた印象を「何にもなく、うっそうとした山が広がっていた」と語り、こんな雪の多い場所に本当にトロピカルムードの施設ができるのか半信半疑だったという。さらに、赴任当時は〝東京からやってきたヨソ者〞扱いで、仲間であるはずのバンドマンまでもが簡単には言うことをきかなかったらしい。

そんな早川氏を支えたのが映画のもう1人の主役、蒼井優演じる谷川紀美子のモデル、小野（旧姓豊田）恵美子氏である。

映画では、踊りに縁のない地元の女子高生として描かれているが、実際の小野氏は18人いた音楽舞踊学院一期生の最年長21歳で、小学2年生からクラシックバレエを続け、高校時代はダンス部の主将も担当。一期生のリーダーとして早川氏の右腕的存在だったという。

震災で長期間休業。再開に向けフラガールが全国行脚

映画「フラガール」は観客動員130万人、興収15億円という予想を上回る大ヒットとなり、全国にフラダンスブームを巻き起こした。ハワイアンズへの来客数は2007年、過去最多の年間約160万人を記録。さらに音楽舞踊学院への入学希望者も殺到し、書類選考の倍率は10倍に跳ね上がった。

こうして町ぐるみの再建事業が映画によって再び奇跡を生み出し、話は終わるはずだった。

しかし、公開から5年後の20

フラガール
東日本大震災復興のシンボルに

早川氏（左）は小野氏（右）を初めて見たとき「地方にこんな綺麗な踊り子がいるのか」と驚いたという（写真提供／常磐興産株式会社）

東日本大震災で休業に追い込まれたハワイアンズの復興と、被災者を勇気づけるため全国を回ったフラガールたち

11年3月11日、思わぬ事態が起きる。東日本大震災だ。

ハワイアンズのある福島県いわき市は震度6弱を観測し、施設にも大きな被害が発生。1ヶ月後の4月11日に起きた福島県浜通り地震でさらに深刻な被害を受け、長期間の休業を余儀なくされる。約700人いた従業員は自宅待機となり、再開の目処さえ見えない日々。2011年の年間利用者は40万人を切ることになった。

そんななか、約30人のフラダンサーたちが立ち上がる。46年前、開園をPRするため行った全国キャラバンを復活させたのだ。国内だけでなく韓国へも足を延ばし、全125ヶ所でダンス&トークショーを実施、震災支援をアピールした結果、2012年2月、ハワイアンズは全面再開にこぎつけ、同年の年間利用者は約140万人、翌2013年には約150万人まで回復させた。

福島復興のシンボルとも言えるフラガールを産みだしたハワイアンズの創設者、中村豊氏は1987年、85歳で死去。早川和子氏はこれまで300人以上のフラガールを育成し、2020年6月現在、常磐音楽舞踊学院・最高顧問の職にある。

初代フラガールとして活躍した小野恵美子氏は1976年までハワイアンセンターの舞台で人気を博し、1997年、最高顧問の早川氏のもと、常磐音楽舞踊学院教授に就任するとともに、いわき市内にダンススクールを開設、約2千人を教えてきた。また、高校生がフラダンス日本一を決めるフラガールズ甲子園の開催を呼びかけ、震災後の2011年9月、初めての大会を東京で開催。2019年8月には、第9回大会がフラガール誕生の地、いわき市で実施されている。

ただ小野氏は映画公開翌年の2007年、アルツハイマー型認知症と診断され、2018年10月の報道によると、その後、「要介護5」の認定を受け、現在はいわき市内の特別養護老人ホームで暮らしているそうだ。

巻頭カラーグラビア

第1章 挑戦

映画になった奇跡の実話 II
True Story films

Contents

第2章 不屈

第3章 絆

第4章　ドリーム

第5章
運命

▼本書掲載の情報は2020年6月現在のものです。
▼作品解説に付記された西暦は初公開年、国名は製作国を表しています。
▼本書掲載の記事は大半が映画の結末に触れています。悪しからずご了承ください。

JACK ROOSEVELT

第1章 挑戦

ライトスタッフ

孤高のパイロット チャック・イェーガーと、「マーキュリー・セブン」の誇り高き挑戦

空軍パイロットとしてマッハの世界に挑み続けたチャック・イェーガー本人

1983年の映画「ライトスタッフ」は、人類史上初めて音速の壁を破った実在の米空軍パイロット、チャック・イェーガーの孤独な闘いと、NASA（アメリカ航空宇宙局）のマーキュリー計画に宇宙飛行士として選ばれた7人の男たちの挑戦を描いたヒューマン・アドベンチャーの傑作だ。

歴史にその名を刻む彼らの足跡は映画のタイトルどおり、「ライトスタッフ」＝「正しい資質（の持ち主）」だからこそ為しえた偉業である。

6年にわたって最高速度記録を更新

映画は1947年10月14日、

サム・シェパード扮するアメリカ空軍のテストパイロット、チャック・イェーガー（当時24歳）が水平飛行でマッハ1・06を記録。人類史上初めて音速の壁を破ったシーンから始まる。これは、NACA（NASAの前身機関）の高速飛行計画に基づき実施されたもので、イェーガーが通算50回目で達成した偉業だった。

その後イェーガーは6年にわたって最高速度記録を塗り替えるが、前人未踏のマッハ2は同僚のスコット・クロスフィールドが1953年11月、先に突破。しかし、翌12月、イェーガーはマッハ2・44を記録、再び世界一を取り戻す。ちなみに、この記録達成直後、機体がきりもみ状態で急降下、あわや墜落という事態になったものの、高度8千800メートルで立て直すことに成功したのは劇中で描かれたとおりだ。

第二次世界大戦後から1950年代中盤、イェーガーはまさに米空軍の英雄だった。しかし、1957年10月4日、ソ連が人類初の人工衛星「スプートニク1号」の打ち上げに成功した（いわゆるスプートニク・ショック）ことで、時代は宇宙への挑戦に様変わりしていく。

冷戦下、アメリカは国家の威信にかけてもソ連に後れを取ることは許されなかった。1958年7月、NASAが設立され、有人宇宙飛行を主目的とした国家プロジェクト「マーキュリー計画」が始動。映画も、ここからアメリカ初の宇宙飛行士7人の物語へと移行していく。

当初、NASAは、ブランコの曲芸師や車のレーサーなど、柔軟で体力のある者から宇宙飛行士を選出する予定だった。が、アイゼンハワー大統領の指示により、大学を卒業した米海軍・空軍のパイロットの中から採用することを決定。イェーガーは名実ともにナンバー1パイロットだったが、大卒資格がなかったため対象外となった（もとより、本人が志望しなかった）。

厳しい選抜試験をクリアしアメリカ初の宇宙飛行士に抜擢された「マーキュリー・セブン」の面々。左からガス・グリソム、アラン・シェパード、スコット・カーペンター、ウォルター・シラー、ディーク・スレイトン（メンバー選抜後に病気が見つかり、マーキュリー計画では唯一、宇宙飛行に参加していない）、ジョン・グレン、ゴードン・クーパー

ライトスタッフ

1983／アメリカ
監督：フィリップ・カウフマン
1979年に出版された同名ノンフィクション小説が原作。孤高の挑戦を続ける戦闘機パイロットと、重圧に耐えながら国家の任務を遂行する宇宙飛行士7人の姿が、対比する形で描かれる。第56回アカデミー賞において作曲賞、編集賞、音響編集賞、録音賞の4部門を受賞。

候補者69人の中から選ばれた精鋭7人

候補者69人の中から、体位変換台、ウォーキングマシン、氷水に足を長時間浸すなど、様々な試験を経て、１９５９年４月、ＮＡＳＡは宇宙飛行士７人を選出する。メンバーは海軍出身３人、空軍出身３人、海兵隊出身１人。全米から熱狂をもって迎えられた30代の精鋭たちは、メディアから「マーキュリー・セブン」の愛称で呼ばれる。

２年間の厳しい訓練、チンパンジーを乗せたマーキュリー２号の打ち上げ成功を経て、いよいよ有人飛行という矢先の１９６１年４月12日、ＮＡＳＡに衝撃が走る。ソ連のユーリ・ガガーリン（当時27歳）が人類初の有人宇宙飛行を成し遂げたのだ。

またもやソ連に先を越されたアメリカだが、３週間後の１９６１年５月５日、アラン・シェパードが有人機マーキュリー３号でアメリカ初の宇宙飛行を成功させ、以後１９６３年５月15日にマーキュリー９号で地球を22周したゴードン・クーパーまで、マーキュリー・セブンの面々は次々と宇宙へ旅立っていく。

映画では、２番目の飛行士で、着水に失敗したガス・グリソムのエピソードが印象的に描かれているが、これは後に彼がアポロ１号の火災事故（本書47ページ参照）で死亡したことに対する制作陣の敬意の表れと言われている。

イェーガーを演じたサム・シェパード（左）と、
テクニカルアドバイザーとして制作に参加したイェーガー本人

こうした宇宙計画とは無縁の存在だったイェーガーは１９６２年、ＮＡＳＡと空軍のパイロットを養成する学校の校長に就任。そしてクーパーの宇宙飛行から７ヶ月後の１９６３年12月、改めて高度記録達成に挑む。映画でも劇的に描かれているようにイェーガーはこのチャレンジでトラブルに見舞われ、機を墜落させたものの、無事に生還を果たした。

彼はその後、ベトナム戦争に従軍し、１９７５年にノートン空軍基地で退役したものの、空軍およびＮＡＳＡのテストパイロットとアドバイザーは続け、映画「ライトスタッフ」にはテクニカルアドバイザーとして制作に参加し、自身もカメオ出演している（２０２０年６月現在、健在）。

また、マーキュリー計画は、クーパーの成功の後、12号まで予定されていたが、月への着陸到達を目指す「アポロ計画」、その準備段階である「ジェミニ

宇宙服姿のマーキュリー・セブン。後列左からシェパード、グリソム、クーパー。前列左からシラー、スレイトン、グレン、カーペンター（1959年4月9日撮影）

ライトスタッフ

メンバーの多くがアポロ計画にも参加

計画」への移行により途中で打ち切りとなった。

アメリカで最初に有人宇宙飛行を成し遂げたシェパードはその後、アポロ計画に参加。１９７１年２月、アポロ14号に船長として搭乗し、月面に降り立った５人目の人類となった。このとき彼は47歳。月面を歩いた人類としては最高齢だった（１９９８年７月に74歳で死去）。

また、マーキュリー・セブンで最後に宇宙を飛行したクーパーはジェミニ計画に参加し、１９６５年８月21日、１９０時間55分の間に地球を１２０周する飛行記録を樹立。空軍大佐で退役し、２００４年10月、心臓発作により77歳でこの世を去った。

マーキュリー計画、最後の有人宇宙飛行を成功させたゴードン・クーパーを若き日のデニス・クエイドが演じ、地球を周回する姿が感動的に描かれている。映画「ライトスタッフ」より

主人公アームストロング船長を演じたライアン・ゴズリング（中央）。映画「ファースト・マン」より

ファースト・マン

人類で初めて月面に立った男、ニール・アームストロングのクールすぎる実像

2016年公開のミュージカル映画「ラ・ラ・ランド」でアカデミー最優秀監督賞に輝いたデイミアン・チャゼルと主演のライアン・ゴズリングが2年後の2018年、再びタッグを組んだのが、本稿で取り上げる「ファースト・マン」だ。

人類で初めて月面に降り立ったアポロ11号の船長ニール・アームストロングを主人公とする本作は、「ライトスタッフ」（本書40ページ参照）や「ドリーム」（同174ページ）のようなアメリカの宇宙開発における英雄譚ではなく、国家から過酷なミッションを課せられたアームストロング個人にスポットを当て、常に死と隣り合わせにいた人間の、実に暗く重いドラマに仕上がっている。

愛娘の葬儀でも悲しみは表に出さず

「1960年代のうちに、月にアメリカ人を送り込む」

1961年5月25日、ジョン・F・ケネディ大統領は高らかに宣言した。ソ連のユーリ・ガガーリンが史上初の有人宇宙飛行に成功した1ヶ月後のことだ。

この時期、アメリカの宇宙

アームストロング一家。左から長男エリック、妻ジャネット、ニール、次男マーク。月面着陸成功後の1969年撮影

計画を担うNASAは「マーキュリー計画」（同40ページ）を実行中だったが、宇宙開発競争においてソ連に大きく差をつけられていた。

1930年、米オハイオ州で生まれたアームストロングは、インディアナ州のパデュー大学卒業後、海軍に入隊し戦闘機の飛行士として朝鮮戦争（1950年〜1953年）に従軍。ケネディが宣言した1961年当時は、NASAのエドワーズ空軍基地でテストパイロットに就いていた。

2歳でこの世を去った長女のカレン

私生活では、海軍除隊後に復学したパデュー大学で、家庭経済学を学んでいた女性ジャネット・エリザベス（1934年生）と知り合い、1956年に結婚。翌1957年に長男エリック、1959年に長女カレン、1963年に次男マークを授かる。

映画でも主軸のひとつとして描かれるのが、愛娘《まなむすめ》カレンの存在だ。劇中では詳しく説明されないが、彼女は2歳になってまもない1961年6月、近所の公園で誤って転んだことが原因で失明。その後、病院の検査で脳幹に悪性腫瘍が見つかり、当時最先端だったコバルト線治療の甲斐なく、転倒から6ヶ月後の1962年1月、肺炎で息を引き取ってしまう。

わずか2歳で愛娘を失ったアームストロングのショックは計り知れないものだっただろう。が、劇中で描かれるとおり、彼

ファースト・マン

2018／アメリカ
監督：デイミアン・チャゼル
史上初めて月面を歩いた宇宙飛行士ニール・アームストロングの、1961年から1969年にかけてのNASAのミッション（ジェミニ計画、アポロ計画）を実話に基づいて映画化。アカデミー賞で最優秀視覚効果賞を受賞。

は葬儀で悲しみを表に出すことはなかった。どころか、激しく取り乱す妻ジャネットとは対照的に、参列者の食事や飲み物を気にするなど、極めて冷静な態度を取っていたそうだ。

己の死に代わって誰かが犠牲に

　アームストロングはNASAの歴代の宇宙飛行士の中でも最も寡黙、冷静で感情が見えない人物と言われる。しかし、その心の内はどうだったのだろう。彼が任に就いていたNASAのテストパイロットは1回の飛行で4人に1人が事故死する危険な仕事だった。数多くの仲間が命を落とす姿を目の当たりにし、彼の中で自ずと死生観が築かれていく。

　カレンの死から1週間後、アームストロングは妻の「仕事に行かないで」という懇願を振り切り職場に復帰。そして、1962年4月20日、映画の冒頭で描かれる極超音速実験機「X－15」のテスト飛行で重大な危機に直面する。自動操縦装置の故障により機首が上がったままの状態で大気圏に突入。宇宙空間に弾き飛ばされて二度と帰還できない状態から、超人的な技術で機体を持ち直し、胴体着陸に成功した（劇中では1961年の出来事になっている）。

NASAのテストパイロット時代。後ろは映画の冒頭で飛行トラブルに巻き込まれる極超音速実験機「X-15」

　後にアームストロングの妹ら親族は語っている。自分が死から逃れるたび、その代わりに誰かが死ぬんじゃないか。逆に、誰かが犠牲になって代わりに死んでくれたおかげで、自分は生き残っているのではないか。X－15の事故から生還できたのも、代わりに娘が死んだからではないか。アームストロングはそう考えていたに違いない、と。

　もっとも、本人は周囲に心情を吐露することは一切なく、妻には自分が日常的に死と隣り合わせの危険な仕事に就いていることも全く打ち明けなかった。それとなく気づいていたジャネットは、心を開かない夫への不安と不信を徐々に募らせていく。

あと数十秒の回転で確実に気絶死

　1962年9月、アームストロングは「マーキュリー・セブン」（本書40ページ参照）に続くＮＡＳＡの宇宙飛行士選抜テストに参加し合格。新たなメンバー9人「ニュー・ナイン」の1人となり、ヒューストンに転居する。

このとき近所に住んでいたのが、同じニュー・ナインのエリオット・シー（1927年生）とエド・ホワイト（1930年生）だ。3人は互いの家を訪問、夕飯を共にするほど親しくなる。特に、シーの娘がカレンと同じ歳だったことで、アームストロングは彼女を可愛がったそうだが、シーもホワイトも、アームストロングに娘がいたことも、幼くしてこの世を去ったことも最後まで知らなかったという。初めてできた親友というべき存在にも、アームストロングは決して自身の過去を語らなかったのである。

アームストロングの同僚で隣人として親しかったエリオット・シー（左）とエド・ホワイト。シーは1966年2月、ジェミニ計画の飛行演習中の衝突事故で、ホワイトは1967年1月、アポロ1号の火災事故で死亡した

ファースト・マン

宇宙飛行士として2年間の訓練を終えた1964年、ＮＡＳＡは二度目の有人宇宙飛行計画「ジェミニ計画」を開始する。月面着陸の準備段階として、宇宙空間で司令船と月着陸船をドッキングさせるのが主目的だ。

ＮＡＳＡはこの計画で、計16人の飛行士を10回飛行させているが、訓練中に死亡した者もいる。アームストロングの隣人、シーだ。彼はジェミニ5号でバックアップのパイロットを務め、船長としてジェミニ9号に搭乗予定だったが、1966年2月28日、事前のシミュレーション飛行で高度を下に取りすぎて地面に衝突死する（享年38）。彼の葬儀は劇中でも描かれているが、事情を理解できず「人がいっぱい来ている」と騒ぐシーの娘を見て、アームストロングは耐えきれず、妻ジャネットをおいて1人で帰ってしまう。カレンのことが頭をよぎっていたのは容易に想像できる。

2週間後の同年3月16日、アームストロングは船長としてジェミニ8号に搭乗し、無事にドッキングを成功させる。が、それから10秒もしないうちに事故は起きる。ジェミニが上下左右に激しく回転し止まらなくなったのだ。最終的にアームストロングがドッキングを解除したことで、ジェミニは安定飛行を取り戻すのだが、後の検証では、あと数十秒回転が続けば、アームストロングは確実に気絶死していたと言われている。

ケネディの宣言を守るための時間制限

1967年、ＮＡＳＡはジェミニ計画に続く「アポロ計画」を開始。有人飛行の訓練として同年1月27日、ケープ・カナベラル空軍基地で予行演習を行う。が、船長ガス・グリソム（当時40歳）、副操縦士エド・ホワイト（同36歳）、飛行士ロジャー・チャフィー（同31歳）を乗せた宇宙飛行船「アポロ－サターン204」は発射台上で炎上を起こし、3人全員が船内で焼死する（事故を風化させないため、

後にNASAは同船を「アポロ1号」と命名)。

この事故によりアポロ計画は世間から大きな非難を受け、NASAも宇宙船のハッチなどの改良を図るとともに、アポロ6号まで無人飛行に切り替える。

が、1968年10月、アポロ7号が初の有人飛行を試み11日間にわたり地球を周回したことで再びアメリカ国内で宇宙開発人気に火がつき、8号で初めて月の周回に成功(同年12月)、9号(1969年3月)、10号(同年5月)がそれぞれ地球と月を周回し、いよいよNASAは11号で月面着陸に踏み切る。

準備が整ったからではない。アメリカ議会が以前のように宇宙開発に対し予算を無制限につぎ込まなくなった経済的事情と、「1960年代にアメリカ人を月面に立たせる」としたケネディの宣言を守るための時間制限が背景にあった。次の11号でミッションを成功させなければ、後がない状態だったのだ。

アームストロングが11号の船長に任命されたのも、アポロ計画の当初、人類初の月面着陸に最も近い飛行士として期待されていたグリソムと、ホワイトが1号で事故死し、順番が回ってきたからに過ぎない。アームストロングはまたも、人の犠牲と引き換えに自分が一歩先に進む状況を受け入れたのだ。

NASAの予想は成功と失敗で半々

1968年5月6日、アームストロングは地球の6分の1の月の重力を再現した月着陸練習機で予行演習に挑み、例によってトラブルに巻き込まれる。地上30メートルから降下を試みたとき、突然機体が傾き始めたのだ。アームストロングはとっさに射出座席で脱出に成功したが、もし脱出するタイミングがあと0・5秒遅れていたらパラシュートが開くのが間に合わなかった可能性の高い、極めて危険な事故だった。

アポロ11号のクルー。左から船長ニール・アームストロング、司令船操縦士マイケル・コリンズ、月着陸船操縦士バズ・オルドリン

NASAの飛行士やスタッフは11号が無事に月面に着陸する確率を50%と予測していたらしい。逆に言えば、ミッションの失敗、クルーの死の可能性も半分という分析だ。

しかし、1969年7月16日、船長アームストロング(当時38歳)、月着陸船操縦士のバズ・オルドリン(同39歳)は見事に月面に降り立ち、2時間半にわたり月面を探索する(マイケル・コリンズ38歳も11号に同乗したが、司令船操縦士だったため、月面には立っていない)。

劇中に、月面に降り立ったアームストロングが、宇宙服のポケットから愛娘カレンが身につけていたブレスレットを取り出し、月の表面の穴に投げるシーンがある。映画のクライマックスと呼べるこの場面はフィクションとする意見が多い。が、真相はわからない。なぜなら、アームストロングは実際、ポケットに入っていたものが何だったのか、生涯、誰にも打ち明けなかったからだ。

映画は、地球に戻り検疫処理のため2週間の隔離生活を終えたアームストロングと、妻ジャネットがガラス越しに再会するシーンで終わる。何も語らない2人が、その将来を予想させるエンディングである。

アームストロングは人類史上初の偉業を成し遂げた男として熱狂を持って迎え入れられ、メ

月面着陸に関し最も有名なこの写真は、アームストロングがオルドリンを撮ったものだが、映画「ファースト・マン」に星条旗を立てるシーンがないことがアメリカの保守層の反感を買った。ちなみに、オルドリンは「月面に降り立った2人目の人類」という中途半端なレッテルに長年悩まされたそうだ

ファースト・マン

ディアに追いかけ回される。ジャネットもカメラに笑顔で応じたが、世界中から届いた招待旅行に同行することはなかった。劇中では一切描かれていないが、彼女は学生時代からシンクロナイズドスイミング（2017年よりアーティスティックスイミングに改称）に夢中で、アームストロングが月に向かう準備をしている最中も、シンクロチームのコーチに精を出していた。後のインタビューで「私はニール・アームストロングに嫁いだが、宇宙飛行士に嫁いだつもりはない」と答えているとおり、

妻ジャネットとは38年の結婚生活を経て離婚

大手企業の経営に参加していた1999年当時のアームストロング

彼女は夫の成功によってセレブになったことに舞い上がる女性ではなかったのだ。

アームストロングは月面着陸成功後、宇宙飛行士を引退。1971年にはNASAからも退官し、その後、シンシナティ大学や母校のパデュー大学で航空宇宙工学の教鞭を執ったり、大手企業各社の経営に参加し、2002年、キャリアを終了させる。妻ジャネットとは遥か昔から心が離れており、1990年に別居、1994年に離婚し、その2年前にゴルフコンペで知り合った女性と再婚した。心臓血管の手術後の合併症が原因で死去したのは2012年8月25日。享年82だった。

一方、ジャネットは離婚後もシンクロのコーチを続け、映画「ファースト・マン」の制作にも協力したが、アメリカで作品が公開される4ヶ月前の2018年6月21日、84歳でこの世を去った。

「サトリーレック」がタイ国民にもたらしたLGBTへの意識改革

アタック・ナンバーハーフ

劇中でトランスジェンダーの選手を演じたキャストたち。
映画「アタック・ナンバーハーフ」より

2000年公開のタイ映画「アタック・ナンバーハーフ」は、実力はありながら「トランスジェンダー」（性同一性障害）であることを理由にチームに入れない男子バレーボール選手が「おなべ」（男性的な出で立ちの女性同性愛者）の監督の指導のもと、最強チームを結成。全国大会を次々勝ち進み、ついには優勝を勝ち取る、笑いあり涙ありのスポ根ムービーだ。

まるで漫画のようなこの作品、1996年のタイ国体で優勝した男子バレーボールチームの実話が物語のもとになっている。

ニューハーフがタイに多い理由

タイはニューハーフが多い国として有名だ。首都バンコクの繁華街を歩けば、それらしき人たちを数多く見かけ、ニューハーフの世界大会まで開催されている。端から見れば、タイはLGBT（レズ、ゲイ、バイセクシャル、トランスジェンダー）に寛容で、彼らの市民権も確立しているように思える。

ところが、実際の国民意識としては〝カトゥーイ〟と呼ばれるLGBTに対する差別意識が根強く残っている。給与面でも男＞女＞LGBTと明確に区別されており、ゲイやトランスジェンダーが高い給料を望むなら、性転換手術を受けてニューハーフになるのが手っ取り早いという。

給与面に加え、徴兵制もニューハーフが多いことに関係している。タイでは、21歳になった男性国民を対象にくじ引きで徴兵制が実施され、〝当たり〟を引いた者は2年間の軍役に就かなければならないのだ。が、ニューハーフになってしまえば軍の風紀を乱すとして徴兵制を免除されるケースが少なくないため、わざと性転換手術を受け兵役を逃れる人もいるという。

実際の「サトリーレック」のメンバー

選手たちを真似た「サトリーレック族」が

1996年、タイ北部ランパーン県の男子バレーボール代表チームから1人の選手が外された。彼がトランスジェンダーだったのがその理由である。ランパーン県など田舎の地域では、LGBTに対する偏見がことさらに強かった。

しかし、代表チームにおなべの新監督が就任したことで事態は変わる。監督は改めて選手選考を実施。その結果、前出の選手をはじめ、実力がありながら

アタック・ナンバーハーフ

2000／タイ
監督：ヨンユット・トンコントーン
タイに実在したLGBTのバレーボールチーム「サトリーレック」（＝鋼鉄の淑女）が、差別や偏見を乗り越えて国体で優勝するまでを描いたスポ根ムービー。邦題は浦野千賀子の漫画『アタックNo.1』からとったもの。

実際の大会の様子。選手の活躍は会場を驚喜させた

表に出られないキャバレーのショーガール、軍人やゲイらトランスジェンダーの5人と、ただ1人のストレートな男子で代表チームが編成されることになったのだ。

彼らは県大会を次々と勝ち進み、国体への出場権を獲得する。「サトリーレック」（タイ語＝鋼鉄の淑女）としてチームを取り上げるメディア。当初は冷ややかな視線を送っていたタイ国民も、しだいに彼らに声援を送るようになっていく。

それでも、ゲイやトランスジェンダーが代表になるのは許せないとスポーツ界の幹部たちは横やりを入れてきたが、最終的に彼らはチームワークで難関を突破。見事、優勝を勝ち取るのである。

映画は、このサトリーレックの活躍をテレビで見たヨンユット・トンコントーン監督自らの発案で、ほぼ事実に即したシナリオを作成、撮影が始まった。

選手役には、ショーガールの役以外、ストレートの俳優がキャスティングされたため、実際の選手たちが俳優陣にバレーボールと普段の立ち振る舞いを3ヶ月にわたって教え込んだ。

その成果は映画を観ればよくわかる。劇中、選手役の俳優た

大会後、テレビのワイドショー番組に出演したおなべの監督（右）と選手

実際の選手がキャストに演技指導

アタック・ナンバーハーフ

ちは必要以上にチャラチャラくねくねした仕草をする。一見、過剰演出とも取れるが、エンドロールに登場する本物のサトリーレックの選手たちの映像で、それが大袈裟ではないことがわかる。映画の選手たちと、実際の彼らの立ち振る舞いは瓜二つなのだ。

聞くところによれば、公開にこぎつけるまでにも政治的な邪魔が入ったという。が、2000年3月に封切られるとタイの映画史上2位の3億円を上回る興収を記録し、ベルリン、トロント国際映画祭では、低予算ながらLGBTを正面から描いた作品として高く評価された。

この成功がタイ国民に多大なる影響を及ぼす。バンコクの繁華街では、選手たちの出で立ちを真似て女装した「サトリーレック族」が闊歩し、あらゆるメディアを巻き込んでLGBTについて賛否両論が話し合われるなど、社会現象にまで発展。かくして「アタック・ナンバーハーフ」は、国民の意識を変えた革命的作品となったのである。

映画公開の2年後の2002年、チーム結成以前に遡った各メンバーの出会いなどを描いた「アタック・ナンバーハーフ2　全員集合！」（右）、さらに2014年、シリーズ第3弾として「アタック・ナンバーハーフ・デラックス」が制作・公開されている

現役時のジャッキー・ロビンソン

42～世界を変えた男～

戦後初の黒人メジャーリーガー ジャッキー・ロビンソンが残した遺産

大谷翔平、田中将大など日本人も数多く在籍するMLB（メジャーリーグベースボール）の全試合で、選手、監督、コーチが背番号「42」のユニフォーム姿でプレイする日がある。ジャッキー・ロビンソン・デー。第二次世界大戦後、黒人（アフリカ系アメリカ人）として初めてメジャーデビュー、様々な偏見や差別と闘いながら華々しい活躍を遂げたロビンソン選手の功績を称える特別な1日だ。

2013年公開のアメリカ映

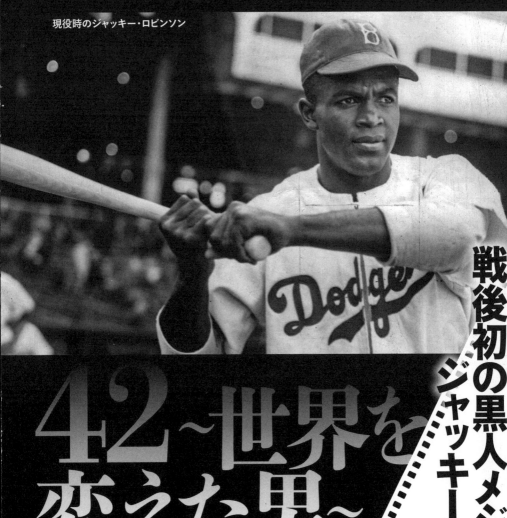

画「42～世界を変えた男～」は、ロビンソンがデビューするまでの経緯を、ほぼ史実どおりに描いた人間ドラマである。ロビンソンの勇気ある挑戦は野球界にとどまらず、後の公民権運動の布石となり、黒人社会全体に大きな変革をもたらした。

リッキーGMが選手起用に掲げた条件

１９４０年代、アメリカでは公然と人種隔離が行われていた。レストラン、バスの座席、公衆トイレまで、白人と黒人は全て別。野球もまた然りで、ＭＬＢは白人の選手のみ。黒人にはニグロリーグしか活躍の場がなかった。

この、当時当たり前とされていた球界システムの変革に乗り出したのが、映画でハリソン・フォード演じるブルックリン・ドジャース（現ロサンゼルス・ドジャース）会長兼ＧＭ（ゼネラルマネージャー）のブランチ・リッキー（１８８１年生）だ。彼は、ニューヨーク・ブルックリンの黒人人口の多さを見越した経営者としてのマーケティング戦略と、差別撤廃を意識する自身の人権感覚から、ニグロリーグの選手をメジャーにデビューさせようと考えた。

信念を持ってロビンソンをドジャースに招き入れたGMのブランチ・リッキー本人（右）。写真は契約の際に撮られた1枚

リッキーＧＭが掲げた条件は、野球選手としてのスキルはもちろん、１８８４年にＭＬＢでプレイしたモーゼス・フリート・ウォーカー以来の黒人メジャーリーガーになることでその身に降りかかってくるであろう嫌がらせやプレッシャーに耐えうる精神力を持った人物。リッキーは１９４３年から2年間全米にスカウトを送り、数多の候補者からジャッキー・ロビンソンに白羽の矢を立てる。ちなみに、このときロビンソンを推薦したのは、２００４年、シアトル・マリナーズのイチローに抜かれるまでシーズン２５７安打のＭＬＢ記録を84年間保持、現役引退後スカウトに転身していたジョージ・シスラーである。

ジャングルで仲間が待ってるぞ

ニグロリーグの花形選手として活躍していたロビンソンが、ドジャース傘下のモントリオール・ロイヤルズに入団したのは１９４５年８月、26歳のとき。契約の際、リッキーとロビンソンの間で「どんなことがあってもやり返さない」という約束が交わされたのは、劇中で描かれるとおりだ。

翌１９４６年のシーズン、ロビンソンは打率．３４９、１１

42～世界を変えた男～

2013／アメリカ
監督：ブライアン・ヘルゲランド
アフリカ系アメリカ人として戦後初のメジャーリーガーとなったジャッキー・ロビンソンの半生を、GMブランチ・リッキーとの交流を軸に描いた人間ドラマ。

3打点のリーグ1位の成績を挙げ、翌年4月10日、ドジャースに昇格する。が、MLBのオーナー会議ではドジャースを除く全15球団がロビンソンのメジャーでのプレイに反対し、フィラデルフィア・フィリーズはロビンソンが出場するならドジャースとの対戦を拒否すると通告。ドジャース所属選手の多くも入団拒否の嘆願書に署名していた。

ロビンソンを演じたチャドウィック・ボーズマン（左）とリッキーGM役のハリソン・フォード。映画「42〜世界を変えた男〜」より

キング牧師、マルコムXにも多大な影響を

対しリッキーは事を首謀した選手を事務所に呼び、もし嘆願書を破棄しなければ解雇する旨を伝えるなど毅然とした態度で臨む。また、監督のレオ・ドローチャーも「自分は選手の肌が黄色であろうと黒であろうと構わない。自分はこのチームの監督である。優秀な選手であれば使う。もし自分に反対する者がいたら、チームを出ていってほしい」と語り、実際にチームを移籍する選手もいたそうだ。

1947年4月15日、ドジャース本拠地エベッツ・フィールドで行われたシーズン開幕戦でロビンソンはメジャーデビューを果たす。この日、球場を訪れた観客は約2万7千人。そのうち半数以上の約1万4千人はロビンソン目当ての黒人だった。

激しい非難に晒されながらもじっと耐え抜くロビンソンに、ドジャースのチームメイトもしだいに心を許していくようになるが、中でもチームキャプテンのピー・ウィー・リースは最も良き理解者だった（右が本人）。遠征先での試合中、ロビンソンと肩を組み批判を封じ込めたエピソードは劇中でも感動的に描かれている

デビュー1年目、ロビンソンには想像以上の試練が待っていた。観客からグラウンドに黒い犬を放り込まれたり、敵チームや観客から「ジャングルで仲間が待ってるぞ」と野次られるなど容赦ない攻撃を受ける（特に人種隔離が浸透していた南部での試合が酷かった）。が、彼はリッキーとの約束を守り通し、1947年シーズンを打率.297、12本塁打、48打点、29盗塁でチームの優勝に貢献、同年より制定された新人王を受賞するのだ。

公民権運動のエネルギーに

以後、彼はメジャーで通算10

年間プレイする。その間、ずっと沈黙を貫き通したわけではない。もともとロビンソンは気性の荒い人物。最初の2シーズンこそ大人しくしていたものの、3年目からは「俺に激しくぶつかってくるなら容赦なくやり返す」など、挑発的な言葉を口にするようになる。その言動はしばしば批判の対象となったが、ロビンソンは実績でそれを封じ込めた。10年間の通算打率．311（首位打者1回）、MVP1回、盗塁王2回、オールスター出場6回。1955年はヤンキースを破り、ドジャース球団史上初のワールドシリーズ制覇にも貢献している（もっとも個人記録は打率．256、8本塁打、36打点と自己最低の成績で、翌1956年のシーズン終了後に引退）。

引退から6年後の1962年1月、野球殿堂入り。写真はロビンソンを挟んで妻のレイチェル(右)とリッキー元GM

42 ～世界を変えた男～

2004年、MLBはロビンソンがデビューした4月15日を「ジャッキー・ロビンソン・デー」と制定。以後、毎年この日は、選手、スタッフ全員が背番号42（全球団で永久欠番）のついたユニフォームを着用することを義務づけた

人種差別撤廃にいち早く乗り出した野球界の期待に見事応えたロビンソン。このパイオニアの活躍があったからこそ、後のハンク・アーロン（通算本塁打755本）もバリー・ボンズ（同762本。MLB歴代記録1位）も存在しえたし、バスケットボール（NBA）やアメリカンフットボール（NFL）など他スポーツでの黒人選手起用が始まった。

さらに重要なのは、ロビンソンの存在・活躍が、公民権運動に携わる多くの人々に勇気を与えたという事実。穏健派のキング牧師も、過激派のマルコムXも、ロビンソンのファンで、彼から影響を受けているのは有名な話だ。

野球史はもちろん、黒人の歴史にも大きな功績を残したロビンソンは1972年6月、彼のメジャーリーグ入り25周年を記念した式典のため、ロサンゼルスのドジャー・スタジアムを訪れた。引退後に発症した糖尿病が進行し、右目はほぼ失明状態。歩くこともままならなかったそうだ。ロビンソンが心臓発作で息を引き取るのは、その4ヶ月後の10月24日。53年間の短き生涯だった。

35歳でメジャーデビューを果たしたジム・モリス投手の伝説

オールド・ルーキー

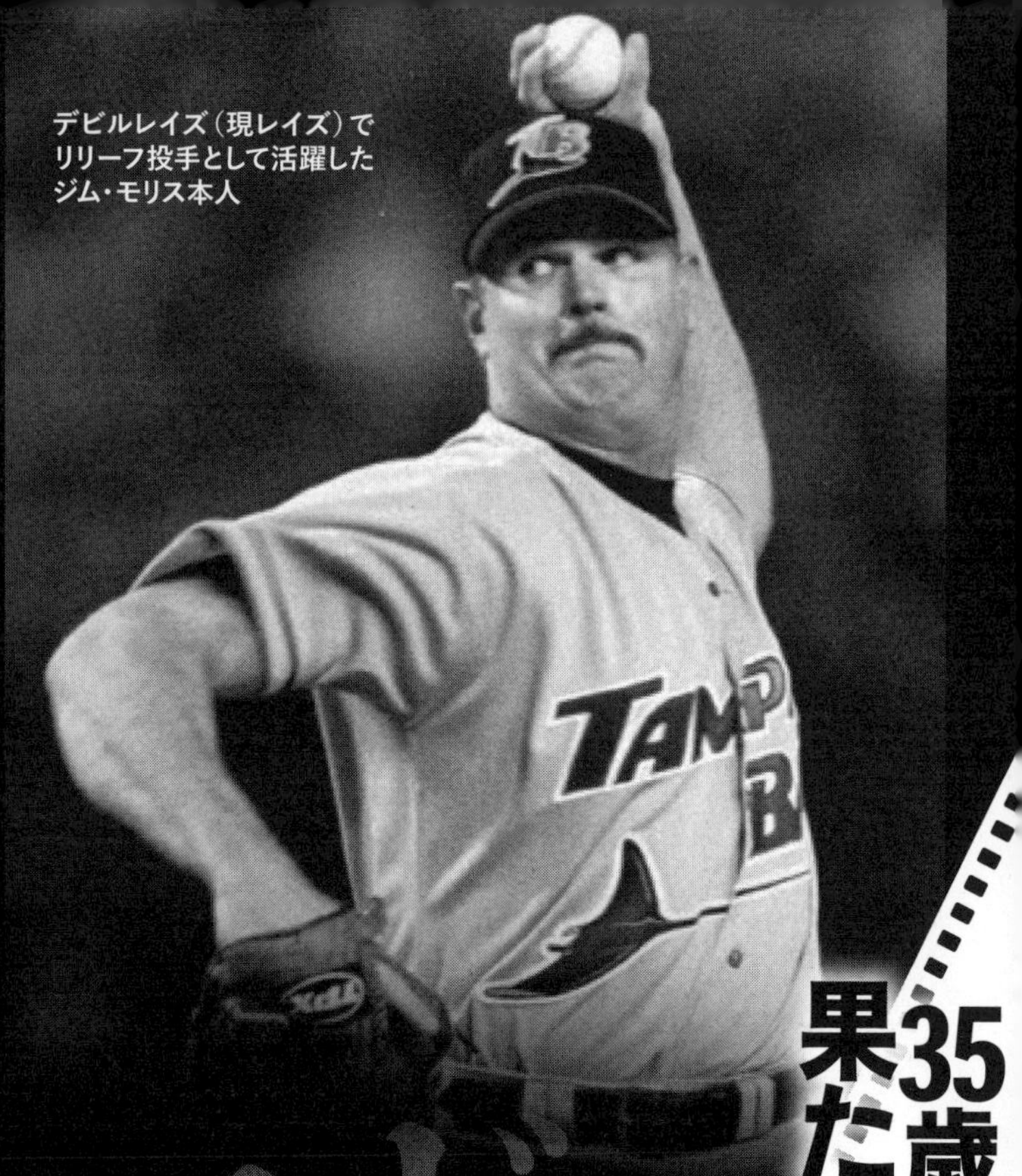

デビルレイズ（現レイズ）でリリーフ投手として活躍したジム・モリス本人

高校教師で野球部の監督を務めていた男が大リーグの入団テストを受け見事に合格。35歳にしてメジャーデビューを成し遂げる――。映画「オールド・ルーキー」は、これが創作ならハナで笑われてもおかしくないベタなサクセス・ストーリーである。しかし、劇中の内容は全て実話。ジム・モリス投手の伝説は今も燦然と輝いている。

ただ生徒の約束を果たすためトライアウトに挑戦

1964年1月、米テキサス州生まれのモリスは、中学時代から野球に非凡な才能を発揮し、地元ブラウンウッド高校では投打の主軸として活躍。卒業時の1982年、ニューヨーク・ヤンキースからドラフト指名を受ける。ただし指名順位は466

番目と低く、条件は契約金なしの月数百ドルの支給のみ。彼はその誘いを断り、いったん野球名門校レンジャー・ジュニア・カレッジ（短期大学）へのスポーツ入学を選択したが、翌1983年1月の追加ドラフト1巡目でミルウォーキー・ブルワーズから指名を受け、3万5千ドルで契約を交わす。

しかし、度重なる故障で1A（日本のプロ野球で言えば4軍相当）から昇格できないまま1987年に解雇。翌1988年にシカゴ・ホワイトソックスと契約するも1ヶ月でクビとなってしまう。

引退後は未成年犯罪者のための矯正施設などで働き、ここで友人の紹介により妻ローリーと知り合い結婚。大学の入学課で働いていた彼女の勧めで大学に入り直し、32歳で学士号を取得する。

2人の子供に恵まれながらもかつかつの暮らしを余儀なくされていた1997年、モリスは、

地元テキサスの高校の野球部監督として、チームを強豪校に成長させたのは劇中で描かれるとおり。右がモリスを演じたデニス・クエイド。映画「オールド・ルーキー」より

求人案内を介して、テキサス州のレーガン郡高校に理科の教員兼野球部のヘッドコーチ（監督）として採用される。年俸は3万2千ドル。ようやく得た安定した暮らしだった。

映画が始まるのは、3人目の子供が生まれてまもない1999年だ。2年間で55人にまで増えた野球部は、当初弱小だったもののモリスの指導により徐々に成績を上げ始める。

打撃練習のため、たびたび投手役を買って出ていたモリスは、その豪腕で生徒を驚愕させていた。こんな速い球を投げられるのに、なぜメジャーに行かないんだ？　チームが地区優勝をしたら、メジャーリーグのトライアウト（入団テスト）を受けたらどう？

生徒の提案をモリスは冗談と思いつつ承諾した。果たして、チームは本当に地区優勝してしまう。州のトーナメントこそ1回戦で敗退したものの、生徒との約束は守らねばならない。

1999年6月、モリスはメジャーリーグ数チームによる合同トライアウトに臨む。が、映画でも描かれているように「（お前の）子供が受けに来たのか？」とスタッフに訝《いぶか》しがられ、事情を話しても、70人近くの有望な

オールド・ルーキー

2002／アメリカ
監督：ジョン・リー・ハンコック
メジャーリーグ史上最年長の35歳でデビューしたジム・モリス投手の実話を基にした人間ドラマ。モリス自身が引退後に著した『The Rookie』が原作。

メジャー初マウンドで好打者を三振に

若者が真剣な腕試しを行う場で、そんな〝遊び〟に付き合っている余裕はないとテスト自体を断られる始末だった。

モリスの頭には、生徒との約束を守ることしかなかった。規定の30球を投げればさっさと帰る。失笑を買うのは覚悟の上だった。

何とかマウンドに上がることを許された彼は渾身の力でキャッチャーミットめがけてボールを投げる。3球で周囲が青ざめた。スピードガンが158キロを示したのだ。モリスがそれ以前に記録した最速は145キロ。

上／主演のデニス・クエイドは、モリスと同じ左利き、テキサス出身。映画「オールド・ルーキー」より
下／モリス(左)と、彼を演じたデニス・クエイド。映画にはモリス本人も審判役としてカメオ出演している

なぜ10数年を経て10キロ以上も球速が増したのかは、本人にもわからないという。

メジャー2年間で通算21試合に登板

いずれにしろ、このピッチン

オールド・ルーキー

現在は地元テキサスを拠点に、精力的に講演会を開催

グが評価され、モリスはタンパベイ・デビルレイズ（現レイズ）と契約を交わす。安定した教職の道を捨てることに妻は当初猛反対したが、最後は夫の意志を尊重した。

2Aからスタートしたモリス第2のプロ人生はとんとん拍子に進み、3Aを経て入団からわずか3ヶ月後の1999年9月1日、メジャーへ昇格を果たす。初登板は9月18日。彼の地元テキサスを本拠地とするレンジャーズとの一戦だった。試合は8回裏を迎え1対6の劣勢。2死走者無しの場面で、モリスはマウンドに上がる。球場には妻と子供3人も観戦に訪れていた。

バッターはオールスターゲームにも出場経験のあるロイス・クレイトン（映画では撮影時ホワイトソックスに在籍していたクレイトン本人が演じている）。モリスはこの好打者を見事に三振に切って取り（劇中では3球三振だが、実際は2球空振りの後、ファールを挟み、4球目空振り）、敵地ながら場内は大喝采に包まれる。

最年長ルーキーが最高のデビューを果たしたところで映画は終わるが、モリスはその後、ワンポイントリリーフを中心に通算21試合に登板。最後の登板は2000年5月9日のヤンキース戦で、3対3で迎えた延長10回裏1死満塁のピンチに、ポール・オニール（オールスターに5回出場経験を持つ好打者）に押し出し四球を与え、サヨナラ負けを喫している。

2000年のシーズン終了後、レイズを解雇され同年12月、ロサンゼルス・ドジャースとマイナー契約を結ぶものの、翌年の春季キャンプで結果が出せずそのまま引退。2年間のメジャーでの投球回数は15。奪三振13。防御率4・80。勝ち負け試合ともにゼロだった。

その後、モリスは故郷のテキサス州に戻り、自分の体験を著した『ザ・ルーキー』を出版、また講演会で全米を回る傍ら、貿易学校の教師としても活躍している。プライベートでは最初の妻と離婚し別の女性と再婚。現在は妻と、新たに生まれた子供と一緒に同州サン・アントニオで暮らしているそうだ。

甲子園出場を果たした嘉義農林学校野球部のメンバー。ユニフォームに「ＫＡＮＯ」の通称が

日本統治下の台湾代表、嘉義農林が成し遂げた甲子園準優勝の快挙

カノ 1931 海の向こうの甲子園

１９３１年（昭和6年）８月、阪神甲子園球場で開催された第17回全国中等学校優勝野球大会（現・全国高等学校野球選手権大会）に嘉義《かぎ》農林学校（通称カノ＝嘉農。現・国立嘉義大学）が初出場した。同校は日本統治下にあった台湾の公立中学で、部員は民族混成。大会前は単なる弱小チームの一つとしか見られていなかったが、見事に下馬評を覆し準優勝を果たす。２０１４年の台湾映画「カノ　１９３１　海の向こうの甲子園」は、

台湾で今も語り継がれるこの実話を映画化した1本だ。

チームを鍛え上げた名将・近藤兵太郎

毎年、春と夏に開催される高校野球の全国大会。春は前年秋の地方大会で優秀な成績を収めた学校からの選抜、夏は47都道府県の予選会で優勝を果たした高校が甲子園の土を踏む。

現在では知る人も少ないが、太平洋戦争が始まる前年の1940年まで、甲子園には日本統治下の朝鮮、満州、台湾からも代表チームが送られていた。台湾代表が甲子園にデビューしたのは1923年（大正12年）第9回夏の大会。嘉義農林は1928年の野球部創部以来、甲子園出場校を決める台湾全島野球大会に出場していたが、1勝すらあげたことがなかった。そんな弱小チームに監督として招かれたのが、映画で永瀬正敏が演じる近藤兵太郎《ひょうたろう》（1888年生）である。

劇中に詳しい説明はないが、松山商（愛媛）野球部の主将を務めた近藤は、卒業後、同校の監督に就任。1919年、初の甲子園出場でベスト8に導いた。

監督の近藤兵太郎本人(右)と演じた永瀬正敏。映画「カノ 1931 海の向こうの甲子園」より

©果子電影

カノ 1931 海の向こうの甲子園

2014／台湾／監督:馬志翔
日本統治下の1931年、台湾代表として全国高等学校野球選手権大会に出場し、準優勝の快挙を果たした嘉義農林学校の実話を映画化。

が、両親、姉、長女の相次ぐ死にショックを受け、心機一転、台湾へ渡り嘉義商工学校の簿記教諭となる。渡台後も松山商の監督は続け、6年連続で甲子園出場。しかし、1925年の四国予選で高松商に大敗したことで監督を辞任、嘉義商工の簿記教諭に専念していた。

近藤の内地での活躍を耳にした嘉義農林に口説かれ、同校野球部のコーチとして選手を指導し始めたのが1929年。スパルタ式訓練でチームを鍛え上げ、1931年、監督に着任する。

当時、台湾で野球は日本のスポーツと思われており、同国の

連投の疲労でエースが四死球を連発

強豪チームは大半が日本人選手で編成されていた。が、近藤は民族関係なく実力ある者がレギュラーになるべきという信念のもと、守備の上手い日本人3人、打撃に強い漢人《かんじん》（族）2人、走りに長けた蕃人《ばんじん》（族。先住民族）4人でチームを編成。1931年夏の台湾全島野球大会に挑む。

嘉義農林の主将、エースで4番の呉明捷。ダイナミックな投球フォームから繰り出す速球で並み居る強打者を抑えた

嘉義農林は誰も予想しなかった快進撃を続ける。大黒柱はキャプテンでエースの4番バッター、呉明捷《ごめいしょう》。呉は台中一中戦でノーヒットノーランを達成、決勝では日本人のみの強豪、台北商を打ち負かし、甲子園への切符を手にする。創部わずか3年での快挙だった。

決勝の相手、中京商のエース吉田正男（右）。通算6度の甲子園出場で史上最多となる23勝（3敗）を記録した（優勝3回）。高校卒業後は社会人野球で活躍。1996年、82歳でこの世を去った

決勝から80数年を経て嘉義と中京が交流試合も

迎えた本番、第17回全国中等学校優勝野球大会（1931年

8月13日開幕。全22校参加）でも嘉義農林の勢いは止まらない。大敗すると思われていた初戦の神奈川商工戦をエース呉の快投で3対0の完封勝ち。準々決勝の北海道代表・札幌商戦では一転、打線が爆発し19対7の大差で勝利する。ちなみに、この準々決勝で嘉義農林に滅多打ちにされ自らマウンドを降りた札幌商の錠者博美《じょうしゃひろみ》投手は映画の冒頭（1944年）、フィリピン出征途中に台湾に立ち寄る大日本帝国陸軍の大尉として描かれているが、実際には中国大陸に出征しており台湾に足を運んだ事実はない。

　嘉義農林は準決勝で小倉工（福岡）を10対2で破り、ついに決勝へ駒を進める。連日、甲子園を埋め尽くす5万5千人の観衆は驚愕し、台湾にも生中継されたラジオの実況に嘉義市民は狂喜乱舞した。

　8月21日、決勝。相手は同年選抜大会の準優勝校、中京商（愛知。現・中京大学）だ。果たして、嘉義農林の夢はここで潰える。呉投手が連投の疲労で指の爪を剥がす大怪我を負い四死球、暴投を連発。3回と4回にそれぞれ2点を与え、片や打線は、中京商のエース吉田正男の球に全く手が出ず、0対4の完封負け（劇中、最後の打者は4番の呉明捷だが、実際は9番ライトの福島又男《ふくしままたお》）。それでも、ひたむきなプレイで試合をあきらめなかった嘉義農林に観衆は惜しみない拍手を送り、帰国後は嘉義市民が熱狂のもと選手を出迎えたという。

準優勝旗を手に帰路につく嘉義農林ナイン

カノ 1931 海の向こうの甲子園

　チームを率いた近藤兵太郎はその後も嘉義農林の監督を続け4度にわたり甲子園に導き（1935年夏の大会準々決勝では母校・松山商と対戦し、延長戦の末4対5で惜敗）、終戦翌年の1946年に日本に帰国。新田高等学校（愛媛）の初代野球部監督、愛媛大学野球部監督などを務め、1966年5月、77歳でこの世を去った。

　エース呉明捷は嘉義農林卒業後、早稲田大学に進学。1塁手に転向し、1936年には東京六大学野球でホームラン王（タイ記録）、首位打者に輝いた。戦後は台湾に戻らず毎日新聞社に就職し文化部記者として活躍、1983年、72歳で病死した（国籍は生涯、台湾＝中華民国のままだった）。

　また、中京商との決勝戦で最後の打者となった福島又男は2年後、1933年の夏の大会にも出場（初戦敗退）、卒業後は台南州庁に勤務したが、太平洋戦争で召集され南太平洋で戦死。札幌商の錠者博美は戦後、ソ連によりシベリアに抑留され、イルクーツク近郊のマリタ収容所で亡くなった。

　嘉義農林と中京商による決勝戦から85年後の2016年8月、両校の流れを汲む国立嘉義大学と中京大学の硬式野球部が国際親善試合を実施。以来、両チームは毎年互いの国を行き来し、試合を通じて交流を深めている。

変態呼ばわりされながら、安価で衛生的なナプキン開発に尽力したインド人男性ムルガナンダムの功績

パッドマン 5億人の女性を救った男

主人公を演じたアクシャイ・クマール。
映画「パッドマン 5億人の女性を救った男」より

「パッドマン 5億人の女性を救った男」は、安価で衛生的な生理用ナプキンの開発に人生を捧げたインド人男性の実話を映画化したヒューマンドラマだ。妻を思う気持ちから立ち上げた事業で、奥さんだけでなく貧しいインド人女性5億人の生活を大きく変えることとなった男の半生は非常に興味深い。

ボロ布で手当する妻の身を案じて

映画の主人公ラクシュミのモデルは1962年、インドでも最も開発が遅れた南端タミルナードゥ州に生まれたアルナーチャラム・ムルガナンダムである。

幼少期、手織りの織工だった父を交通事故で亡くし、貧困生活のなかで14歳から工作機械のオペレーターやヤムイモの販売、溶接工など様々な職に従事。1989年、36歳で妻シャンティと結婚した。

ほどなく彼は、妻が人目につかないように汚い布を洗濯し干している姿を見かける。事情を聞いても明確な返事はない。

ルガナンダムは察する。妻は、それを生理用ナプキンの代用品にしているのだ、と。映画の舞台になっている1998年当時、インドの人口は約10億人。そのうち女性はおよそ半数の5億人として、市販の生理用品を使用するのは都市部に住むわずか1割だった。値段が高く、大半の女性には手が出なかったのだ。そこで彼女らが使うのが不衛生な布や、新聞、葉っぱ。それさえ入手できず、灰や泥を使って凌ぐ人もいるというから驚きだ。

インド人の約8割が信仰しているヒンズー教には、古代から「不浄《ふじょう》」という概念が存在する。洗っても決してきれいにならないと、生理中の女性は不浄とみなされ小屋などに監禁されてしまう。映画でも生理になったシャンティ（劇中の役名はガヤトリ）が夜間だけ屋外のベンチに追いやられていたが、この「チャウパディ」なる風習が21世紀の現在もまかり通っているという。

ムルガナンダムは、妻が不衛

“パッドマン”ことアルナーチャラム・ムルガナンダム本人（左）。
女性が持っているのが、彼が開発した機械より製造された生理用ナプキン

生な布を使っているのを知ってショックを受ける。それが原因で感染症や深刻な婦人科系の病気に罹り、命を落としてしまう女性が少なくないことを知っていたからだ。妻の身を案じた彼は友人に借金し高級品のナプキンを購入し妻に渡す。が、彼女は憤慨する。どうしてこんな高いものを買ってきたの？ なんで男のあなたがそんなことに口を出すの？

妻の言い分も理解はできた。実際、生理のたび借金するわけにはいかない。しかし、細菌が繁殖したボロ布を使えば、いつ病気になってしまうかわからないのも事実。もともと好奇心旺盛で手先が器用なムルガナンダムは、それなら自分で作ればいいのではないかと思いつく。

生理用品の研究などありえないと罵られ

ムルガナンダムは、まず買ってきたナプキンを分解。中が木綿状の繊維でできているのを知ると、さっそく知り合いから清潔な木綿を手に入れ、自作のナプキンを作製。妻に試してみてほしいと手渡した。

最初は渋っていたシャンティだったが、夫の熱意に押されて

パッドマン
5億人の女性を救った男

2018／インド／監督：R・バールキ
インドで、安全で安価な生理用品の普及に奔走し、“パッドマン”と呼ばれたアルナーチャラム・ムルガナンダムの実話を映画化。

ムルガナンダムが生理用ナプキンの製造に身を投じたのは、最愛の妻のためだった。映画「パッドマン 5億人の女性を救った男」より

実際のムルガナンダム夫妻

試作品を使ったところ、ただの木綿を折り畳んだだけのナプキンは、経血があっけなく通過してしまう。翌朝、着ていた服が汚れ、家族に隠れて洗濯しなくてはならなくなったシャンティは、もう余計なことはしてくれるなと夫に懇願する。

それでも、妻に安全なナプキンを使ってほしいというムルガナンダムの思いは揺らがない。時には自らの股にあてがい動物の膀胱に血を詰め漏れないか実験し、またある時は白いズボンを真っ赤に染めて聖なる川に飛び込んだこともあった。親戚の女性たちから拒絶され地元の医科大学の女子に彼の試作品を無料で配布した劇中エピソードも本当の話だ。しかし、奮闘する彼を村人は変態呼ばわりし、ついには母親も家を出て、最愛の妻も実家に帰ってしまう。インドでは、生理は口にしてはいけない禁忌《きんき》。まして男性が生理用品を研究するなど、ありえないことだったのである。

村人たちはムルガナンダムが悪霊に取り憑かれてしまったと信じ込んで鎖で木に繋ごうとまでした。そこで、彼は追放されるように村を離れ、全ての所有物を売却して資金を調達。アメリカのメーカーからの情報で、市販のナプキンに使われているのが松の樹皮の木材パルプに由来するセルロース繊維だと突き止めたのは、村を出てから2年

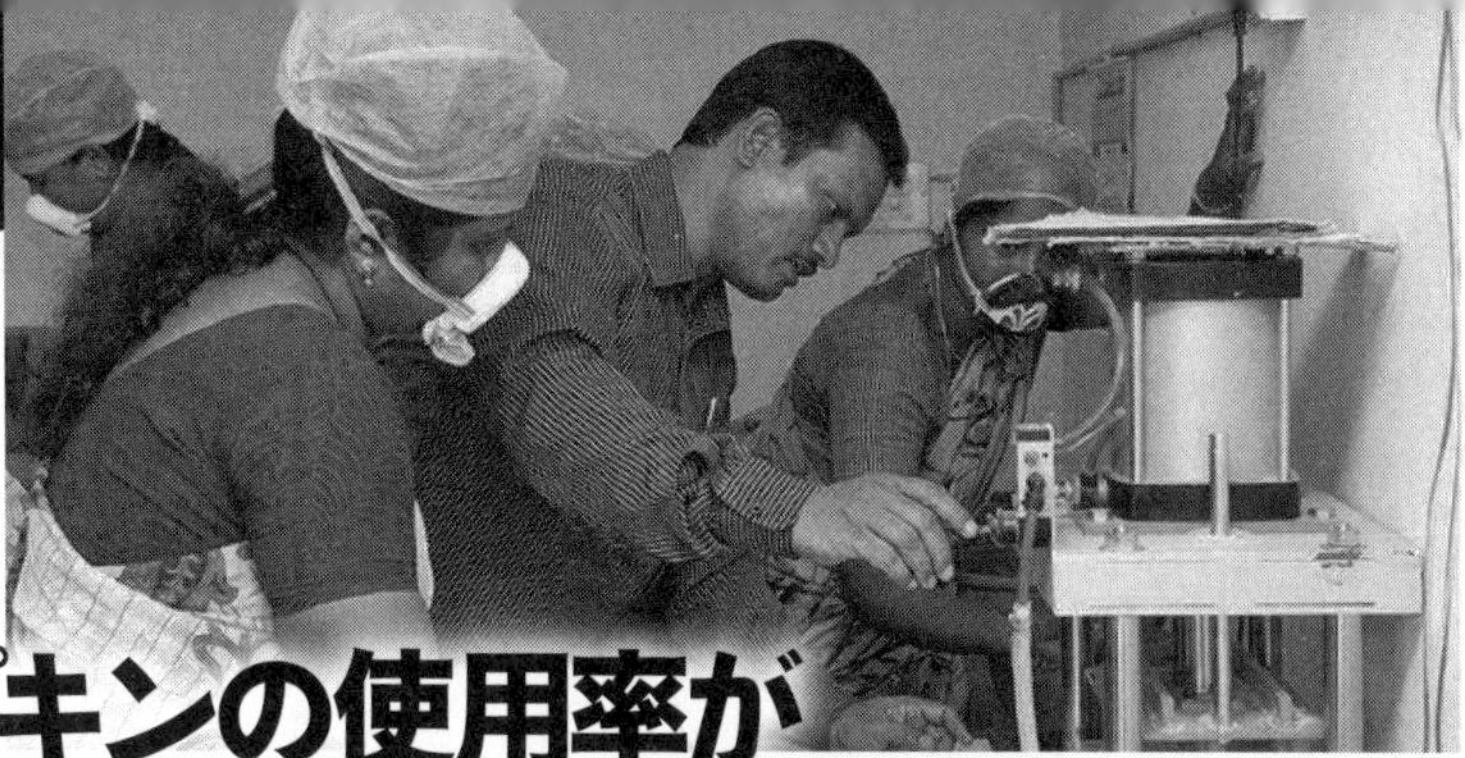

ナプキンの使用率が5年間で24%から74%に上昇

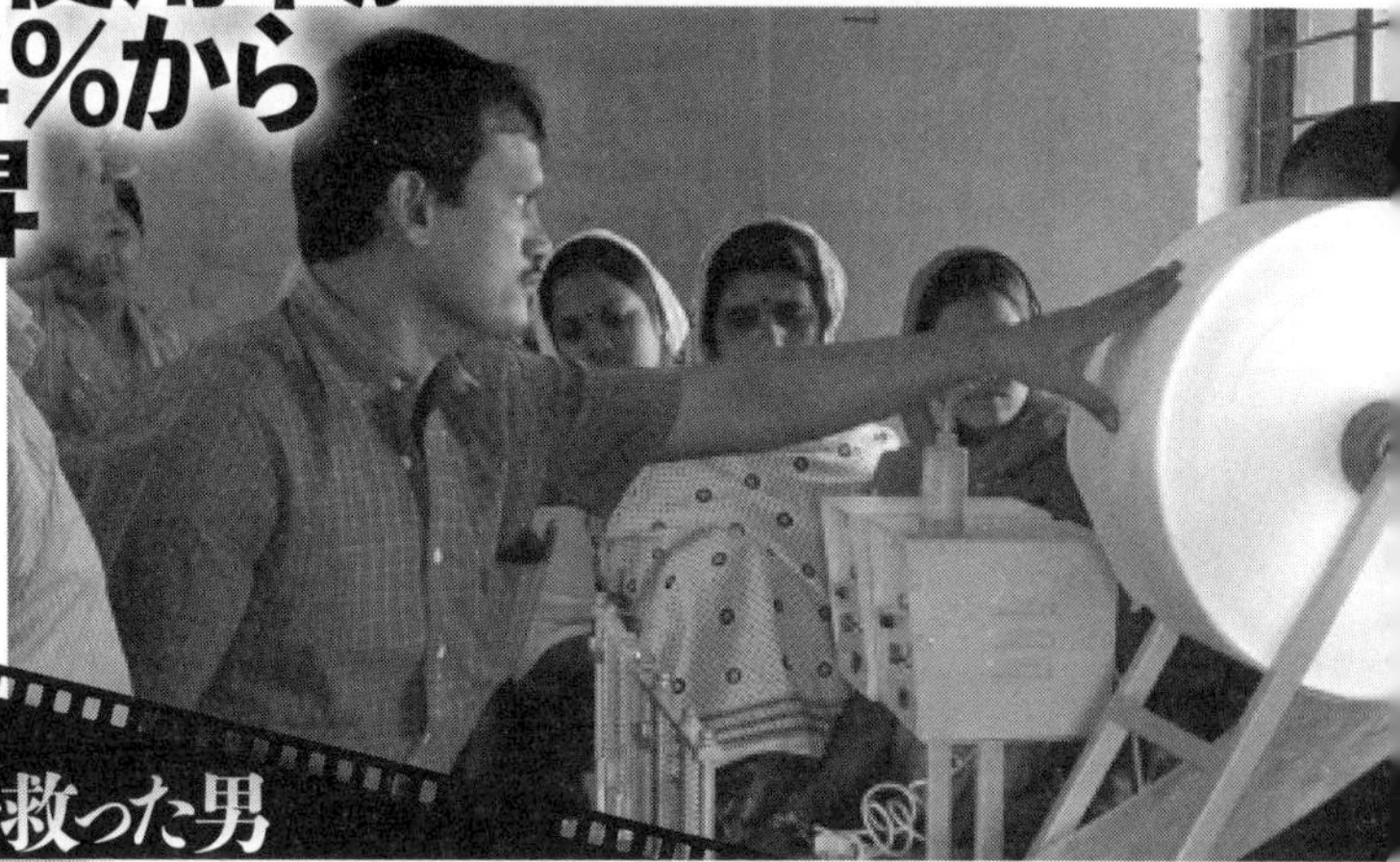

ムルガナンダム開発のナプキン製造機はわずかな訓練で誰でも操作が可能。中央の男性がムルガナンダム

パッドマン 5億人の女性を救った男

2016年、顕著な社会貢献に対しインド政府より「パドマ・シュリー勲章」が授与された

後のことだった。

　ムルガナンダムはさらに4年の月日をかけ低コストの機械を考案。通常、ナプキン製造機を輸入すれば50万ドル（現在の日本円で約５千１００万円）かかるところを、たった９１０ドル、日本円にして10万円足らずで清潔で安心なナプキン製造に成功する。

　２００６年、科学技術省管轄の財団で賞を受賞し資金を得たムルガナンダムは会社を設立。複数の企業から提案される商業化のオファーを拒否し、女性の自助グループやＮＧＯに機械を提供した。実はムルガナンダムの製造装置は単純な作りで、少しの訓練で誰でも1台で１日１千５００個のナプキンを作ることが可能だった。この機械により、女性たちは自分で作った商品を使うだけでなく、雇用が生まれ、自活の道が開ける。

　現在、ムルガナンダムのナプキン製造機はインドの４千５００の村で稼働。加え、アジアやアフリカなど19ヶ国、さらには化学薬品なしで作られる製品を求めるアメリカやドイツでも使われているという。

　ムルガナンダムの活動のお陰か、少女を対象にしたインド政府の２００７年の調査では、生理用ナプキンを使用しているのは24％だったが、２０１２年には74％にまで上昇。彼の功績は世界的に認められ、２０１４年に米『ＴＩＭＥ』誌の「世界で最も影響力のある１００人」に選ばれ、さらに２０１６年、インド政府から「パドマ・シュリー勲章」を授与された。

主人公ルースを演じたフェリシティ・ジョーンズ。映画「ビリーブ 未来への大逆転」より

米最高裁女性判事 ルース・ギンズバーグが 挑んだ性差別との闘い

ビリーブ 未来への大逆転

ルース（・ベーダー）・ギンズバーグ。アメリカでは「RBG」の愛称で、正義のために闘うスーパーヒーローとして敬愛される連邦最高裁最高齢の女性判事だ。2018年公開の「ビリーブ 未来への大逆転」は彼女が弁護士だった1970年代、性差別の不当性を訴える画期的な裁判に挑んだ実話を描いた社会派ヒューマンドラマである。

上／ハーバード大学ロースクールに入学した1956年当時のルース本人。約500人の新入生のうち女性は9人だけだった　下／新婚当初のギンズバーグ夫妻。夫マーティン（左）は生涯、妻ルースの良き理解者で心の支えとなった

女性という理由だけで就職は門前払い

ルースは1933年、ニューヨーク・ブルックリンのユダヤ人家庭に生まれた。幼少期から学業優秀で、高校卒業後に進学したコーネル大学で1学年上のマーティン・ギンズバーグと知り合い結婚、1955年、長女ジェーンを出産した。翌1956年秋、夫マーティンとともに名門ハーバード大学ロースクール（法科大学院）に進学。この年の新入生約500人のうち女性はわずか9人だった。

劇中のとおり、ハーバードでは教授が質問し学生が答える授業スタイルが採られていたが、教授が指名するのは男子学生のみ。女子学生は徹底的に無視され、教授たちは「君たち女性は男性が座るはずの席に着いた」と言い放った。

男女差別が公然とまかり通っていたこの時代、マーティンは性の平等をモットーとし、家事や育児を妻と分担する良き夫だった。しかし、スクール3年次で精巣ガンを患い、ルースは夫と娘の世話を一手に引き受けつつ、勉学にも専念する多忙な日々を送る。

1958年、病が寛解《かんかい》したマーティンはハーバードを卒業後、ニューヨークの法律事務所に就職。それに伴い、ルースも娘を連れニューヨークに転居し、コ

ビリーブ 未来への大逆転

2018／アメリカ／監督：ミミ・レダー
1970年代のアメリカで男女平等裁判に挑み、後に最高裁判事となった女性ルース・ギンズバーグの半生を描く。

ロンビア大学ロースクールに移籍。翌1959年、同校を首席で卒業する。

当然ながら、彼女も夫と同様、法曹界で職に就くことを希望した。が、成績優秀者の一般的な勤務先だった連邦高等裁判所や法律事務所は、女性であることを理由にルースの採用をことごとく拒否。この経験が彼女を生涯、性差別と闘わせるきっかけとなる。

「モリッツ裁判」で歴史的勝訴を

ロースクール卒業後、ルースは地区裁判所判事の書記職などを経て、1963年、ラトガース大学ロースクール初の女性教授職に就くと同時に、アメリカ自由人権協会に参加し、女性の権利向上に尽力。そして、アメリカで女性解放運動が盛んになっていた1970年、初の訴訟に関わることになる。映画の主軸として描かれる「モリッツ裁判」だ。

1968年、チャールズ・モリッツなる男性が働きながら病気の母親を世話するため介護人を雇った。モリッツは経費を少しでも軽減すべく、内国歳入庁（日本の国税庁に相当）に所得税の控除を求めたが、同庁は彼が独身であることを理由に請求を拒否する。当時の税法の条文には「介護に関する所得控除は、女性、妻と死別した男性、離婚した男性、妻が障害を抱えている男性、妻が入院している男性に限られる」と記されていたのだ。

納得できないモリッツは税務裁判所に訴えを起こしたが、結果は敗訴（1970年10月）。ルースは、モリッツが判決を不服として控訴した裁判の原告代理人となる。劇中のとおり、こ

ルース（左）と子供たち。長女ジェーン（後ろ。1955年生）は母親と同じハーバード大学ロースクールを卒業後、コロンビア大学ロースクールの教授に。長男ジェームズ（1965年生）はシカゴ大学在学中にクラシックのレーベルを立ち上げ、レコード会社の社長に

性差別に関する訴訟の原告代理人として活躍していた1970年代当時のルース

れは税法を得意としていた夫マーティンが所属事務所を経由してルースに持ちかけた案件で、妻がかねてより性差別に深い関心を寄せているのを知ってのことだった。

ルースは夫を共同代理人として裁判に挑み、口頭弁論で主張した。モリッツが未婚男性であるというだけで控除を受けられないのは、「何人に対しても法の平等な保護を拒んではならない」と定めた合衆国憲法修正第14条に違反する。今まで100年にわたる男女差別を是とした判決は負の遺産で、未来の裁判のために、男女差別を認めた前例として残していくための判決を下すべきである、と。

性差別を憲法違反とする前例のない彼女の主張に判事たちは響き、結果として全員一致で税務裁判所の判決を棄却。モリッツに税控除を認めると同時に、性別や婚姻歴に関係なく扶養家族の介護費用を控除するよう法を改定する（1971年。被告の内国歳入庁は上訴したが、1973年、最高裁はこれを却下し判決確定）。

87歳にして今なお法曹界の一線で活躍

近影。リベラル派法律家の重鎮として大きな影響力を持っている

軍事学校への入学を拒否された女性の訴えを承認

映画は歴史的な裁判に勝訴したところで終わるが、ルースはその後、米空軍に入隊した既婚女性が、女性という理由で住宅手当を与えられないことを訴えた裁判（1973年）、妻が妊娠中に死亡し、生まれてきた子供を育てていた父親が自治体にひとり親手当を申請したところ、受給資格は母親のみという規定により受給を拒否されたことに対する訴訟（1975年）など、1970年代に性差別に関わる裁判6件の原告代理人となり、5件で勝利を収めた。

こうした功績を認められ、1980年、ルースは当時の大統領ジミー・カーターの指名で、コロンビア特別区巡回区連邦控訴裁判所判事に就任。妻の仕事を重視した夫マーティンもニューヨークからワシントンD.C.に移り、ジョージタウン大学ローセンターで教鞭を執るようになる。

1993年、ビル・クリントン大統領から指名を受け連邦最高裁判事に（女性としてはサンドラ・オコナー判事に次いで2人目）。着任3年後の1996年、バージニア州立軍事学校（男子校）への入学を拒否された女性がバージニア州を訴えた裁判で、女性の主張を認める最高裁判決を下し、2006年には、同僚男性より賃金が4割少ないことを不当と訴えた女性職員に男性と同じ額の給与を支払うよう命じるなど、男女平等を支持する数々の訴訟に関わる。

ルースは87歳になった2020年6月現在も、最高裁の現役判事として活躍。彼女の良き理解者だった夫マーティンは2010年6月、78歳でこの世を去った。

1974年8月7日朝、ツインタワーの間にかけたワイヤーの上を歩くフィリップ・プティ本人

ザ・ウォーク

WTCのツインタワーを命綱なしで渡った大道芸人フィリップ・プティの華麗なる犯罪

2001年9月11日、アメリカ同時多発テロの標的となったニューヨーク・マンハッタンのワールドトレードセンター（以下WTC）。世界のビジネスの中心的役割を担っていた超高層オフィスビルは、ハイジャック機2機の激突により南棟、北棟ともに無残に崩壊した。

事件が起きる27年前の1974年、WTCのツインタワーの間にワイヤーを張り、綱渡りを成功させたフランス人男性がいる。フィリップ・プティ（1949年生）。地上411メートルの高さを命綱なしで自由に歩く彼の姿はニューヨーク市民の度肝を抜いた。映画「ザ・ウォーク」は、プティと仲間が、この“犯罪”を達成するまでの過程を描いた冒険ドラマである。

ノートルダム大聖堂に無許可で侵入、綱渡りを敢行

映画は1973年、フランス・パリで大道芸人として活動していたプティ（演：ジョセフ・ゴードン＝レヴィット）が、歯医者の待合室にあった雑誌にWTC建設中の記事を見つけ、ここで綱渡りすることを夢見る

シーンから始まる。が、実際にプティがWTCの存在を知ったのは1968年、18歳のとき。歯医者の待合室の新聞で読んだWTC建設の記事に驚き、将来の具体的な目標を定める。

　当時、彼は駆け出しの大道芸人だった。幼い頃からあらゆる物に上って人々から遠ざかろうとする変わり者で、あきれた両親は16歳で息子を勘当。プティは単身パリに出て、一輪車やジャグリングを人々に披露し日銭を稼ぐとともに、独学で綱渡りを学んでいた。

　最初に彼が綱渡り師として注目されるのは1971年6月26日。パリのノートルダム大聖堂に無許可で侵入。聖堂内で壮大な儀式が行われている最中、建物最上階の2つの尖塔（高さ42・3メートル）の間にワイヤーをかけ、その上を歩きジャグリングをしてみせた。直後にプティは不法侵入罪で逮捕されるが、地上から彼を見た市民は拍手喝采をおくる。

　プティは命綱なしの綱渡りにこだわり、その行為を犯罪と捉える一方、自身を芸術家、詩人と鼓舞していた。そんな彼に魅了されたのが、プティが呼ぶところの「共犯者」たち。最初の共犯者は恋人のアニー・アリックス。2人目が幼馴染でカメラマンのジャン=ルイ。その他、友人のジャン・フランソソなどが共犯者となり、プティの手助けをする。

　劇中には出てこないが、プティは1973年6月、オーストラリア・シドニーのハーバー・ブリッジ（高さ134メートル）北側の鉄塔での綱渡りも成功させている。WTCへの挑戦は間近に迫っていた。

1974年撮影のワールドトレードセンター。
110階建て、高さ411メートル。北棟、南棟の間の距離は約42メートル

建築雑誌の記者を装い内部を観察

　1974年1月、プティは初めてニューヨークへ渡り、WTCを直で見る。この時点でWTCは開業していたが高層階や屋上はまだ工事中で、ミッション敢行は自ずと工事が終わるまでに限られた。

　プティは何度もWTCに通い、建物を徹底的に観察する。屋上へ上がるエレベーターの数と種類。警備員の動き。ワイヤーの設営法、風速、揺れの度合い。

ザ・ウォーク

2015／アメリカ
監督:ロバート・ゼメキス
米ニューヨークのワールドトレードセンターで命がけの綱渡りを敢行したフィリップ・プティの実話を「バック・トゥ・ザ・フューチャー」「フォレスト・ガンプ／一期一会」などで知られるロバート・ゼメキス監督が3Dで映像化。

このとき彼の心強い共犯者となったのが、バリー・グリーンハウスなるアメリカ人男性だ。彼は当時、ニューヨーク州保健局の調査部で課長補佐を務めていた人物で、その事務所はWTC南棟の82階にあった。グリーンハウスは以前、パリでプティの大道芸を見たことがあり、建物視察中のプティを偶然目撃し声をかける。プティにとってはWTC内部の人間は願ってもない存在。計画を話し、彼を強引に味方につけ、以降、工事の進捗《しんちょく》状況、警備体制などの情報をもらうばかりか、彼から身分証を借り受け偽造、架空の配送業者のIDで建物を出入りする。

恋人アニーを背負い綱渡りの練習中のプティ(上)。右は劇中の再現シーン。映画「ザ・ウォーク」より

プティが工事現場で誤って太い釘が出た板を踏み、松葉杖をつきながら建物を観察した劇中のエピソードも本当の話だ。怪我を負っていることで警備の目が緩くなるのをいいことに、彼は治った後もしばらく松葉杖をつき続けた。その他、映画では描かれないが、ヘリを飛ばしWTC屋上の空中写真を撮ったり、フランスの建築雑誌の記者と偽り協力者のアメリカ人カメラマンとともに屋上工事の様子を取材、作業員にカメラを向けるふりをしながら、綱渡り用の器具が設置可能な場所を撮影するなど、入念に準備を進めた。

一生に一度のすごいものを見た

そしていよいよ決行のときが訪れる。1974年8月6日夕方、配送業者を装ったプティとフランソワがヘルメットに作業着姿で、必要な道具を乗せた車で南棟に侵入。北棟にはビジネスマンになりすましたジャン＝ルイとアメリカ人協力者アラン・アルバートが潜入した。

　当初の計画では、グリーンハウスの事務所がある82階まで貨物用エレベーターで上り、そこから階段で屋上に荷物を運搬。暗くなった頃を見計らい設営に入る予定だった。が、エレベーター係が「何階へ？」と尋ねたことでプティはとっさに「104階に」と返答。屋上に近いに越したことはないのだが、104階で荷ほどきを始めた瞬間、

プティの協力者たち。右から幼馴染のカメラマンで北棟からワイヤーをかける矢を射ったジャン＝ルイ、プティとともに南棟に上ったジャン・フランソワ、WTC南棟82階に勤務し警備情報などを流したバリー・グリーンハウス

ザ・ウォーク

グリーンハウスの身分証を借り偽造したプティのID。これを提示することで怪しまれずビルに入館できた

警備員が出現。プティとフランソワはとっさにフロア隅の防水シートに隠れ、そのまま時間をやり過ごすことになる。

　23時。警備員が去ったのを確認し、2人はシートを脱出。道具を手に屋上へ上る。北棟屋上にはすでにジャン＝ルイが待機していた。

　問題は南棟、北棟の間にいかにしてワイヤーをかけるか。両タワーの距離は約42メートル。当初はラジコン機でワイヤーを運ぶ、ワイヤーをつけた球を投げるなどの案が出たが、どれも現実的ではなく、最終的に弓矢で釣り糸を飛ばし、その先についたワイヤーを手繰り寄せる方法が採用された。

　暗闇の中、腕の上げ下げを合図に北棟のジャン＝ルイが矢を飛ばす。南棟のプティは裸になり釣り糸が体に触れるのを確認し、そこから大急ぎでワイヤーの設営に入る。

　準備が完了したのは、貨物用エレベーターが動き始めた直後の翌7日午前7時過ぎ。プティは、南棟屋上からバランス棒を持ちワイヤーの上を歩き出した。地上で、数日前にニューヨークに来ていたアニーが上空を見上げて叫ぶ。

「みんな見て。綱渡りよ、あの上を渡っているの！」

ワイヤーの上で寝そべるプティ

マンハッタンの人々が驚愕したとき、すでにツインタワーの屋上には警察が駆けつけていた。が、プティは挑発するかのように、彼らの目の前で踵を返し、8回にわたり北棟、南棟の間を行き来したばかりか、時にはワイヤーの上で寝そべったり、下を見ながらうやうやしくお辞儀までしてみせた。

　このとき、現場の屋上にいた警察官は証言している。

「私が目撃したのは綱渡りじゃない。綱ダンスだ。タワーの間の中程で我々を見て彼は笑みを浮かべた。あまりにも楽しそうだった。個人的には一生に一度のすごいものを見た」

恋人と別れ 仲間とも疎遠に

　ワイヤーの上で舞うこと45分間。プティはついに南棟の屋上に戻り、そのまま警察に逮捕・勾留される。罪状は不法侵入罪と治安紊乱《びんらん》罪だった。

上空を見上げ驚愕するマンハッタンの人々。グリーンハウス、アニーの姿も

ザ・ウォーク

グルーピーの女性たちと体の関係を

逮捕時のプティ。達成感に包まれた笑顔で記者の問いかけに応じた

対して、ニューヨーク市民はプティの〝華麗なる犯罪〟に快哉し、新聞・テレビも彼をヒーロー扱いした。こうした世論に押され、検察当局はプティに提案する。セントラルパークの子供たちに無料で綱渡りを披露したらお咎めなしにする、と。

映画は、偉業を成し遂げたプティにWTCの展望台への永久無料入場証が授与されたことを告げて終わる。が、現実はほろ苦い結末を迎えている。映画の終盤で、フランスへ帰るアニーとアメリカに残るプティの別れのシーンが描かれる。劇中で具体的に語られないものの、アニーは悟っていた。プティはヒーロー。完全に別世界の人間になってしまったのだ、と。

それを彼女に確信させた、映画では描かれない出来事がある。検察との取引を承諾したプティが裁判所を出たところ、1人の女性が彼に近寄り抱きついて言ったそうだ。

「私をあなたの第1号にして」

メディアの報道で、プティにはグルーピーとでも言うべき女性が数多く現れ、プティは実際に彼女らと性的関係を持った。そして、そのことを隠すためアニーに対し「取材が殺到していて、そちらに帰れない」と言い張ったそうだ。

プティに別れを告げたのはアニーばかりではない。無罪同様の処分で終わったプティに対し、協力者のフランソワは国外永久追放に。ジャン＝ルイもフランスに帰国し、以降彼らの関係は疎遠になってしまったという。

その後、プティはフランスに戻ることなくニューヨークで暮らし、1980年代から1990年代にかけ、アメリカ国内のイベントに呼ばれ綱渡りを披露。2008年、自身を主人公にしたドキュメンタリー映画「マン・オン・ワイヤー」で積極的にインタビューに応じ、本作「ザ・ウォーク」では、主演を務めたゴードン＝レヴィットを直々に指導した。

ストレイト・ストーリー

10年間音信不通の兄に会うため時速8キロの芝刈り機で往復770キロの旅に出たアルヴィン爺さんの挑戦

主人公を演じたリチャード・ファーンズワース。映画公開翌年の2000年10月6日、長年患っていたガンの苦しみから逃れるように、自宅においてショットガンで自殺した。享年80。映画「ストレイト・ストーリー」より

1999年に公開された「ストレイト・ストーリー」は、アメリカ・アイオワ州に住む老人が、時速8キロの芝刈り機に乗ってウィスコンシン州で暮らす病気の兄に会いに行くロードムービーである。

本作は1994年8月25日付の『ニューヨーク・タイムズ』に掲載された実話を基に映画化されたもので、監督のデヴィッド・リンチは事実を再現するため、老人が実際にたどった行程を訪れ脚本を書き上げた。

本物のアルヴィン・ストレイト（右）。
芝刈り機も実際に旅で使ったもの（1996年撮影）

どうしても会って和解したい

物語の主人公は、1920年にモンタナ州で生まれたアルヴィン・ストレイトなる男性である。若いときは牧場、大工、石炭鉱山などで働き、妻と7人の子供（5男、2女）を養育。また、海兵隊の一等兵として第二次世界大戦と朝鮮戦争に出兵していた。

1994年、73歳になったアルヴィンは妻に先立たれ、アイオワ州の小さな田舎町ローレンスで農作業をしながら娘のローズ（演：シシー・スペイセク）と2人、社会保障の年金をもらいのんびり暮らしていた。視力が弱いため運転免許は持てず、足腰も弱く杖をつかないと歩けない有様。また長年の喫煙癖により肺気腫の恐れもあったが、いくら娘に勧められても、アルヴィンは頑なに医者の診察を拒否していた。

そんなある日、アルヴィンのもとに思わぬ知らせが飛び込む。隣州ウィスコンシン南西部の町マウント・ザイオンに住む兄、ヘンリー（劇中の役名はライル）が脳卒中で倒れたというのだ。

7歳年上の兄とは、10年前に酒を飲みながらつまらぬことでけんか別れをしていた。アルヴィンはこの一件で酒を断ったものの、以来、一切連絡を取っていなかった。

しかし、10年の時が流れ、アルヴィンは兄に会って和解したいと切に願うようになる。兄の家までは約240マイル（約385キロ）。車なら、ミシシッピ川を越え1日で着く距離である。当然のように、娘のローズが運転を申し出た。が、アルヴィンはあくまで自力で行くことにこだわった。頑固な性格ゆえ、公共の輸送機関を全く信用して

ストレイト・ストーリー

1999／アメリカ
監督：デヴィッド・リンチ
アメリカ・アイオワ州の田舎町に住む老人が、時速8キロの芝刈り機に乗ってウィスコンシン州で暮らす病気で倒れた兄に会いに行く姿を描いたロードムービー。1994年に『ニューヨーク・タイムズ』に掲載された実話を基にしている。

いなかった。

そこで、彼が考えたのが、普段乗っている自分の芝刈り機を交通手段にすることだった。芝刈り機は時速8キロ。背もたれのない座席に、丸いハンドルが付いただけの簡素なもの。あまりに無謀と、娘や友人たちは大反対したものの、アルヴィンは聞く耳を持たず、溶接機を使い、芝刈り機と農作業用の長さ10フィートのトレーラーを接続。そこにガソリンや食品、衣類にキャンプ用品などを詰め込み、自宅をスタートする。

しかし、無理な連続運転のせいで〝愛車〟の芝刈り機は出発後、すぐに故障。自宅に戻ることを余儀なくされたが、旅をあきらめたわけではない。アルヴィンはなけなしの金をはたいて知人から1966年式のジョンディア社の芝刈り機を購入、再度、後ろにトレーラーを繋ぎ、自宅を出る。1994年7月5日のことだ。

トウモロコシや麦の畑が延々と続くアメリカの田舎の風景のなか、芝刈り機は進んでいった。映画「ストレイト・ストーリー」より

葬儀には芝刈り機も参列

最初の3日間は順調だったが、4日目にしてアクシデントが起こる。下り坂に入ったとき、トレーラーの重みで芝刈り機が暴走。エンジンが故障し修理代として約250ドルを費やす羽目になった。他にもトラブルが重なり所持金が底をついたため、半分の道のりが過ぎた辺りで、アルヴィンは次の社会保障の金が振り込まれるまで、キャンプ生活を強いられる。

その後も雨が降れば農場の小屋の下で、時には旅先で出会った人の家に泊めてもらうこともあった。が、彼が芝刈り機で進む姿を見て、「車で送っていくよ」と声をかけてくる人の誘いは頑なに断り続けたという。

自宅を出て6週間後の8月15日、アルヴィンはようやく兄ヘンリーが住む家までたどり着く。兄は弟が自宅に向かっているこ

となど全く知らなかった。一方、弟は兄が脳卒中で動けないのではないか、と案じていた。

果たして、大声で兄の名を呼ぶ弟の声に、ヘンリーは歩行補助器で家の中から出てきた。この後、映画は夜空の下、2人がベンチに座り、長年のわだかまりが消えたと感じさせるシーンで終わる。

10年ぶりに再会した
兄ヘンリー（左）とアルヴィン

自宅を出て
6週間後、兄に再会

ストレイト・ストーリー

劇中では描かれないが、その後、アルヴィンは1ヶ月間、兄の家に滞在した後、帰途につく。兄は車で帰るよう説得、金の援助を申し出たが、頑固なアルヴィンは再び単身で芝刈り機に乗り、娘の待つアイオワへと戻っていく。

この兄弟の再会のニュースは、『ニューヨーク・タイムズ』に紹介されたことで全米に広まった。アルヴィンは一躍有名人となり、「レイトショー」や「トゥナイト」といった有名テレビ番組から出演依頼が舞い込む。が、彼は、自分は注目されるような人間ではないと、オファーを全て断っている。

アルヴィンは1996年11月9日、76歳で心臓病によりこの世を去った。その葬儀には、長い旅を共にした芝刈り機も参列したという。

アルヴィンが眠る墓。現在も「アイオワ州で最も有名な人物の一人」として語り継がれている

ヒステリア

右が主人公の男性医師を
演じたヒュー・ダンシー。映画「ヒステリア」より

映画とはまるで異なるバイブレーター誕生秘話

２０１１年の映画「ヒステリア」は、19世紀末のイギリス・ロンドンで1人の医師が女性用の電動バイブレーターを開発するまでの過程を描いた、風変わりなコメディドラマだ。今や定番となったアダルトグッズには、どんな誕生秘話があったのか。

オーガズムこそが治療の特効薬

舞台は１８８０年のロンドン。20代の若き医師、モーティマー・グランヴィルが、勤務先の病院をクビになる場面から映画は始まる。当時の前近代的な医療に嫌気が差した彼は、ことあるごとに年長の医師たちと衝突を繰り返していた。

が、この設定は現実とはかなり異なる。グランヴィルが同僚と折り合いが悪かったのは事実だが、その頃の彼はすでに50代にさしかかったベテランの医師で、勤務態度はいたってマジメ。映画の後半で描かれる院長の娘とのラブロマンスも全てフィクションだ。

グランヴィルが、女性の患者を専門に扱う医院に転職を決めたのは１８８１年のこと。当時の医学会で最先端の話題だった

「ヒステリー症状」について研究するのが目的だった。

19世紀のイギリスでは、女性が抱えるストレスや憂鬱、不安感を体の病気として考えており、特に上流階級の間では深刻な社会問題として扱われていた。最先端の医療を志すグランヴィルにとっては、うってつけの研究対象だったようだ。

新天地で彼が最初に学んだのは「外陰部マッサージ」なるテクニックである。女性器へ適度な刺激を与え、ヒステリーを起こした女性に「発作的けいれん」をもたらす治療法で、ギリシャ時代にヒポクラテスが編みだしたとも言われる。要は現代で言う「性感マッサージ」なのだが、女性の性欲に関する知識が皆無だった当時は、オーガズムこそがヒステリー治療の特効薬だと、本気で信じられていた。

グランヴィル本人。映画では20代の医師として描かれているが（右ページの写真）、実際には“ヒステリー治療”に取りかかったとき、すでに50代だった

電動バイブレーターに死ぬまで悪態を

映画では、性感マッサージの腕を磨いた主人公が、上流階級の女性たちから絶大な支持を得ていくのだが、この展開も脚本家の創作。実際のグランヴィルは、ヒステリー患者の治療こそ行ったものの、普段は黙々と研究をこなすだけで目立った活動はなかった。

同様に、劇中のグランヴィルが、電気掃除機のモーターから電動バイブレーターを思いつくエピソードも事実ではない。実際は、肉体労働者の友人が神経痛に苦しむ姿を見て、手軽に使えるマッサージ機として「モーティマーのハンマー」の名前で1883年に商品化したものだ。

ところが、この発明にグランヴィルの同僚のアルフレッド・コビーという医師が目をつけ、ヒステリー治療への転用を思いつく。斬新な技術の登場はすぐに世に知れわたり、コビーのもとには患者が殺到。女性を簡単にオーガズムに導く「振動セラピー」の大家として、名声をほしいままにした。

当然、グランヴィルは面白く

ヒステリア

2011／イギリス・フランス・ドイツ・ルクセンブルク
監督:ターニャ・ウェクスラー
「大人のおもちゃ」として知られる電動バイブレーターが、性に厳しかった19世紀末のロンドンで、女性のヒステリーを治療するための医療器具として使われていたという実話をベースに、1人の青年医師のバイブ発明までの苦労と恋愛を描いたロマンチックコメディ。

ない。1883年出版の著書『神経の振動と興奮：その治療法』に、彼はこう記している。

「電動バイブレーターを女性に使うのは恐ろしいアイデアである。ヒステリーのようなあいまいな症状に、私の発明を使うのは大間違いだ」

しかし、もはや世の流れは変えようがない。映画の主人公が女性のヒステリーを治した名医として賞賛されたのとは異なり、現実のグランヴィルは最後まで電動バイブレーターに悪態をつきながら、1900年、67歳で息を引き取った。

　ちなみに、グランヴィルの死から2年後、アメリカの大手家電メーカー、ハミルトンビーチ社が家庭用の電動バイブレーターの開発に成功。1920年までにおよそ2万台を売り上げ、かくしてグランヴィルの名は「大人のおもちゃの開祖」として歴史に刻まれることになる。

ヒステリア

バイブを女性に使ったのは別の医師

グランヴィルが開発したバイブレーター。映画に登場するものに比べかなりゴツい

「振動は人生だ」のキャッチコピーで、電動バイブレーターは1910～1920年代、大ヒット商品になった

第2章 不屈

トランボ本人。映画の冒頭で再現されているとおり、自宅の風呂で執筆することも珍しくなかった

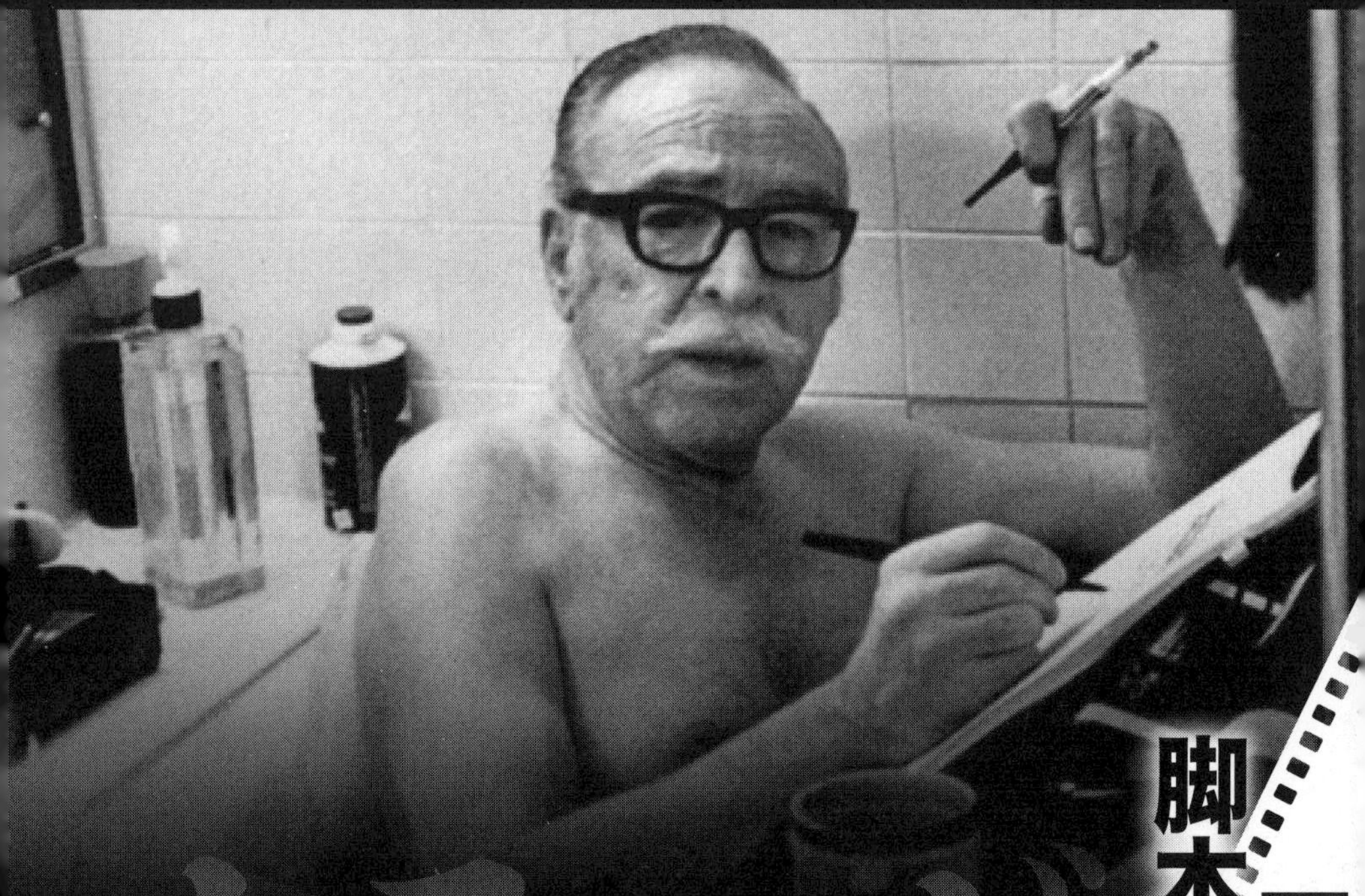

トランボ

ハリウッドに最も嫌われた男

「赤狩り」に屈しなかった脚本家ダルトン・トランボの気骨と信念の生涯

ダルトン・トランボ。映画ファンなら誰もが知る名作「ローマの休日」の脚本家である。が、この作品が公開された1953年、エンドロールには別の人物の名前がクレジットされていた。1940年代後半から1950年代半ばのハリウッドに吹き荒れた「赤狩り」により、共産主義者のレッテルを貼られたトランボは映画界から追放状態にあり、実名を伏せ執筆活動に従事していたのだ。

2015年公開の「トランボ

ハリウッドに最も嫌われた男」は、不当な扱いに決して屈せず、己の信念を貫いた脚本家ダルトン・トランボの半生をほぼ史実どおりに描いた伝記ドラマの傑作である。

酒の密売経験を書いた記事がきっかけで映画界と繋がりが

トランボは1905年、米コロラド州に生まれた。高校時代から地元日刊紙のアシスタント記者として働くなど才能を開花させていたが、進学したコロラド大学在学中に父が病に倒れ中途退学。実家に戻り、その後8年間、パン工場で働き家計を支えながら小説家を目指し、独自に執筆活動を続けていた。

映画界と繋がりができるのは20代後半。酒の密売をしていた自身の経験を書いた記事が雑誌に掲載されたことで映画評論家、編集者として職を得た後、知人の紹介でワーナー・ブラザースの脚本部へ。1936年に映画「ロードギャング」でデビューを飾り、1940年の「恋愛手帖」ではアカデミー脚色賞にノミネートされるなど着実にキャリアを重ね、本作「トランボ〜」の物語が始まる1947年当時、ハリウッドの売れっ子脚本家の1人になっていた。

映画では描かれないが、生涯添い遂げる妻クレオ（1916年生）と結婚したのが1938年。ドライブイン・レストランで水の入ったグラスを器用に扱うクレオ（劇中、彼女を演じたダイアン・レインがジャグリングを披露するシーンがある）を見たトランボの一目惚れで、後に夫妻は長女ニコラ（1939年生）、長男クリストファー（1940年生）、次女メリッサ（1945年生）を授かる。

脚本家として活躍する一方、トランボは自身の思想信条から1943年にアメリカ共産党に入党したが、第二次世界大戦後の米ソ冷戦下、ハリウッドに共産主義者と同調者を排除する赤狩り旋風が巻き起こり、立場が危うくなる。

赤狩りを主導した下院非米活

トランボの3人の子供。左から長女ニコラ、次女メリッサ、長男クリストファー。ニコラは心理療法士、メリッサは写真家に。クリストファーは父と同じく脚本家の道に進み、2011年1月、父と同じ70歳で死去した

トランボ
ハリウッドに最も嫌われた男

2015／アメリカ
監督:ジェイ・ローチ
「ローマの休日」「黒い牡牛」「パピヨン」など数々の名作を生んだ希代の脚本家ダルトン・トランボの波瀾万丈な人生を、テレビシリーズ「ブレイキング・バッド」で知られるブライアン・クランストン主演で描いた伝記ドラマ。

動委員会は共産主義に加担していると思われる映画スタッフ、俳優のブラックリストを作り、１９４７年10月、第1回聴聞会を実施。ハリウッド映画界の著名人19人を召喚する。トランボもその1人だった。

証言を拒んだ ハリウッド・テン

聴聞会で、トランボは「あなたは共産党員か、あるいはかつてそうだったか、イエスかノーで答えよ」の問いかけに「これはアメリカの強制収容所の始まりだ」と証言を拒否する。同じく証言を拒んだ者が9人おり、トランボを含む脚本家10人は後に「ハリウッド・テン」と呼ばれ、法廷侮辱罪で禁固刑の実刑判決を言い渡されることとなる。

このとき、赤狩りを猛烈にバックアップしたのが、劇中にも登場する「アメリカの理想を守るための映画同盟」に所属していた大物俳優のジョン・ウェインだ。また、後に大統領となる俳優のロナルド・レーガンも共産主義者を容赦なく攻撃した。

もう1人、赤狩りに大きく影響力を持った女性がいる。ヘッダ・ホッパー。31歳で女優デビューしたものの端役ばかりで、50歳でゴシップライターに転身して大成功。当時、新聞や雑誌に多くのコラムを連載し、３千５００万人の読者を持っていたハリウッドの陰の女帝で、劇中で描かれるように、彼女は大物プロデューサーにトランボを起用しないよう直に提言した。

この赤狩りにより、１９５４年までに約1万人の映画人が仕事を干され、約２５０人が国外に脱出した。有名なところでは喜劇王チャールズ・チャップリン。１９４７年の「殺人狂時代」

1947年10月、妻クレオと非米活動委員会の聴聞会に出席したトランボ。上が実際の写真。下が劇中の再現シーン（左ブライアン・クランストン、右ダイアン・レイン）。映画「トランボ　ハリウッドに最も嫌われた男」より

1950年、投獄の決定に抗議し、我が身の自由を訴えるハリウッド・テンのメンバーとその家族。左から4人目、眼鏡の男性がトランボ。この場面も劇中で再現されている

が左翼的な作品として何度も召喚命令を受け、1952年、ロンドンで「ライムライト」のプレミアのために向かう船の途中、アメリカ政府当局から事実上の国外追放処分となり、スイスへの亡命を余儀なくされた。

トランボ ハリウッドに最も嫌われた男

また、1952年の名作「真昼の決闘」の脚本家カール・フォアマンは共産党員だったため、ジョン・ウェインら右派の大物から同作のアカデミー賞受賞を妨害されイギリスに亡命。その後デヴィッド・リーン監督作「戦場にかける橋」（1957）でアカデミー脚色賞を受賞したが、公開当時は赤狩りによって名前をクレジットされていない（後年に復活）。

「ローマの休日」に込められた意思

トランボは、1年の禁固刑を受け1950年6月、ケンタッキー州アッシュランドの刑務所に投獄された。劇中では服役期間を終え出所したことになっているが、実際は模範囚として2ヶ月減刑され、1951年から家族とともにメキシコに滞在。

赤狩りを支持し、トランボ排除に動いた大物ゴシップライターのヘッダ・ホッパー。1966年、80歳で死去

1953年、トランボが友人の名前で脚本を執筆、アカデミー原案賞を受賞した「ローマの休日」。写真は新聞記者役グレゴリー・ペック（右）と王女役オードリー・ヘプバーンが「真実の口」に手を入れる有名なシーン

1975年、ロバート・リッチの偽名でアカデミー原案賞を受賞した「黒い牡牛」（1956）のオスカー像を受け取るトランボ。右は当時アカデミー会長だったウォルター・ミリッシュ

執筆活動を再開する。

トランボはしたたかだった。ハリウッド・テンの1人である自分を起用する映画会社がないことを承知のうえ、当時、怪奇ものやアクションなどのB級映画を中心に制作していたキング・ブラザーズ社（フランクとモーリーの兄弟が経営）に売り込み、偽名かつ格安のギャラで同社の作品の脚本を約30本書き上げる。全ては生活のためだった。

一方で、メジャー映画会社への売り込みも忘れず、1940年代半ばに書き上げていた「ローマの休日」を脚本家の友人イアン・マクレラン・ハンターの名を借りて、1953年、パラマウント社で映画化。同年のアカデミー賞でオードリー・ヘプバーンが主演女優賞を受賞した他、原案賞（1956年廃止）を獲得した。もちろん、世間は本当の作者がトランボであることなど全く知らなかった。

翌1954年、トランボはアメリカに戻り、2年後の1956年、またもオスカーに輝く。キング・ブラザーズ社制作の「黒い牡牛」。母を亡くしたばかりの貧しいメキシコ農村の少年と、同じく母牛を失った闘牛用の子牛との絆を描いたこの作品で同年のアカデミー原案賞を受賞したのだ。このときトランボが使った偽名「ロバート・リッチ」はキング兄弟の親戚の名で、授賞式では「ロバート・リッチは妻の出産のため、やむをえず欠席した」とだけ告げられた。

作中に説明はないが、2つの作品にはトランボの意思が込められていると言われる。「ローマの休日」で有名な、グレゴリー・ペック扮する新聞記者とヘプバーン演じるアン王女が「真実の口」に手を突っ込むシーン。あの場面は、トランボがかつて聴聞会で「真実を述べろ」と言われ拒否した自身の経験の投影であり、「黒い牡牛」のクライマックスで闘牛場の観客が大合唱するシーンも、そこで歌われた「インドゥルド（闘牛界で『恩赦』の意）」なる曲で、自身の不遇を訴えたのだという。

名前が売れる前に書いたトランボの原点

こうした作品に表れる〝トラ

65歳で渾身の初監督作「ジョニーは戦場へ行った」を発表

1939年にトランボが執筆し、32年後の1971年に自身で監督した反戦映画の傑作「ジョニーは戦場へ行った」。同年のカンヌ国際映画祭審査員特別グランプリに輝いた

ンボらしさ〟と、秀逸な物語から、ハリウッドではトランボが偽名を使い脚本を書いているとの噂が流れる。対し、本人は肯定も否定もしなかったが、1959年、テレビのインタビューで自分がロバート・リッチであることを正式に認める。赤狩りへ抗議し、ハリウッド・テンのメンバーの仕事復帰を促すのが目的だった。

その後、トランボは赤狩りに異を唱えていたスター俳優カーク・ダグラスの指名で「スパルタカス」（1960／監督：スタンリー・キューブリック）の脚本にサム・ジャクソン名義で参加（後に実名公開）。同年、オットー・プレミンジャー監督作「栄光への脱出」の脚本を実名で手がけ完全復活を果たす。両作ともに興行的に大ヒットを収めたことも、トランボの実力を改めて知らしめる結果となった。

★

本作はトランボが1970年3月、全米脚本家組合の功労賞を受けた際、赤狩りに遭った自身と、支えてくれた家族への思いを口にする感動的なスピーチで終わり、エンドロールのクレジットで彼が1975年に「黒い牡牛」のオスカーを受け取り、翌1976年に70歳で死去したこと（遺作は1973年公開の「パピヨン」）。また妻のクレオが1993年、「ローマの休日」のオスカーをトランボに代わって授与され、2009年、93歳でこの世を去ったことが示される。

ただ、不可解なのは、トランボの唯一の監督作品である「ジョニーは戦場へ行った」について劇中では一切触れられない点だ。同作は、ナチス・ドイツがポーランドに侵攻した1939年にトランボが執筆した反戦小説である。長年、映画化を希望していたが、第一次世界大戦で両手、両足、耳、眼、口を失いながらも病院のベッドで生き続ける兵士を主人公に据えた重い内容から制作資金が集まらず、最終的にトランボが身銭を切り、自らメガホンを執った。公開されたのはベトナム戦争中の1971年。脚本家として著名になる前の34歳で書き上げ、65歳で正面から反戦と死の尊厳をスクリーンに叩きつけたこの作品がトランボの原点であり、渾身の一作であることは間違いない。

ソハの地下水道

ソハ役ロベルト・ヴィエツキーヴィッチ（右）の演技が高く評価された。映画「ソハの地下水道」より

元銀行強盗の下水道労働者レオポルド・ソハが戦時下でユダヤ人を匿い続けた理由

第二次世界大戦下、我が身の危険を顧みずユダヤ人をホロコーストから救った人物といえば、映画「シンドラーのリスト」のオスカー・シンドラーや、日本人の杉原千畝《すぎはらちうね》がよく知られているが、2011年の映画「ソハの地下水道」で取り上げられたレオポルド・ソハもその1人。本作は、ナチスの迫害から逃れ生き延びようと地下水道へ身を潜めたユダヤ人グループのため、わずかな見返りで食糧を運び、命がけで彼らを守り続けた実在の下水道労働者ソハの姿を描いた傑作である。

ドイツに売るより匿う方が金になる

1909年、ソハは映画の舞台となったポーランドのルヴフ（現在のウクライナ・リヴィウ）という町で生まれた。家庭は貧しく、幼少期から路上暮らしを余儀なくされ、10歳を迎える頃にはすでに盗みで食いつなぐ日々。成長するにつれ悪事はエスカレートし、銀行強盗で新聞に顔と名前が載ったこともあったという。

やがてマグダレナという女性と結婚し女の子の父親になると、下水道労働者としてルヴァの町の下に広がる下水道の定期的な整備点検に就く。

ナチス・ドイツがポーランドに侵攻した1939年以降、町の外へ通じるこの下水道はユダヤ人にとって貴重な脱出路の役割を担っていた。が、出口にたどり着いたところで待ち構えていたドイツ兵にことごとく撃ち殺されてしまう。そこで、一部のユダヤ人たちは下水道を「逃げ道」ではなく「隠れ場所」と考えた。地上にもはやナチスの監視から逃れられる場所は残っていなかった。

1943年、ソハはパトロール中、下水道でユダヤ人たちに出くわす。アパートの一室から縦穴を掘り地下へと降りてきた人々だった。彼らをドイツ軍に売れば金になるが、狡猾なソハは地下に匿ってやる代わりに、より多くの金を得ようと考える。

ソハと主だって交渉したのは、イグナツィ・ヒゲルという元資産家だった。前金を差し出し、家族とここにいるごく少数の仲間が生き延びるために力を貸してほしいと懇願。ソハは妻マグダレナにも協力を仰ぎ、毎日受け取る金の中から食糧を調達し、地下に届ける。

レオポルド・ソハ本人

しかし、噂を聞きつけた他のユダヤ人が押しかけ、最初に避難場所として見繕《みつくろ》った所はたちまち100人以上に。そこでもともと約束していたメンバーと、彼らに選ばれたメンバーとを合わせた21人が、ソハの支援を受ける代わりに別の場所に移動することとなる。

人数を絞っても、極限状態での生活は変わらない。しだいに彼らの間で不協和音が響き、地上へ逃げ出そうとする者が出始めた。が、その大半は川の流れに巻き込まれるか、ドイツ兵に捕らえられて銃殺。地下に安全な場所を確保した時点でユダヤ人は10人余りになっていた。

暴走するトラックから身を挺して愛娘を守り36歳で事故死

ドイツ軍の目を欺《あざむ》き、ユダヤ人を匿うのは並大抵のことではなかった。見つかれば処刑は間違いなし。ソハは極度の精神的な重圧に押しつぶされそうになりながら、それでも彼らを支え続ける。

真冬にストーブを使った熱でそこだけ地表の温度が上がった際は、訝《いぶか》しむ町の人々に対し地下のガス管のせいだと嘘をつき、ユダヤ人たちの資金が底をつけ

ソハの地下水道

2011／ポーランド・ドイツ・カナダ
監督:アニエスカ・ホランド
第二次世界大戦時、ナチス・ドイツが支配するポーランドでユダヤ人を地下水道に匿ったレオポルド・ソハの実話を映画化。英雄の出てこない「シンドラーのリスト」とも評される。

上／地下水道に身を隠したのは、ポーランド内の収容所としては三番目に大きかった「ルヴフ・ゲットー」から逃げてきたユダヤ人も多かった　下／映画は、暗闇のなか臭気漂う地下水道の劣悪な環境を見事に再現している。映画「ソハの地下水道」より

ば、自らのわずかな蓄えから食糧を用意した。

ソハは自分でも気づかぬうち、ユダヤ人たちを守り抜くことに己の使命を見出していたようだ。犯罪に染まった過去を恥じ、彼らを救うことができれば自分の過《あやま》ちも許されるのではないか。それは己の命を賭しても変わらない強固な信念になっていた。

下水道での生活は14ヶ月続き、1944年7月、ソビエト軍がドイツ軍を退けると、ようやくユダヤ人たちが地上に上がるときが訪れる。生き延びたのはわずか10人だった。

その後、第二次世界大戦が終わっても、民族が複雑に入り乱れるこの地になかなか平穏は訪れなかった。ソビエトの影響下にあるウクライナ領となったルヴフでは、ポーランド人にとっても生きづらく、ソハは西の国境付近まで逃げるように引っ越した。生き残ったユダヤ人たちも、それぞれの家族がばらばらに安全な地域を目指して西へ向

ソハと地上を覗いた少女クリスティーナは現在も存命

生きて地下水道を出たチジェ一家。左から長男パヴェル（1976年、交通事故により39歳で死去）、父親イグナツィ（1975年死去）、長女クリスティーナ（2020年6月現在、米ニューヨーク州で存命）、母親パウリナ（2001年死去）

ソハの地下水道

かった。

劇中、地下生活が数ヶ月に及び、うつ状態に陥った女の子に、ソハがマンホールを開け地上の景色を見せてやるシーン（94ページ参照）があるが、彼女はソハの庇護によって生き延びたチジェ（劇中ではヒゲル）一家の長女クリスティーナで、戦後、家族とともにルヴフを離れ名前を変えて生活し、1956年にイスラエルへ亡命。その後、歯科医となり別のユダヤ人男性生存者と結婚し、両親、弟とともにアメリカに移住。2008年、回想録『緑のセーターの少女：ホロコーストの影の生活』を出版した。

そして、物語の主人公ソハは1946年5月、暴走するソビエト軍のトラックから愛娘《まなむすめ》を守り36歳の若さで死亡。その葬儀には多くのユダヤ人が駆けつけたという。

1978年、ヤド・ヴァシェム（ホロコーストの犠牲者たちを追悼するためのイスラエルの国立記念館）は、ナチス・ドイツによるユダヤ人絶滅政策から自らの生命の危険を冒してまでユダヤ人を守った非ユダヤ人の人々を表彰する「諸国民の中の正義の人」の称号を、ソハと妻のマグダレナに贈っている。

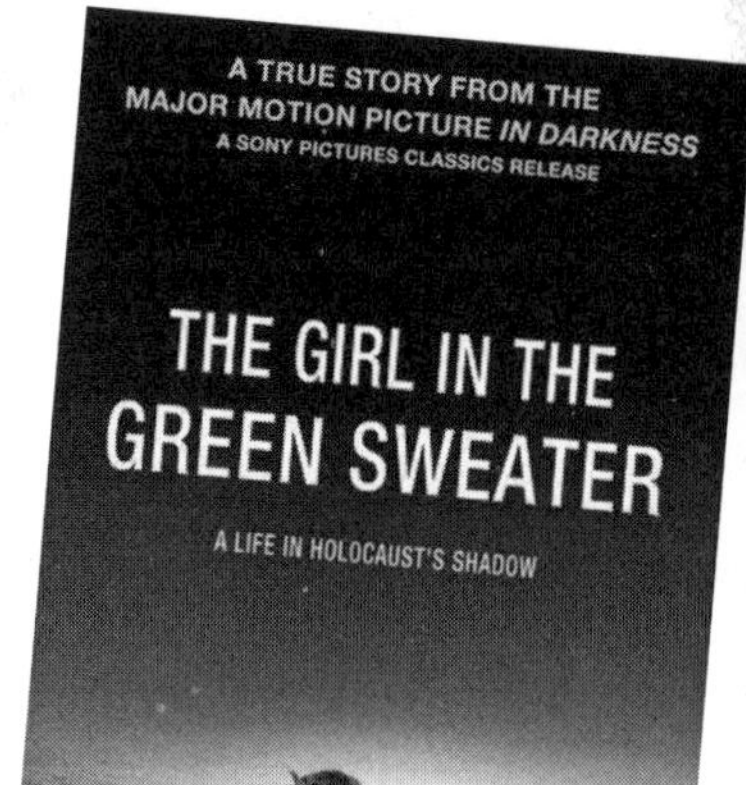

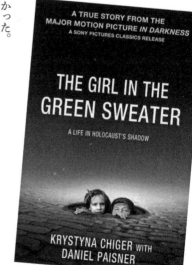

クリスティーナが2008年に出版した回想録『緑のセーターの少女：ホロコーストの影の生活』。写真は映画公開時に合わせ作られた表紙改訂版

暁に祈れ

主人公ビリー・ムーアを演じたジョー・コール。映画「暁に祈れ」より

タイの刑務所で地獄を体験したイギリス人ボクサービリー・ムーアの絶望と再生

２０１８年公開の「暁に祈れ」は犯罪と不正が渦巻くタイの刑務所で、ムエタイを武器にのし上がった実在のイギリス人ボクサー、ビリー・ムーアの壮絶な体験と魂の再生を描いた１本だ。映画は本物の刑務所で撮影され、役者も主要キャスト以外、全て本当の元囚人。リアリティを極限まで高めたその描写は、観る者を容赦なく圧倒する。

レイプや殺人が日常茶飯事の刑務所

本作は説明的な描写をほとんど排除しており、主人公ムーア（演：ジョー・コール）のプロフィールについても映画を観ただけでは一切わからない。

ムーアは１９７２年、イギリス・バーミンガムに生まれた。家庭は貧しく住まいは公営住宅。さらに父親がアルコール依存症で、息子に対し日常的に暴力を働いた。そんな荒んだ環境から逃げるようにムーアは10代からボクシングに打ち込む一方、悪事にも手を染め、強盗、ヘロイン摂取、危険運転などで何度も逮捕され、刑務所を出入りしていた。

人生をリセットすべく以前訪れたことのあるタイに渡ったのは２００５年。新天地で英語を教えたり、闇ボクシングのファイトマネーなどで生計を立てる。

10代後半のムーア本人。ボクシングに打ち込む一方、犯罪にも手を染めていた

映画「ランボー／最後の戦場」にスタントマンとして出演した際、主演のシルベスター・スタローンと撮った記念写真

また、スタントマンとしてタイを舞台にしたシルベスター・スタローン主演の「ランボー」シリーズ第4作「ランボー／最後の戦場」（公開は２００８年）にも出演を果たした。

しかし、昔覚えた薬物の快感は断ち難く、やがてヘロインやヤーバー（タイの麻薬）に手を出し、２００７年、警察に逮捕される。直接の容疑は違法薬物の所持と、盗品の携帯電話数十台と50枚以上のＳＩＭカードを所持していたことだった（映画はこの辺りから始まる）。

懲役3年の有罪判決を受け収監されたチェンマイ中央刑務所

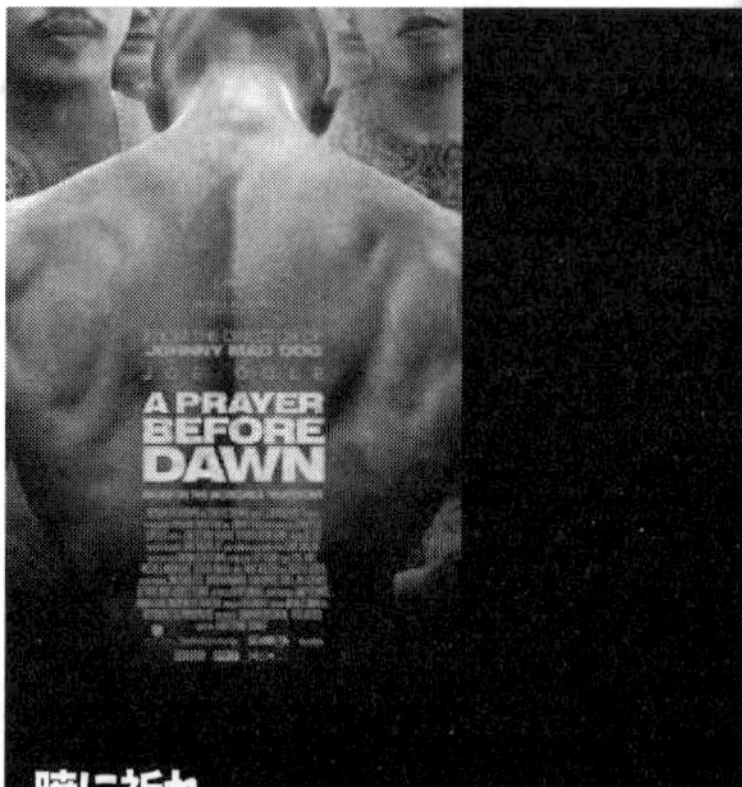

暁に祈れ

2018
アメリカ・イギリス・フランス・中国
監督：ジャン＝ステファーヌ・ソヴェール
汚職や暴力が蔓延するタイの過酷な刑務所を舞台に、ムエタイで生きる光を見出していく実在のイギリス人ボクサー、ビリー・ムーアの体験を映像化。

は、映画で描かれるとおり「地獄」と呼ぶにふさわしい最悪の場所だった。ムーアが入ったのは70～80人が詰め込まれた不衛生な雑居房で、囚人は体だけでなく顔にまでびっしりとタトゥーが入った強面《こわもて》ばかり。刑務所内では看守への賄賂、賭博、薬物摂取、囚人間でのレイプ、リンチ、さらには殺人までもが当然のようにまかり通っており、ムーアの後の証言によれば、入所後の1週間で、シートに覆われた25もの死体が運び出されるのを目撃したそうだ。

また、映画で描かれるとおり刑務所には「レディボーイ」と呼ばれるトランスジェンダーの受刑者も収容されており、彼らは男性の囚人から犯されるのを避けるため別の房に入り、主に施設内の物品販売所で働いていた。劇中では、ムーアがそんなレディボーイの1人と心を通わせ肉体関係を結ぶことになっているが、これは完全なフィクション。レディボーイたちは一切、男性受刑者を寄せ付けなかった。

撮影はタイ中部のナコーンパトム刑務所で行われた。囚人たちのリーダーを演じたパンヤ・イムアンパイ（右）は強盗罪で実際に8年服役していた元囚人で、顔のタトゥーも入獄中に入れた本物

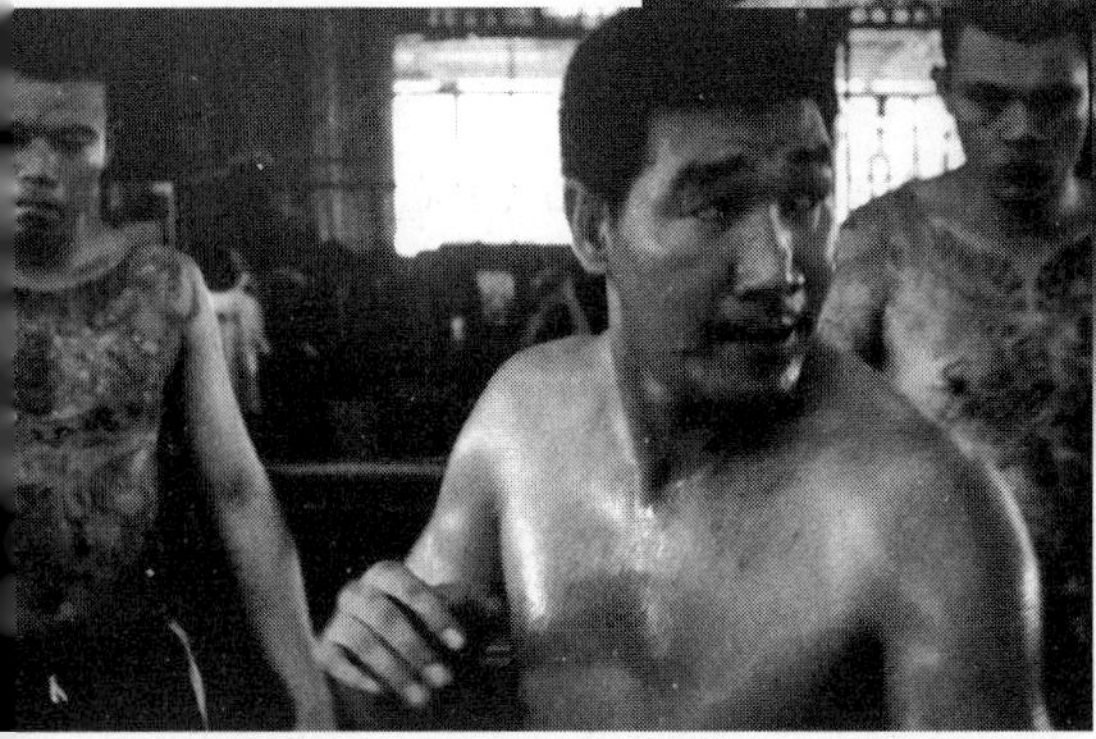

刑務所内のムエタイチームのコーチに扮したソムラック・カムシンは、アトランタ五輪でタイに初の金メダルをもたらした元ボクサー

ムエタイで生き抜く術を

自身も頻繁に暴力騒動に巻き込まれる生き地獄のような生活のストレスから、ムーアはまたもドラッグに依存していく。そこで出会ったのが、刑務所内でチームが組まれていたムエタイである。

劇中では、格子越しに見かけたトレーニング中の選手を見て自らチームへの参加を懇願しているが、実際は、普段から暴行の標的になっていたムーアを見かねた1人の看守の推薦によるもので、彼は「ここで死にたくなければ何かを変える必要がある」とムーアに説いたそうだ。

実際、ムエタイチームに入ると囚人からの暴力はなくなり、ムーアは日々トレーニングに励むようになる。ちなみに、劇中で彼のコーチ役を演じていたのは、1996年のアトランタ五輪ボクシングフェザー級でタイ初の金メダルを獲得したソムラック・カムシンで、彼が〝くわえタバコ〟のまま指導するのは、カムシン本人がヘビースモーカーだったことを反映している。

薬物依存のムーアには、トレーニングを続けると内臓が破裂し、失血死する可能性があった。が、彼は危険を顧みず練習を積み実力をつけ、やがて他の刑務所のボクサーとの試合に出場するようになる。これは、タイの矯正局が主催していた慈善イベントで、囚人がファイトマネーを稼ぎ、減刑も可能にするものだった。

映画は、ムーアが刑務所ムエタイチームの全国大会に初の外国人選手として出場した試合をクライマックスシーンとして描く。が、これは事実に即しておらず、該当するのはタイの刑務所で最強と呼ばれたボンという名の選手との一戦で、試合はムエタイではなく純粋なボクシングによる闘いだった。

ムーアがノックアウトで勝利したものの試合終了後に吐血し、病院に救急搬送され、手術を経て病院を脱出、そのまま逃亡を図ったところを思いなおし、刑務所に戻ったのは劇中で描かれるとおりだ。

ムーア（右）が
戦った実際の試合の様子

暁に祈れ

映画公開直前に窃盗を働き再び刑務所へ

ムーア本人も、映画の最後に父親役で
カメオ出演している

映画は、刑期を務め釈放となったムーアが、迎えに来た父親（ビリー・ムーア本人が演じている）と再会するシーンで幕を閉じる。が、事実は違う。

ムーアはムエタイの試合に勝利したことによる減刑はなく、チェンマイ中央刑務所からバンコクのクロンプレム中央刑務所に移送される。ここもまたリンチや殺人が日常的に発生する最悪な環境で、ムエタイに関わることも許されなかった。結局、ムーアはタイの2つの刑務所で2年強を過ごした後イギリスに送られ、8ヶ月の収監を経て2010年に釈放。父親に再会したのは、この後のことだ。

2014年、ムーアが出版した手記『A Prayer Before Dawn』は世界的ベストセラーとなり、映画制作には本人も積極的に協力した。が、2018年2月、隣人宅から宝石や酒などを盗んだ容疑で逮捕。映画の一般公開を前に再び刑務所に舞い戻ったと伝えられている。

若き人権派弁護士スティーブンソンを演じたマイケル・B・ジョーダン（左）と、死刑囚マクミリアン役のジェイミー・フォックス。映画「黒い司法 0%からの奇跡」より

黒人弁護士スティーブンソンが黒人死刑囚マクミリアンの冤罪を晴らすまで

黒い司法 0%からの奇跡

2019年公開の「黒い司法 0%からの奇跡」は、人種差別が根強いアメリカ南部で黒人死刑囚の冤罪を晴らした新米黒人弁護士の奮闘を描くヒューマンドラマだ。物語は1986年、米アラバマ州で実際に起きた女子大生殺害事件と、その裁判を題材に制作された。

気に食わない黒人をスケープゴートに

映画の1人目の主人公は、ブライアン・スティーブンソン。

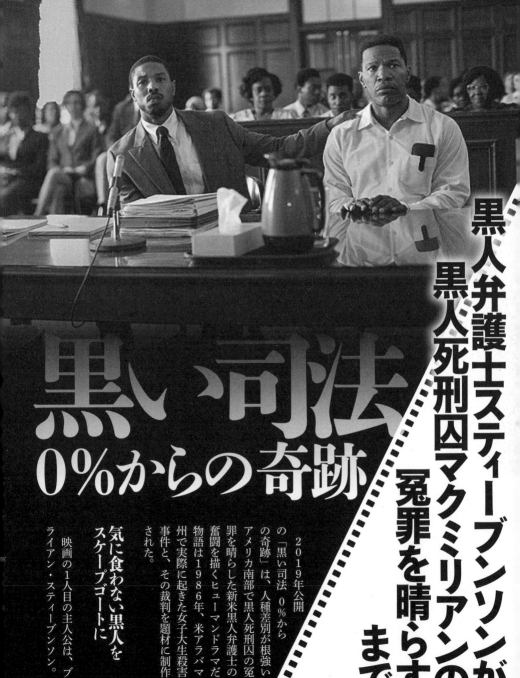

１９５９年、米東部デラウェア州生まれの黒人弁護士だ。ハーバード大学のロースクール時代の研修で同世代の黒人死刑囚に出会ったことで、司法の世界で黒人の人権がないがしろにされている現実に気づき、「南部人権センター」（市民の人権を守る非営利の法律事務所）に参加。１９８９年、アラバマ州の担当者として赴任する。

もう1人の主人公がウォルター・マクミリアン（１９４１年生）。１９８６年11月1日、18歳の女子大生ロンダ・モリソンを殺害した容疑で死刑宣告を受け、刑務所に収監されていた黒人男性だ。

事件が起きたのは、アラバマ州モンロー郡のモンロービルという人口6千５００人程度の田舎町。警察は発生から半年以上も犯人を検挙できず、相当なプレッシャーを抱えていた。結果、逮捕したのがマクミリアンである。別の殺人事件の容疑者だったラルフ・マイヤーズなる男性を脅し、マクミリアンの犯行を目撃したと偽証させたのである。

映画のとおり、事件当日、マクミリアンが地域の教会で資金集めのバザーに参加していたと、そのアリバイを証言する者は数多くいた。にもかかわらず彼が逮捕されたのは、アラバマ州に「気に食わない黒人をスケープゴートにする」という悪習があったからだ。

マクミリアンはパルプ材伐採業を営む実業家として成功しており、南部の白人には目障りな存在だった。加えて白人の人妻と浮気し、彼の9人の子供（3人は妻の連れ子）のうちの1人の息子が白人女性と結婚していた。人種間の性的交渉は、人種差別がまかり通る南部では絶対的タブー。警察は「気に食わない黒人」マクミリアンに殺人を犯した物的証拠が一切ないのを承知で逮捕に踏み切ったのだ。

ウォルター・マクミリアン（左）と、彼を弁護したブライアン・スティーブンソン本人

黒い司法 0%からの奇跡

2019／アメリカ
監督：デスティン・ダニエル・クレットン
冤罪で死刑宣告された被告人の容疑を晴らそうとする黒人弁護士ブライアン・スティーブンソンの奮闘を描いた社会派ヒューマンドラマ。スティーブンソンが著したノンフィクション『黒い司法 黒人死刑大国アメリカの冤罪と闘う』が原作。

マクミリアンが犯人とされた事件で犠牲になった18歳の女子大生ロンダ・モリソン。1986年11月1日、バイト先のクリーニング店で銃殺されていた

マクミリアンを殺人犯に仕立てたトム・テイト保安官。明らかな人種差別を行っていたと指摘されながらも、30年にわたって保安官職を在任

マクミリアンを死刑囚にまで貶めた黒幕、ロバート・E・リー・キー裁判官

警察や検察による露骨な嫌がらせ

劇中では、保安官（トム・テイト）と、検事（トミー・チャップマン）がマイヤーズに偽証させ、マクミリアンを殺人犯に仕立てる流れになっているが、実際は黒幕がいる。事件が起きたモンロー郡は黒人人口比率が40％あるため、黒人13％のボールドウィン郡に移して裁判を行ったロバート・E・リー・キー裁判官だ。白人11人、黒人1人で構成された12人の陪審員に、彼はタブーを犯す黒人が犯人だと煽って有罪へ導き、さらに検察が終身刑を求刑したにもかかわらず、判決で死刑を宣告（1989年9月）。こうしてマクミリアンは刑務所に収監される。

日本も含め世界の大半の国は被疑者に対して公的弁護制度を導入、取り調べの時点から弁護人をつけることを権利化している。が、アラバマ州はアメリカで死刑囚に弁護人をつけない唯一の州だった。

南部人権センターの弁護士としてアラバマに赴任したスティーブンソンは、刑務所に収監されている死刑囚たちと面談し弁護を必要としているかどうかを確認していく過程でマクミリアンと知り合い、彼の冤罪を確信、正式な弁護人になった。

警察に目撃証言を強要され、偽証したラルフ・マイヤーズ。後に証言を取り消した

映画では、新たな証人や証拠を探し再審請求を行う黒人スティーブンソンに、警察や検察が人種差別を隠そうともせず嫌がらせを行う様子が描かれる。弁護士であるスティーブンソンに対する違法な裸での身体検査や、ピストルを頭に突きつけての交通検問、さらには助手の自宅に爆弾を仕かけたと脅すイタズラ電話などは全て実際に起きた出来事だ。

しかし、スティーブンソンは決して圧力に屈しなかった。調書を丁寧に調べ、マイヤーズが当初の供述でマクミリアンを知らないと証言していたこと、最初に現場に駆けつけた警官の供述とマイヤーズの証言が食い違っていること（後に、検察から偽証を求められ拒否した警官は解雇されている）などを突き止め、再審を請求する。が、結果は却下の連続だった。

映画では時間の経過がわかりにくいが、マイヤーズを説得し

1993年3月2日、無実の罪で死刑囚監房に収監されていたマクミリアン(手を上げている男性。当時51歳)が6年ぶりに釈放された際の1枚。右端がスティーブンソン弁護士(当時33歳)。2人の間にいる女性はマクミリアンの妻

黒い司法 0%からの奇跡

無事に釈放されたものの、6年間の死刑囚暮らしで認知症を発症

て法廷で偽証を認めさせたのはスティーブンソンがマクミリアンの弁護人になってから3年目、1992年4月のことだ。この期に及んでも郡の裁判所は再審を認めなかったため、スティーブンソンは州最高裁に提訴。さらに大手テレビ局CBSのドキュメンタリー番組「60ミニッツ」に掛け合い、事件を報道してもらう。こうした懸命な働きかけの影響で、州最高裁は「意図的な人種差別を行っていた」と認定。ついに再審を認める裁定を出すに至る。

映画のクライマックスは1993年3月に行われた郡裁判所でのマクミリアンに対する提訴取り下げ請求の審理シーンだ。弁護士スティーブンソンは法廷で訴えた。

「マクミリアンだけの話ではない。検察や裁判所は何を守っているのか。メンツではなく、目の前にいる住民ではないのか」

この弁論に検事は反論をせず、自らマクミリアンへの起訴を取り下げた。

釈放されたマクミリア、はその後、保安官や捜査担当者を相手取って民事裁判を起こし、法定外で和解。パルプ材伐採の仕事に戻ったが、6年間の死刑囚監房暮らしの後遺症で認知症を患い、2013年9月、71歳で亡くなった。

一方、スティーブンソンは誤って有罪判決を受けた被疑者を支援する非営利団体を新たに立ち上げ、冤罪で死刑囚となった100人余りの人たちを救ったほか、刑務所内での虐待行為をやめさせ、精神障害や知的障害を持つ囚人、子供なのに成人として扱われる囚人の待遇を是正、今や最も注目されるアメリカの人権派弁護士となった。

フィラデルフィア

エイズに罹患した同性愛者の弁護士を演じたトム・ハンクス（左）と、訴訟代理人役のデンゼル・ワシントン。映画には、約50人のエイズ患者がエキストラとして出演したが、公開時に20人ほどが死亡。写真、デンゼル・ワシントンの後ろに座る傍聴人役の女性が現在まで生存する唯一の人物

トム・ハンクス演じる主人公のモデルになった同性愛者でエイズの弁護士2人の実話

1993年に公開された映画「フィラデルフィア」は、現在もアメリカに色濃く残る同性愛とHIV（エイズ）に対する偏見・差別を法廷で覆していく社会派ドラマだ。

主人公はトム・ハンクス演じるゲイでエリート弁護士のアンドリュー・ベケット。事務所は彼の業績を評価、昇進させるが、その直後にエイズを患っていることを知ると理由をでっち上げ解雇。これを不当とし、ベケットは事務所を訴える。裁判はメディアでも話題になり最終的に勝訴するものの、病気が進行したベケットはほどなく天に召されてしまう。

トム・ハンクスがアカデミー主演男優賞を、ブルース・スプリングスティーンによる主題歌「ストリーツ・オブ・フィラデルフィア」が歌曲賞を受賞した同作には、モチーフになったとされる2つの裁判が実在する。

勝訴したのは死んでから6年後

エイズは人の免疫系を破壊するウイルスが原因の病気で、精液、血液、母乳などを通じて感染。すなわち、性的接触や母子感染、注射器の回し打ちなどでなければ伝染《うつ》らないことが判明している。効果ある治療法も開発され、エイズはもはや死に至る病ではなくなった。

にもかかわらず、いまだに握手やハグだけで感染すると思い込んでいる人がいるのも事実。まして本作が公開された1993年当時、アメリカ全土で累計20万人、フィラデルフィアがあるペンシルベニア州だけでも3千人近くがエイズで死亡していたのだから、感染の恐怖は、アメリカ国内で約12万人が命を落とした（2020年6月21日現在）新型コロナウイルスより強かったことは想像できる。

劇中でも、図書館で調べ物をしていた主人公がエイズ感染者とわかるや周囲の人間が逃げ出し、彼の訴訟代理人になる弁護士（演：デンゼル・ワシントン）でさえ握手するのを戸惑うシーンが描かれている。まさにパニックに近いエイズ感染者への偏見・差別がまかり通っていた状況下で、エイズ問題に取り組んだ最初のアメリカ映画が「フィラデルフィア」だったのだ。

モデルになった訴訟の1つはアメリカで最初のエイズ雇用差別裁判とされる同性愛者の男性ジェフリー・バウアーズのケースだ。

バウアーズ（1953年生）が弁護士を目指したのは大学卒業後、テレビのニュースレポーターなどの仕事を経てからのことだ。法律学校に通い、1982年にニューヨークの法律事務所に入所。国際市場に目を向けていた彼はイタリア語、フランス語、ドイツ語、オランダ語を話し、才能を高く評価されていた。

映画のモデルになった1人と言われるジェフリー・バウアーズ元弁護士

フィラデルフィア

1993／アメリカ
監督：ジョナサン・デミ
フィラデルフィアの法律事務所で働く有能な弁護士が、エイズが原因で自分を不当解雇した会社側を相手取り、法廷で闘いを挑む社会派ドラマ。

世界中に53のオフィスを構えるアメリカ最大手の法律会社ベーカー&マッケンジーのニューヨーク事務所に採用されたのは2年後の1984年8月。ここでも実力をいかんなく発揮していたが、翌年、頭痛を訴えて倒れ、病院へ担ぎ込まれる。診断の結果は髄膜炎。しかし、1986年4月、今度は口蓋《こうがい》に違和感を覚え皮膚科へ。ここで、エイズ患者に一般的な皮膚ガンであるカポジ肉腫が判明した。

顔にカポジ肉腫の紫色のあざが目立つようになった同年7月、事務所は通常の手続きを経ず、バウアーズに解雇を通告する。

トム・ハンクスが時間経過とともに病で衰弱していく様を見事に演じきった。映画「フィラデルフィア」より

提訴2ヶ月後に33歳で死亡

...dicating a Lawyer With AIDS, Years Too Late

...Battle Over Dismissal Proves Costly Not Only to Worker, but to Law Firm

バウアーズの勝訴を報じる新聞。「勝訴するも遅すぎた」の見出し

上司の1人が反対したものの、15人の同僚のうち12人が解雇に賛成し、バウアーズは12月、会社を去る。

１９８７年7月、差別による不当解雇を主張し、ニューヨーク州人権課に訴状を提出。さっそく審理が始まると、まさに映画で描かれているとおり、事務所側は、彼がエイズだとは知らなかった、能力の問題で顧客を3人失ったと解雇の正当性を主張する。

２ヶ月後の9月、病気の進行によりバウアーズ死去（享年33）。長年のパートナーだった短編小説家の男性も1年後に亡くなったが、その後も続いた審理で、バウアーズの元同僚が解雇の理由がでっち上げだったことを証言。最終的に１９９３年12月、補償的損害賠償として、事務所側が原告側に50万ドル（日本円で約5千３００万円）を支払うことで和解した。

話にはまだ続きがある。バウアーズの死から1年後の１９８８年、話を聞きつけたハリウッドの映画プロデューサーが遺族と弁護士に取材し、映画化の際には報酬を支払うことを口約束していた。が、本作「フィラデルフィア」にはバウアーズの名前はクレジットされておらず、ギャラが払われることもなかった。納得のいかない遺族は「フ

ィラデルフィア」公開1年後の1994年、映画のストーリーとバウアーズの体験が劇中54のシーンで酷似しているとして、配給会社のトライスター・ピクチャーズを告訴。詳細は明らかではないが、1996年、会社側が遺族に50万ドルの和解金を支払ったそうだ。

エイズ罹患者への差別は社会的な殺人

もう一つ、映画のモデルになったとされるのが、1990年にフィラデルフィアの法廷で展開されたクラレンス・カイン（1952年生）のケースだ。

カインは1986年にバージニア大学のロースクールを卒業後、当時、アメリカで2番目に大きい法律事務所だったハイアット・リーガル・サービスのフィラデルフィア事務所に採用される。明るいキャラで、年俸1千万円以上を確約された有能な弁護士の1人だった。

体調に異変が生じ、1987年7月、肺炎で入院。長期の療養を強いられ、点滴を受けながら商談を続けた。が、事務所はカインを切り捨てる。彼の体にカポジ肉腫のアザができたのを知ると、数日でカインの机を片付け、一方的に解雇したのである。しかも会社側はカインの机に触れるのを怖がり、清掃サービスの人間にやらせたそうだ。

その後、故郷に帰ったカインは母親と大勢の兄弟たちと貧乏な生活を送っていたが、1990年2月、ハイアットを相手に提訴することを決める。代理人を買って出たのは、カインの扱いに憤慨してハイアットを辞めたかつての同僚だった。

原告席に座るやせ細ったカインを目にした裁判長は、審理を長引かせようとする会社側を律し、2ヶ月で結審。約11万ドルの損害賠償と、さらに5万ドル（日本円で総額約1千700万円）の懲罰的損害賠償を裁定した。判決文の中には「会社は原告に肉体的な死と同様の社会的死を与えた」と厳しく断罪する一文もあった。カインは勝訴から2ヶ月後、1990年6月に息を引き取った（享年38）。

会社側の弁護士を演じたメアリー・スティーンバージェンは制作開始直前に友人をエイズで亡くしており、撮影初日は取り乱していたそうだ。映画「フィラデルフィア」より

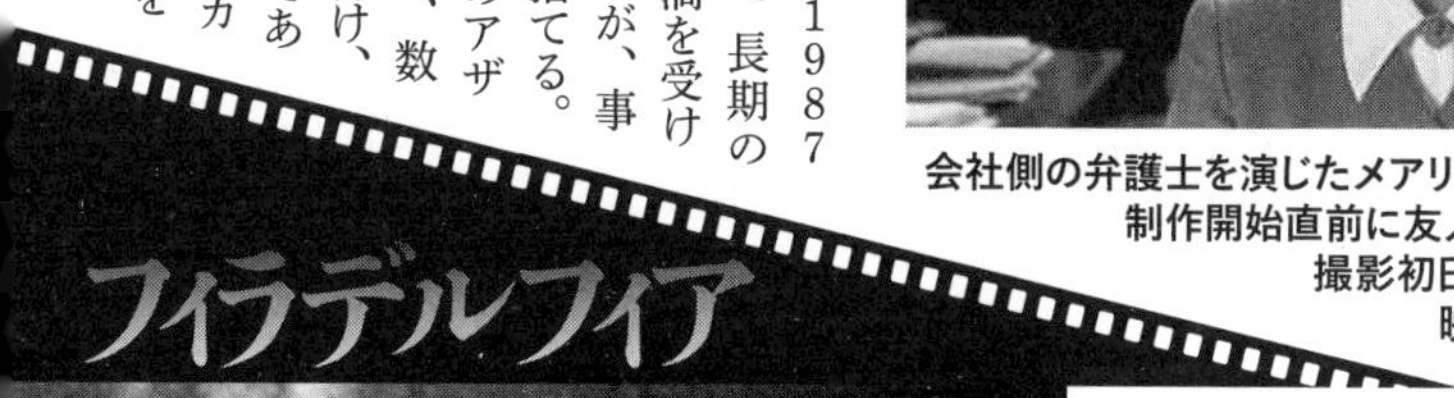

オスカーの授賞式で、高校時代の先生とクラスメートが同性愛者だったと本人承知のうえで実名をあげスピーチしたトム・ハンクス。1997年に公開されたケヴィン・クライン主演のアメリカ映画「イン&アウト」は、このエピソードを基に作られた1本

ヴェロニカ・ゲリン

ヴェロニカ・ゲリン本人。死の5日前に撮影された1枚

麻薬組織を壊滅に追い込んだ女性ジャーナリスト、ヴェロニカ・ゲリンの生と死

2003年公開のアメリカ映画「ヴェロニカ・ゲリン」は、1人でアイルランドの麻薬組織に立ち向かった実在の女性ジャーナリストの半生を描く社会派ドラマだ。彼女の壮絶な死は、同国の憲法を変えるほど大きなインパクトを与えた。

麻薬組織の存在をトップ記事で公表

物語の主人公、ヴェロニカ・ゲリンは1959年、アイルランドのダブリンで会計事務所を経営する家庭に5人兄弟の4番目として生まれた。高校卒業後、父の会計事務所勤務を経てPR会社を設立。私生活では1985年に結婚、1990年に男児を授かっている。

同年、長年の夢だった新聞記者に転身し、『サンデー・ビジネスポスト』『サンデー・トリビューン』で活躍、1994年からはアイルランドで最大部数を誇っていた『サンデー・インディペンデント』紙で働くようになる。

彼女はすぐに頭角を現す。自

ら犯罪現場に出向いて関係者への取材を重ね、企業汚職や聖職者のスキャンダルを次々に暴露。怖いもの知らずとも言える仕事ぶりは大きく評価され、たちまち同紙のトップ記者になった。

　ヴェロニカが最も力を入れたのが麻薬犯罪の取材である。1990年代のアイルランドは世界でも有数の麻薬地帯で、検挙数は年間1万5千人超。特に10代の常習者が多く、ドラッグ欲しさに身勝手な殺人を犯す者、麻薬中毒で死ぬ少年少女も珍しくなかった。

　学校にも行かず、仕事もせず、路上でたむろする子供たちと、彼らを食い物にする麻薬シンジケート。ジャーナリストとしての正義心と怒りに燃えたヴェロニカは、麻薬の流通経路の実態を探るべく、手始めに有名ドラッグディーラーのジョン・トレイナーに接近。ジョン・ギリガンなる大元締めの情報を手に入れる。一説にはヴェロニカがトレイナーの弱みを握っており、それを交渉カードに取材に成功したとも言われる。

　スクープを得たヴェロニカは、さっそくトップ記事で大規模な麻薬組織の存在を公表。多くの市民が記事に衝撃を受け、地元の反ドラッグ団体は彼女の勇気に喝采をおくった。

ヴェロニカを演じたケイト・ブランシェット（右）。
映画「ヴェロニカ・ゲリン」より

ヴェロニカは妻であり母でもあった。左が夫のグラハム、中央が息子のキャタル。グラハムは2011年に再婚。キャタルは2016年現在、ドバイ・ワールド・トレード・センターでアイリッシュパブを経営している

CATE BLANCHETT
VERONICA GUERIN
WHY WOULD ANYONE WANT TO KILL VERONICA GUERIN?

ヴェロニカ・ゲリン

2003／アメリカ
監督:ジョエル・シュマッカー
不屈の記者魂で麻薬犯罪を追及し続け、1996年に犯罪組織に銃撃され命を落とした実在の女性ジャーナリスト、ヴェロニカ・ゲリンの半生を描く。

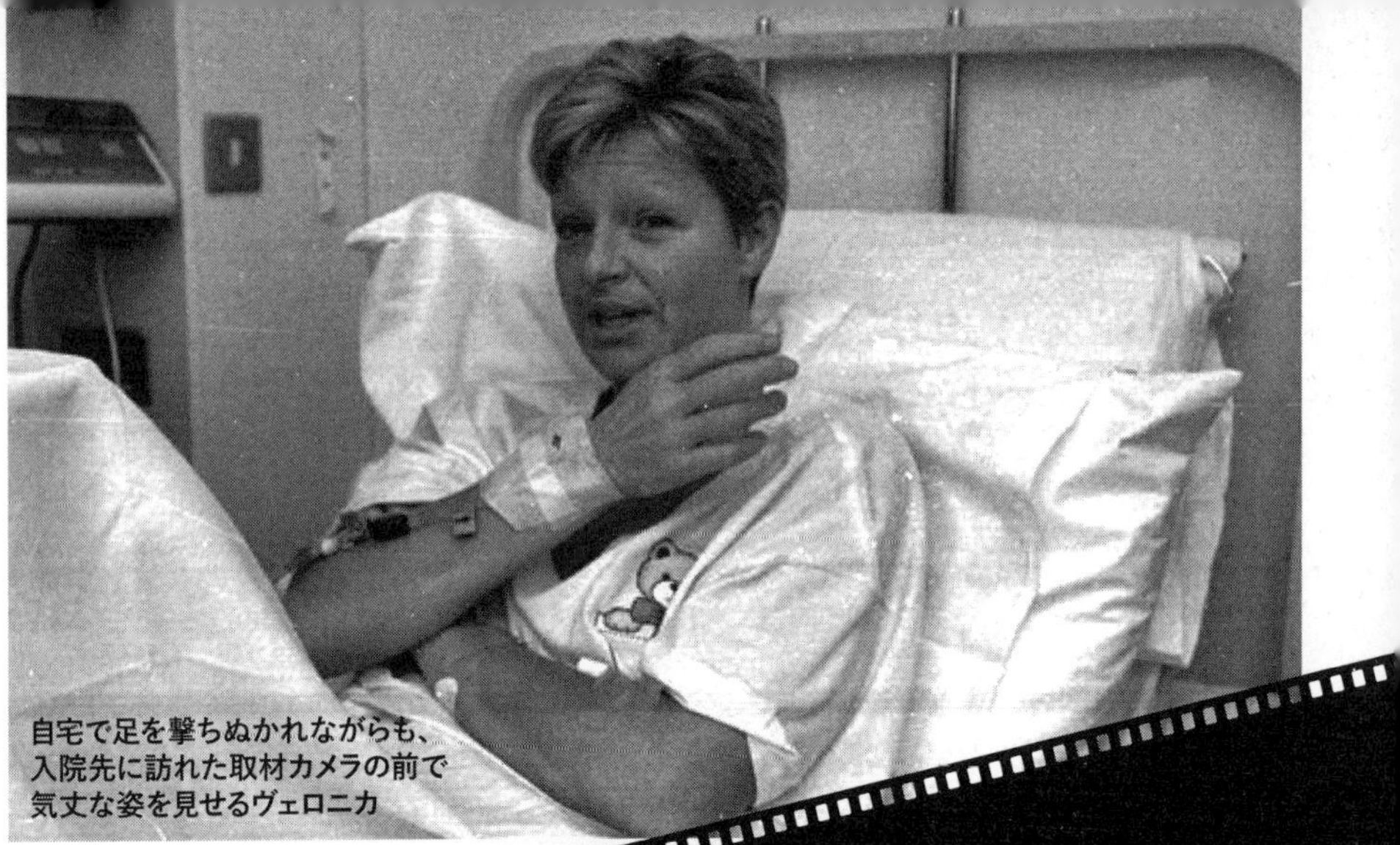

自宅で足を撃ちぬかれながらも、
入院先に訪れた取材カメラの前で
気丈な姿を見せるヴェロニカ

至近距離から銃弾を撃ち込まれ即死

ヴェロニカが殺害されたダブリンの現場

これ以上書いたら夫と息子を殺す

しかし、その代償は大きかった。怒り狂ったギリガンが1995年1月、ヴェロニカの別荘に手下を派遣しリビングの窓へ2発の弾丸を発射。それでも報道が止まないとみるや、今度は自宅に殺し屋を送り込み、玄関先で彼女の右足を撃ちぬいたのである。さしものヴェロニカも恐怖に震えたが、もはや後戻りはできない。病院のベッドで、彼女は改めて麻薬組織の壊滅を誓った。

退院したヴェロニカは1995年9月、さらに過激な取材に打って出る。麻薬組織のアジトに乗り込み、ギリガンのインタビューを試みたのだ。むろん、ギリガンが申し出を呑むはずもない。アジトに現れたヴェロニカを車から引きずり出し、顔面を何度も殴りつけたうえで「これ以上、記事を書いたら夫と息

ヴェロニカ・ゲリン

麻薬組織の大ボス、ギリガンは17年間服役した後、
2013年10月15日に釈放されている（写真は逮捕時）

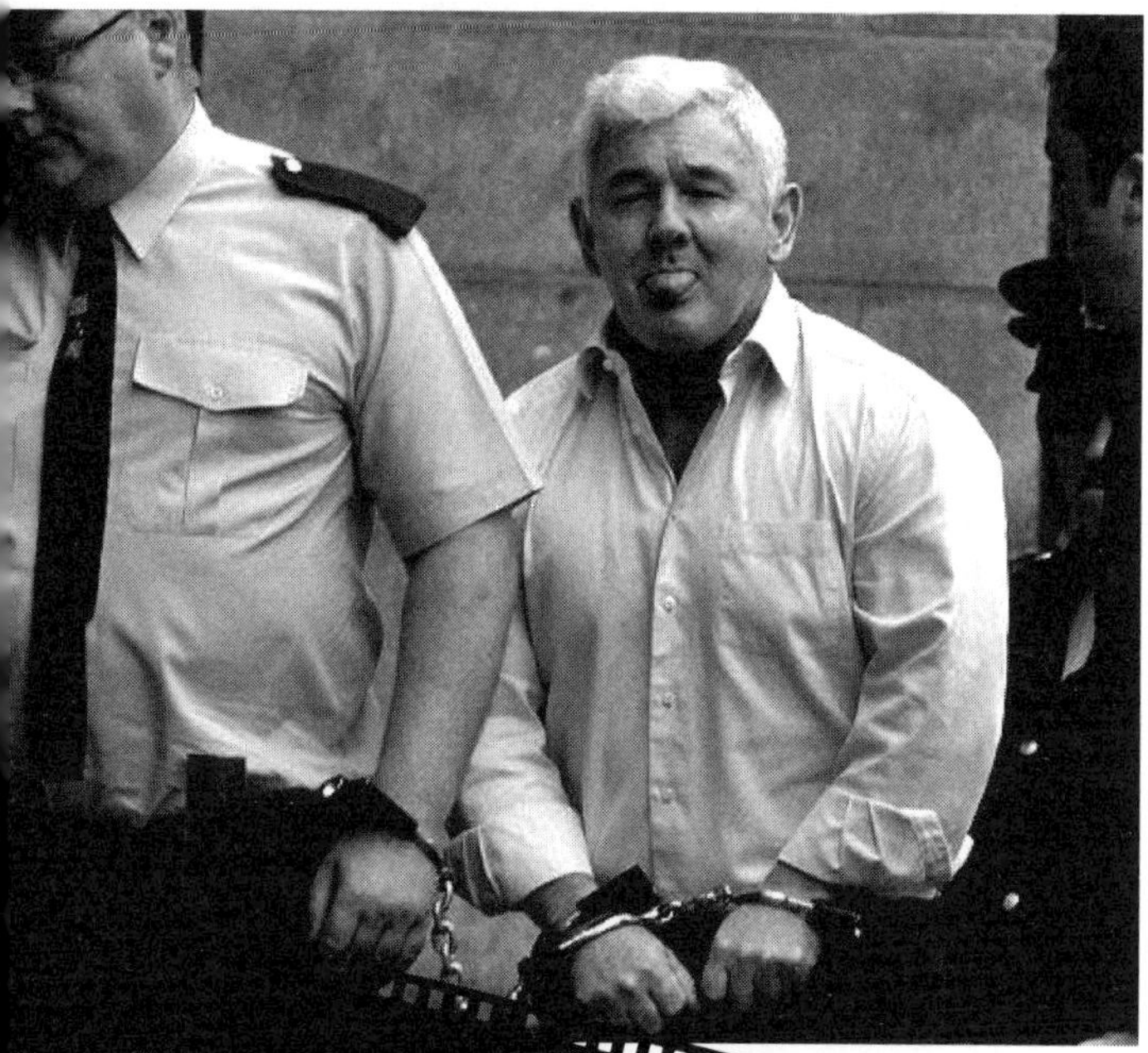

子を殺す」と脅しをかけた。
再び病院送りとなったヴェロニカは、それでも信念を曲げなかった。病室にいながらもギリガンの告発記事を書き続け、同年12月にはニューヨークのジャーナリスト保護委員会から「国際報道の自由賞」を授与され、ジャーナリストとして世界的な名声を手に入れる。

しかし、翌1996年6月26日の深夜、悲劇は起きる。ダブリン郊外の交差点で信号待ちをしていたヴェロニカの車に2台のバイクが近づき、窓越しに6発の弾丸で銃撃。胸と頭を撃ちぬかれた彼女は、その場で息を引き取った。

37歳の若さで死んだヴェロニカにアイルランド国民の怒りは頂点に達する。事件は「民主主義への攻撃」と激しく非難され、連日のように抗議デモが発生。その声は議会を動かし、ついに麻薬犯の資産没収を明記した新憲法の成立が決定したのだ。

この後、映画はギリガンが殺人罪で投獄されるシーンで終わるが、実際の経緯は少し異なる。アイルランド警察はギリガンが暗殺を指示した証拠を得られず、裁判が3年にわたって停滞。結局はマネーロンダリングの容疑で別件逮捕に踏み切った。

もっとも、ヴェロニカの死をきっかけに警察当局が麻薬組織に対して大がかりな捜査を行い、400件もの逮捕によってギリガン一味を壊滅に近い状態に追い込んだのも事実。事件から4年後の2000年、危険な状況下の取材により報道の自由に大きな貢献を果たしたとして、国際新聞編集者協会はヴェロニカに「世界報道自由ヒーロー賞」を授与している。

事件後、ヴェロニカの死を悼み
ダブリン城の敷地内に記念像が建てられた

トンネル

ベルリンの壁の下、西へ抜ける脱出路を掘った男たちがいた

脱出作戦のリーダー、ハッソ・ヘルシェル本人

２００１年のドイツ映画「トンネル」は、東西冷戦下のドイツでベルリンの壁の下に脱出路を掘り、東ベルリンから２００人以上の亡命者を自由に導いた男たちの闘いを、ほぼ史実どおりに描いた傑作である。命をかけて共産主義の圧政に立ち向かった彼らの姿は英雄の名にふさわしい。

偽造パスポートと変装で検問所を突破

１９６１年８月13日、東ドイツ政府は突如、東西ベルリンを結ぶ通路をいっせいに遮断。国境線上に長大な有刺鉄線を張り、全国民の通行を禁じた。当時、共産主義の圧政を嫌って西ドイツへ逃げ出す者が後を絶たず、業を煮やした政府が強硬手段に

打って出たのだ。

バリケードには夜を徹して補強が行われ、やがて有刺鉄線は強固なコンクリートの壁に変わる。その後28年にわたって東西分断の象徴となる「ベルリンの壁」の誕生だ。

何人もの国民が亡命を試みたが、ある者は壁から落ちて死に、ある者は警備隊に撃ち殺された。壁の完成当時、国境沿いで命を落とした犠牲者の数は２２７人にものぼる。

そんな状況下、本作の主人公、ハッソ・ヘルシェル（劇中の役名はハリー・メルヒャー）もまた、西ベルリンへの脱出を計画していた。

１９３５年、ドイツ・ドレスデンで生まれたヘルシェルは高校に通っていた１９５３年6月17日の東ベルリン暴動に参加、逮捕され学校を退学処分となった。その後、国営鉄道で操車係として働きながら夜間高校に通い、大学入学資格試験に合格。ベルリン自由大学で心理学を学んでいたが、１９５５年、東西ドイツマルクの違法な売買で再び逮捕。６年の禁固刑を受け労働収容所で刑期を過ごし、釈放後、ドレスデンの交通大学に通っていた。

ヘルシェルの脱出計画は大胆だった。西側に住む友人に頼み込み、ベルリンの闇業者を通じてスイス国籍の偽造パスポートを作成。つけヒゲと眼鏡で見た目を変え、堂々と検問所を突破しようというものだ。

唯一の問題は、妹の存在である。幼い娘を持つ彼女を連れて検問所に向かうのは、あまりにもリスクが大きすぎた。悩んだ末、ヘルシェルは単独での脱出を決意する。必ず助けに戻ることを妹に誓い、１９６１年10月、計画どおりに検問所を突破。西ベルリンへの亡命に成功した。

ベルリンの壁は1961年8月13日に東ドイツ政府によって建設が始まり、1989年11月9日の崩壊まで28年にわたりベルリンを東西に分断した

トンネル
2001／ドイツ
監督：ローランド・ズゾ・リヒター
冷戦下の東西ドイツで西ベルリンからトンネルを掘り、29人の亡命者を救った男たちの実話を映画化。前編・後編に分けて放送された188分のテレビ版と、157分の映画版がある。

アメリカのTV局に撮影権を売り工事の資金を調達

ヘルシェルを中心に学生たちが参加、9ヶ月をかけて完成したトンネルは、最初の亡命者の数から「トンネル29」と呼ばれている

ずぶの素人30人が9ヶ月をかけて完成

ヘルシェルは西ベルリンで学生寮に入ると、さっそく妹と家族の救出計画を練る。

東ドイツ政府は日に日に検問所の監視を強めており、偽造パスポートによる突破はまず不可能。国境沿いの警備隊も数が倍に増え、陸路からは付け入るスキがない。

八方ふさがりの状況に、ヘルシェルは、イタリア人学生たちによる亡命支援グループを味方につけ、またも大胆な計画を練る。西側からトンネルを掘り、ベルリンの壁の下から東に抜けようというのだ。あまりに無謀な作戦だが他に手段はなかった。

彼らが目をつけたのはベルリンの壁に隣接した、ベルナウアー通りにある爆撃で破壊された工場の地下室だ。ここから国境線まで約145メートルを掘り進み、東ベルリン郊外のシューンホルツァー通りに建つ空き家の床下から外へ出る。エンジニアの計算によれば、トンネルの完成に必要な期間は約9ヶ月だ。

ヘルシェルは、東ドイツの抑圧に反対する民間団体に掛け合

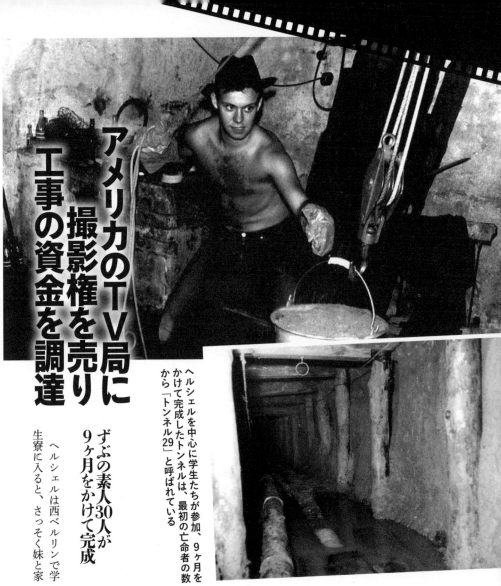

トンネルを出て西ベルリンへ駆け出す亡命者の1人を捉えた1枚

トンネル

い資金を調達。プロ並みの工具を揃え、すぐさま実行に移す。が、工事は一向に進まなかった。作業に携わった約30人全員が土木に関してはずぶの素人で、土砂崩れのたびにケガ人が続出。国境の監視は厳しさを増し、スクリュードライバーの音に気づいた警備員が探知機を持ち出すたび、工具の電源を切って息を潜めるしかなかった。

やがて工事の資金が底をつき、絶望的なムードが漂い始めると、ヘルシェルはさらなる奇策を思いつく。アメリカのNBCテレビに掛け合いトンネル工事の撮影権を売りさばいたのだ。

現在のヘルシェル。2012年、その功績を称え「ドイツ連邦共和国功労勲章」（功労十字小綬章）が授与された

こうして無事に資金を手に入れた彼らは、再び士気を取り戻し作業に没頭。当初の予定どおり、9ヶ月でトンネルの完成にこぎつけた。

1962年9月14日、ヘルシェルは、まず東側の肉親たちに手紙を送り、ベルリン郊外の民家に集まるよう通達。指示どおりに集まった総勢29名の亡命者をトンネル内に誘導し、およそ30分で全員を西ドイツへ脱出させた。

映画は歓喜に沸く亡命者たちが抱き合うシーンで終わるが、現実にはさらに続きがある。この成功に自信を持ったヘルシェルたちは、翌年からさらに4本のトンネルを完成させ、1972年までに200人以上もの亡命者を救い出したのだ。

本作が描いた奇跡の脱出劇は1963年、アメリカNBCテレビで放映され、ヘルシェルは一躍英雄に。現在は反戦家として活躍している。

片腕喪失の悲劇からカムバックを果たしたベサニー・ハミルトンの不屈

ソウル・サーファー

映画のクライマックスのサーフシーンはベサニー・ハミルトン本人がスタントを務めた。映画「ソウル・サーファー」より

２０１１年公開の「ソウル・サーファー」は、13歳のときサメに襲われ左腕を失いながらも、プロを目指し再起した実在のサーファー、ベサニー・ハミルトンの実話を映画化した感動作だ。突然の悲劇を乗り越え、競技者として見事に復活を果たした彼女の生き様は〝不屈〟と言うよりない。

全身の60％の血液を失う大事故

物語の舞台は、ハワイ・カウアイ島。１９９０年、ベサニーは両親、2人の兄ともにサーファーという家庭に生まれた。彼女自身も物心ついたときからボードに乗り、コンテストの子供部門で優勝。スポンサーがつくほど将来のプロサーファーとしての活躍が期待されていた。

2003年10月31日朝、いつものように友人と沖に出てサーフボードに寝そべり、波を待っていたベサニーを背後から突然、大きな影が襲った。痛みはなく、時間にして何秒か何十秒か。いきなり左腕を左右に激しく引っ張られたかと思うと、腕が付け根の辺りからなくなっていた。体長4~5メートルのイタチザメに食いちぎられてしまったのだ。

すぐに病院に運ばれたものの

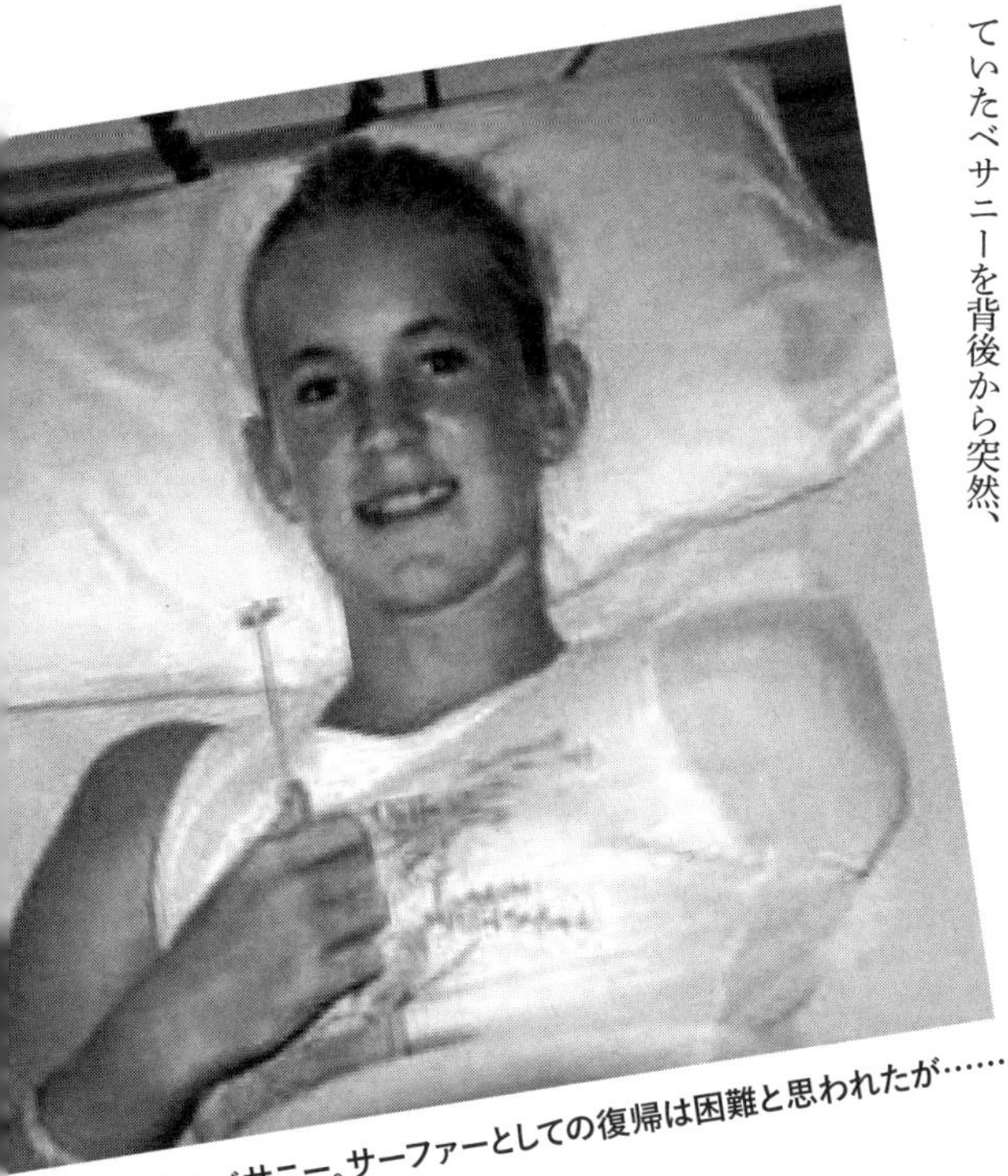

入院中のベサニー。サーファーとしての復帰は困難と思われたが……

ソウル・サーファー

2011／アメリカ
監督:ショーン・マクナマラ
サメに襲われ左腕を失いながらもプロを目指して再起した実在のサーファー、ベサニー・ハミルトンの実話を映画化。

全身の血液の60%を失い、回復するまで7日間を要した。もはやプロサーファーの夢は消えたも同然だった。

しかし、ベサニーはあきらめなかった。当初は1人で水着を着ることさえできなかったが、家族と信仰を支えに1ヶ月も経たずにサーフィンを再開し、翌2004年1月に行われた全米学生協会主催の大会で5位に入賞。また同年10月には、病気や怪我を乗り越えて再び実績を残したスポーツ選手に贈られるESPY賞(アメリカの大手スポーツ専門局ESPNが主催)のカムバック賞を受賞した。

ベサニー本人が技術指導

映画は2004年にベサニーが著した自伝が基になっている。

撮影にあたり、主演のアナソフィア・ロブは1日4時間、サーフィンはもちろん、水泳、ウエイトトレーニング、ストレッチなどを重ね、基本的な技術を習得した。彼女を指導したのは、ベサニー本人だ。アナソフィアの上達ぶりに、「本当に彼女は技術の飲み込みが早かった。普通はサーフィンを習得するのに何年もかかるのに、たった1ヶ

主役を演じたアナソフィア・ロブ（右）とベサニー

月でここまでよくやったわ」と感心しきりだったという。

映画の見どころのひとつに、ベサニーが失った左腕の映像化と、ビッグ・ウェーブを乗りこなすサーフィンシーンがある。前者は、アナソフィアの左腕に緑色の布を巻き付けて撮影。ポストプロダクション（撮影後の処理）によって背景をＣＧで乗せていく、今やＳＦやファンタジー映画ではお馴染みの手法が用いられている。サーフィンシーンについてもかなりＣＧが使われているが、最後の大会で大きな波のトンネルを駆け抜けていく場面は、本物のベサニーがスタントをこなした（１１８ページの写真参照）。

ソウル・サーファー

事故から4年でプロサーファーに

２００５年、ベサニーはＮＳＳＡ（全米アマチュアサーファーの最高レベル）のチャンピオンとなり、２００８年にはプロのＡＳＰワールドクオリファイシリーズに出場、念願のプロサーファーとしての道を歩み出し、同年のオーストラリアの大会、翌２００９年のブラジルの大会で３位、最近では２０１６年、フィジーで開かれた大会でも３位に入っている。

また私生活では２０１３年８月、キリスト教青年会のアダム・ダークスと結婚、その後２人の息子を授かった。

夫アダム、長男トビアス、次男ウェスリーと

第3章

絆

コーチ・カーター

犯罪都市の高校バスケ部監督
ケン・カーターが選手に説いた
「10年後の可能性」

主人公を演じたサミュエル・L・ジャクソン（中央）。
映画「コーチ・カーター」より

映画「コーチ・カーター」は、荒廃した高校のバスケットボール部の監督として赴任してきた男が、生徒たちに自らの将来を切り開いていく術を教える姿を描いたヒューマンドラマだ。名優サミュエル・L・ジャクソンが演じた主人公のモデルは、実際に強い信念で指導に当たったリッチモンド高校バスケ部の元コーチ、ケン・カーター（1959年生）である。

刑務所に入る確率は大学進学率の80倍

ケン・カーターが、生まれ故郷で母校でもある米カリフォルニア州のリッチモンド高校バスケットボール部、通称「オイラーズ」の契約コーチに招かれたのは1997年のことだ（映画では1999年の設定）。

カーターはリッチモンド高校時代、同校の得点・アシスト・スティールの歴代記録を残し、全米代表にも選ばれたスタープレイヤーだった。大学でもバスケを続けたが、卒業後はスポーツ用品店の経営者に。そこへ母校から弱小チームを立て直してほしいとの強い要請があり、これを承諾する。

カリフォルニア州リッチモンドは、治安の悪い町で知られていた。若者ギャンググループの対立や、ドラッグ絡みの殺人も少なくなく、そんな犯罪多発地区にある高校は、無事に卒業する生徒が半分、大学進学率は6％。町全体では黒人男性の3割が刑務所に行き、刑務所に入る割合が大学進学率の80倍という荒れた状況だった。

コーチ就任にあたり、カーターは強い信念を抱いていた。スポーツに情熱を燃やしプロを目指しても、夢が叶うのはごくわずかで、大半は真っ当な道を歩めない。故郷の現実を知るカーターは生徒に、学業にも精を出して大学に進み、別の世界でも活躍できる可能性を見出すことを切に望んでいた。

そこで、まずは指導することになったバスケ部の選手全員と契約書を取り交わす。「授業に必ず出席する」「学業で一定の成績以上の結果を残す」「試合の日はネクタイ着用、白のボタンダウンで会場に来る」と、劇中では3つだけ紹介されるが、実際には10項目の取り決めがあったという。厳しい要求にチームを去る者もいたが、カーターは規律を守ることこそがチームを強くし人格形成につながるものと信じ、選手及び保護者の署名を求めた。

カーター本人（右）も高校時代は全米代表に選出されるスタープレイヤーだった

コーチ・カーター

2005／アメリカ
監督:トーマス・カーター
卒業後に犯罪者の道を歩む者も少なくない米カリフォルニア州リッチモンド高校バスケットボール部のコーチに就任、弱小のチームを地区優勝に導くとともに、選手に人生の可能性を説いたケン・カーターの実話を描いた人間ドラマ。

1999年当時のオイラーズの選手たち（白いユニホーム。実際の写真）

撮影現場で顔を合わせたカーター（右）とサミュエル・L・ジャクソン

カーターの厳格な指導方針が結果を出すのは、コーチ就任3年目の1999年。前年シーズン4勝しかできなかったチームが開幕13連勝を飾ったのだ。

この快進撃にリッチモンドの住民は狂喜乱舞する。アメリカにおいて高校のバスケは日本の高校野球以上の関心事だ。地元チームが地区大会優勝を目指せるほどの強豪になった事実は町に大きな希望と勇気を与え、試合は毎回応援の人々で満員。選手はスター並みの大歓迎を受ける。しかし…。

物議を呼んだロックアウト事件

13連勝後、カーターは突然、学校の体育館をロックアウト（閉鎖）し、試合出場停止を言い渡した。選手の学業成績が契約書の内容より下回っているのが理由だった。

この一件は選手や親、住民からの反発はもちろん、マスコミをも巻き込む一大騒動に発展する。無敵のチームを優勝させないつもりか？　失業してもいいのか？　教育委員会さえもが脅しをかけてきた。しかし、カー

2004年1月、体育館が閉鎖された「ロックアウト5周年記念」
に集まったカーター（右）と当時の選手たち

コーチ・カーター

ターは頑として意見を曲げない。約束が守られなければ、今後の試合を全て放棄し、コーチを辞任する覚悟だった。

劇中では描かれないが、このとき非難の矢面に立たされていたカーターを支持したのがカリフォルニア州のデイビス知事だった。騒動のさなか、テレビ出演したカーターの姿を見て「彼こそが英雄だ」と絶賛。後の復帰第一戦の会場に自ら駆けつけたという。

果たして、カーターの決意を改めて知った選手は奮起し学業成績を上げることに成功。その間チームは2試合の不戦敗を喫するも、閉鎖解除以降は再び怒濤の18連勝で見事に地区大会優勝。州大会ではカリフォルニア州屈指の強豪、聖フランシス高校に僅差で初戦敗退したが、弱小だったチームの快進撃はメディアで大きく報じられた。

カーターが指導した生徒はその後、大半が大学に進学。引き続きバスケットボール選手として活躍する者、サンフランシスコ州立大学で生物学を専攻する者、医学部に入り眼科医を目指す者。後にカーターは「自分のことをよく思わない生徒がいるのはかまわない。10年後に彼らが成功を手にすることが私の望みなのだ」と語っているが、まさにその願いが実を結んだのだ。

その後、カーターはオイラーズの監督を2002年まで続け、スラムボール（バスケにトランポリンを配置したスポーツ）のコーチに転身。同年、指導していたロサンゼルスのチームを優勝に導いた。

現在、カーターは2009年に自らテキサス州マーリンに設立した「コーチ・カーター・インパクト・アカデミー」で13〜18歳の生徒約150人を対象に、週6日・1日12時間、勉強やスポーツを指導。生活が貧しい約60人の生徒には寄宿舎を提供し、土曜日には親も学校に来て活動に参加するシステムを採用しているそうだ。

音楽教師ロベルタとNYハーレムの小学生が起こしたミラクル

ミュージック・オブ・ハート

1999年公開のアメリカ映画「ミュージック・オブ・ハート」は、治安の悪い米ニューヨーク・ハーレムの小学校で、1人の女性音楽教師が生徒たちに一からヴァイオリンを教え、やがてカーネギー・ホールでコンサートを開くまでの十数年の日々を描いたヒューマンドラマである。

名優メリル・ストリープが演じた主人公は、現在もハーレムでヴァイオリンを教え続ける実在の音楽教師、ロベルタ・ガスパーリがモデルである。

ニューヨークでも最も危険な地域の公立小学校に着任

物語の主人公、ロベルタ・ガスパーリは1947年、ニューヨークに生まれた。小学校4年で始めたヴァイオリンを中学・高校時代も続け、ニューヨーク州立大学では音楽教育を学んだ。1971年、海軍将校の男性と結婚し2人の男の子を授かるが、夫の浮気が原因で別居。1980年、息子たちと一緒に故郷に戻ってくる（映画はここから始まる）。

劇中ではこの後、高校時代の友人男性と再会し、彼の紹介で教員採用の面接を受けるが、

主人公の音楽教師を演じたメリル・ストリープは役作りのためにヴァイオリンの猛特訓を行い、劇中でもバッハのヴァイオリン協奏曲などを自ら演奏している。映画「ミュージック・オブ・ハート」より

実際は求人広告からの応募だった（この男性とは3年の共同生活を経て別れている）。

音楽の課外授業の教師を探していたのは、ニューヨークでも最も危険地帯とされるイースト・ハーレムのセントラルパーク・イースト公立学校。全米に名高い小規模学校運動の先駆者、デボラ・マイヤーが「恵まれた階層の子供が私費で受けている教育と同等のものを、恵まれない子供に公費で与える」ことを使命に、1975年に設立した3つの学校から成る小学校だ。劇中、デボラの役柄は〝ジャネット・ウィリアムズ〟という名の黒人の校長先生で、年齢もロベルタとさほど変わらない設定になっているが、実際のデボラはロベルタより16歳上の白人女性だった。

デボラは最初、音楽教師の資格を持っていたものの経験に乏しかったロベルタの採用を見送ったが、最終的に彼女の情熱に負け、週1回の臨時教師として雇い入れる。ロベルタが前夫の転勤に伴い、その赴任地で職を得るため50挺ものヴァイオリンを所有していた（自費5千ドルで購入）ことも採用理由の一つだった。

ロベルタ・ガスパーリ本人

ミュージック・オブ・ハート

1999／アメリカ
監督：ウェス・クレイヴン
米ニューヨークのイースト・ハーレムでヴァイオリン教室に情熱を注ぐ音楽教師ロベルタ・ガスパーリと生徒たちが13年後、カーネギー・ホールでコンサートに出演するまでの実話を映画化。

市の予算削減で課外授業廃止

こうして念願の音楽教師となったロベルタだが、最初の授業でヴァイオリンに興味を示す者は1人もいなかった。ちなみに、生徒約50人の大半はアフリカ系からラテン系である。

2回目もほとんどの生徒が欠席したものの、この課外授業は単位として必要とされていたため、1ヶ月が経つ頃には徐々に生徒が集まり始め、やがて反抗的だった子供たちの一部がロベルタの弾く「きらきら星」の演奏に興味を持つようになる。

映画で描かれるとおり、ロベルタはスパルタ教育で授業に臨んだ。ヴァイオリンの楽しさは技術を習得して初めて実感できる。そのことを経験で知っていたからこそ、生徒に集中力を要求した。結果、生徒の中にリーダーシップを持った者が現れるなど、子供たちは徐々に〝夢や希望を抱く少年少女〟へと変わっていく。

やがて、ロベルタの「公立学校音楽教育課クラス」は生徒の親も認めるところとなり、3年後には3つの学校で年間各教室50人、計150人の生徒が参加する人気プログラムへと成長。授業参加希望者は抽選で選ばれるまでになった。

ヴァイオリンが水浸しで使えなくなったり、生徒の祖母が強盗に殺されたりするなど〝事件〟は少なからず起きたが、最大の危機は授業開始から11年後の1991年。ニューヨーク市の教

上／課外授業の臨時教師として雇われた当初の授業風景
下／ロベルタを採用した学校の校長、デボラ・マイヤー。1996年、ボストンのミッションスクールの校長に就任。2020年6月現在、89歳で健在

育委員会が予算削減のため、課外授業の廃止を決定したのだ。

到底納得できないロベルタと生徒の保護者たちは、これに対し非営利財団「オーパス118音楽センター」を組織し、クラス再建の資金を募る。と、この活動が『ニューヨーク・タイムズ』紙の一面で記事となり、資

カーネギー・ホールで有名ヴァイオリニストと共演

課外授業開始から13年後の1993年、ロベルタの生徒が、プロのヴァイオリニストと一緒にカーネギー・ホールのステージに

ミュージック・オブ・ハート

金援助の申し出が増加。2ヶ月後、無事に授業が再開できたばかりか、2年後の1993年には予期せぬ出来事が起きる。ヴァイオリンの巨匠、アイザック・スターンら14人の有名ヴァイオリニストと生徒たちが共演するコンサートが開かれたのだ。

映画のクライマックスとしても描かれるこのコンサートは、スターンの計らいにより音楽の殿堂カーネギー・ホールで行われ、以後2年に一度、場所を変え開催され続けることになる。

その後、他に3人の教師を加え、ロベルタの生徒は3校で年間250人に増加。映画公開時の1999年にはチェロのクラ

教えた生徒は5千人以上。中にはプロのヴァイオリニストになった生徒も

スも新設し、これまでの生徒数は5千人を超えている。

自分を信じ努力すれば必ず結果は出る――。一貫して生徒に向き合ってきたロベルタは、今（2017年時点）も変わらずハーレムの学校でヴァイオリンを教える一方、教師の育成にも力を注いでいる。

NFL現役プレイヤー、マイケル・オアーと主婦リー・アンが出会った感謝祭の夜の奇跡

しあわせの隠れ場所

左からショーン・テューイ、マイケル・オアー、ショーンの妻リー・アン。スーパーボウルでマイケルが所属するレイブンズが優勝を飾った際の記念写真

２００９年公開の「しあわせの隠れ場所」は、最貧層から全米注目のアメフト選手へと駆け上がった黒人青年と、白人家族の心の絆を描いたヒューマンドラマだ。映画のモデルになった実在のＮＦＬプレイヤー、マイケル・オアーのサクセスストーリーは、彼を救ったテューイ家の人々との出会いがなければ決して成立しなかった。

極貧の黒人少年と、裕福な経営者夫人

映画の原作になったノンフィクション『ブラインド・サイド　アメフトがもたらした奇蹟』（マイケル・ルイス著）が、マイケルの波瀾万丈の半生やアメフトの世界に焦点を当てているのに対し、本作は彼の里親に

なったサンドラ・ブロック扮するテューイ家の主婦リー・アン（1960年生）を主人公に据え、ストーリーにも少なからず脚色が加えられている。

　マイケルとリー・アンが米テネシー州メンフィスの街中で出会ったのは2003年11月27日、感謝祭の夜のことだ。リー・アンは同州でファストフードのフランチャイズ店を80軒以上経営するショーン・テューイの妻で、2人の子供の母親。片や当時17歳のマイケルは、ホームレス同然の生活を送る巨漢の黒人少年だった。

　感謝祭休暇の寒い夜に、短パンTシャツ姿で路上を歩くマイケルの姿を車中から見て、リー・アンは思わず彼に声をかけ自宅に招く。マイケルの人生が変わる瞬間である。映画ではこの後、リー・アンがマイケルにアメフトの才能を見出し、家庭教師をつけるなどして高校に通わせるのだが、現実は少々違う。

　マイケルは1986年、メンフィスの、兄弟が13人いる極貧の黒人家庭に生まれた。父親には会ったことがなく、母親は麻薬中毒。ために家から引き離され、人の助けを借りながら転居と転校を繰り返していた。

　アメフトで頭角を表すのは、リー・アンに出会う前年の2002年。通っていた高校のアメフト部でオフェンス・ラインマンとして活躍し、2003年にはテネシー州の代表チームにも選出されている。が、暮らしは住む家も定まらないホームレス同然の毎日。感謝祭の夜も、寝る場所を確保するため高校の体育館に向かっている途中だった。

主人公リー・アンを演じたサンドラ・ブロックはアカデミー最優秀主演女優賞など2009年の映画賞を総なめにした。
映画「しあわせの隠れ場所」より

しあわせの隠れ場所

2009／アメリカ
監督：ジョン・リー・ハンコック
貧困の黒人少年マイケル・オアーと、彼を里子として迎え入れた裕福な白人家族との偶然の出会いと深い絆を、実話を基に描いたヒューマンドラマ。原題の「ブラインド・サイド」とは、アメフトで、クォーターバックの利き手逆側の、死角になりやすいサイドのこと。

　このとき、なぜリー・アンが彼に声をかけたのか。劇中では描かれないが、彼女の父親は黒人差別主義者で、それを人生の反面教師としてきた部分が大きく作用したようだ。

ドラフト1巡目指名で強豪レイブンズに入団

　2004年、リー・アンはマイケルを養子としてテューイ家に迎え入れる。家には彼と同じ歳の娘コリンズに、弟のS・Jもいる。子供たちへの影響を考えれば簡単にできる決断ではなかったはずだ。

　しかし、リー・アンに迷いはなかった。というより、彼女の意見がテューイ家では絶対だった。後に講演会でマイケルが語ったところによれば、「リー・アンは家族を支配し、近所にも口出しするくらいの人」だったらしい。もちろんこれは会場を笑わせるための発言なのだが、その際の彼の表情は実に優しく、リー・アンとの絆の強さを感じさせるものだったという。

　さほどに強い信念を持ったリー・アンと同様、テューイ家の人々もマイケルを温かく迎え、

右／テューイ家の養子として暮らしていた頃のマイケル。左が弟のS・J。右が里親のリー・アン　下／2009年7月、ドラフト1巡目指名を受けNFLの強豪ボルチモア・レイブンズと契約

2013年2月3日、2012年シーズンのNFLチャンピオンの座をかけた第47回スーパーボウルで、マイケル・オアーの所属するレイブンズが49ersを34対31で破り、12年ぶり2度目のスーパーボウル制覇を果たした。写真は優勝の瞬間、歓喜するマイケル本人

2012年シーズンで NFLの頂点、スーパーボウルを制覇

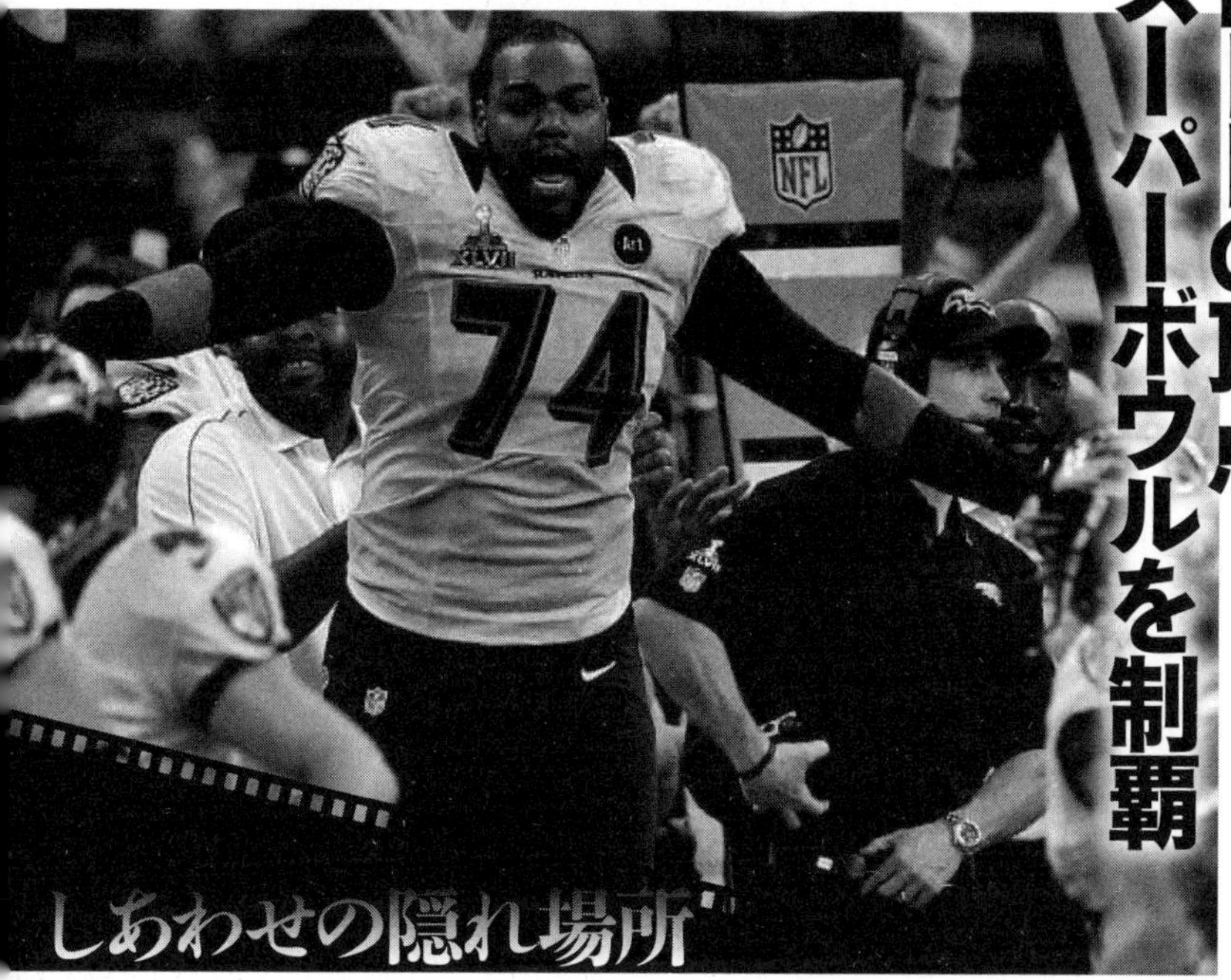

家族同様に接した。夫のショーンは劇中で描かれる以上にマイケルに好意的で、娘コリンズは双子ができたと喜び、弟S・Jも本当の兄貴のように彼を慕ったという。

こうした奇跡的な環境の下、マイケルは1週間に20時間、家庭教師に学び学力をつけていく。結果、それまで高校に通ってはいたものの、ろくに読み書きもできないレベルから成績が飛躍的に上昇し、名門NCAA1部校に入学。ここでもアメフト選手として輝かしい成績を残す。

そして卒業時には6つの大学から奨学金のオファーを受け、テューイ夫妻の母校でもあるミシシッピ大学に進学。1年次からアメフト部のレギュラーとして活躍し、4年次にはAP通信が選ぶオールアメリカンのファーストチームにも選出された。

2009年、マイケルはNFLドラフト1巡目、全体23番目でボルチモア・レイブンズに指名され、5年間1千380万ドルで契約する。1メートル93センチ、141キロの巨体ながら40ヤード（約36・6メートル）を5・34秒で走るスピードを武器に同年12月、新人月間MVPを獲得。3年後の2012年シーズンではNFLの頂点、スーパーボウルで見事に優勝を飾っている。

2014年、タイタンズに移籍。11試合に出場した後、足の指の怪我で故障者リスト入りし、そのまま戦力外に。翌2015年、カロライナ・パンサーズと2年契約を結んだ。残念ながら、2020年6月現在はフリーエージェント（自由契約）の立場にあるが、彼を貧困から救ったリー・アンをはじめとしたテューイ家の人々との交流は現在も続いているそうだ。

リー・アンの夫、ショーンはインタビューにこう答えている。

「マイケルはなんてラッキーなんだって言われるけど、それは違う。ラッキーなのは我々なんだよ」

ハチ公物語

映画で大幅に改変された真の「忠犬ハチ公」伝説

上／最初の飼い主である大学教授を演じた仲代達矢。映画「ハチ公物語」より

誰もが一度は耳にしたことがあるだろう「忠犬ハチ公」。銅像まで建てられたこの秋田犬は、最初の飼い主が死んだ後も、渋谷駅前で帰りを待ち続けた忠義の犬として、今も語り継がれる存在だ。１９８７年公開の「ハチ公物語」は、この有名な実話を映画化した作品だが、飼い主の大学教授とハチの絆を強調するため、史実を大幅に改変した内容となっている。

主人の送り迎えは渋谷駅より東大駒場校舎へ

映画は１９２４年（大正13年）1月、生後2ヶ月のハチが生誕地の秋田県大館市（現在）から東京都渋谷区松濤1丁目（現在）の邸宅に届けられるシーンから始まる。受取人は、家の主人で東京帝国大学農学部の教授を務めていた上野英三郎《うえのえいざぶろう》（当時52歳。劇中での役名は秀次郎。演：仲代達矢）。当時大館市の秋田県耕地課長だった上野の元門下生の紹介により買い受けたもので、価格は現在の貨幣価値で約4万円だったそうだ。

劇中で上野家には、主人の英三郎、妻の八重子（演：八千草薫。役名は静子）、娘の千鶴子（演：石野真子）の3人と、書生の尾形才吉（演：尾美としのり）、女中およし（演：片桐はいり）が同居している。が、これは全くの創作である。上野は子宝に恵まれず、ハチを飼い出した当時、八重子、養女のつる子とその夫（後に息子が誕生）、書生1人（尾関才助なる人物で、「犬日記」なるハチの記録をつけていた）、3人の女中と暮らしていた。

さらに映画では、八重子がハチを飼うことに反対し、上野自身も娘に犬の世話をするよう申し付けるなど、当初ハチの飼育に消極的だったかのような印象を与えるが、これまた史実とは異なる。上野は根っからの愛犬家で、ハチが家に来た当時、ポインター種のジョン（8歳）とS（6歳）を飼っていた。ハチは上野が長年欲していた秋田犬で、新たに一家に加わることに反対する者はおろか、皆が大歓迎だったそうだ。

ハチの飼い主、上野英三郎本人。東京帝国大学で教鞭を執った日本の農業土木、農業工学の創始者でもある

ハチは主人の上野になつき、散歩はもちろん、主人の出退勤時も行動を共にした。よく知られるのは渋谷駅改札前での送迎で、劇中でもその甲斐甲斐しい姿が描かれているが、頻度として多かったのは、むしろ上野の勤務先である東京大学駒場キャンパスだ。上野邸は東大のすぐ裏手に位置しており、徒歩で通う上野を農学部校門前で見送り、夕方また同じ場所で出迎えるのが常だった。渋谷駅での送り迎えは、上野が電車を利用し、農林省や関連施設に出向くときだったそうだ。また、上野の送迎にはハチより以前からジョンとSが同行している。

未亡人の八重子がハチを手放した理由

ハチを飼い始めて1年4ヶ月が経った1925年5月21日、主人の上野が農学部教授会会議の後に脳溢血で倒れ、急死する。劇中では描かれないが、この日、上野を農学部校門まで送ったのはハチだけだった。

映画はこの後、悩んだ末、自宅を売り払う決意をする八重子の姿を描く。が、この場面も史実と異なる。八重子と上野は、上野の実家に結婚を反対され籍を入れていなかった。法律上、内縁の妻に財産、屋敷を相続する権利はなく、残された家族全員が立ち退かざるをえなかったのが本当のところだ。

劇中、夫を失った八重子は娘のもとに身を寄せ、ハチは親類の浅草の土建屋に引き取られる。ハチはそこで邪魔者扱いされ、やがて上野家に出入りしていた

ハチは待ちつづけた
御主人様の帰りを
ハチ公物語
神山征二郎監督作品　原作・脚本:新藤兼人

ハチ公物語

1987／日本
監督:神山征二郎
渋谷駅前に銅像が建つ「忠犬ハチ公」と飼い主の大学教授との実話を映画化。2009年、リチャード・ギアを主人公にリメイク作品「HACHI 約束の犬」が公開された。
DVD販売元:松竹

植木屋の菊さん（演：長門裕之）が飼うことに。その後、八重子は娘の夫の海外転勤に伴い故郷・和歌山の実家に戻り、菊さんも急死。飼い主のいなくなったハチは、亡くなった上野の帰りを待つかのように毎日渋谷駅に通う。その健気な姿は駅員や近所で商売を営む人の話題となり、新聞に取り上げられるまでになる。が、ハチに安息の日が訪れることはなく、数年後、雪の舞い散る路上で死亡。上野との絆がいかに深かったかを強く印象づけるエンディングだ。

しかし、事実は違う。上野の死後、八重子と養女つる子一家は借家住まいを余儀なくされ、3頭の犬は八重子の日本橋の親類宅、続いてハチだけが浅草の親類宅の預かりとなる。ここでハチが邪魔者扱いされた事実はなく、たいそう可愛がられている（ジョンは日本橋の親類宅から行方不明になった）。

1926年（昭和元年）、八重子とつる子一家は新たに世田

上野邸の植木職人で、二番目の飼い主としてハチが死ぬまで面倒をみた小林菊三郎

新聞に記事が載るまでは野良犬扱い

いとしや老犬物語

今は世になき主人の帰りを

待ち兼ねる七年間

1932年、『東京朝日新聞』に掲載された記事により、ハチの存在は全国に知れ渡ることに

谷に居を構え、ハチとSを引き取る。が、力を持て余したハチは綱を解かれると、たびたび近所の畑に入り込み、作物を荒らすようになった。やがて、農家から苦情が出て、八重子はやむなく、ハチを上野邸の植木職人だった小林菊三郎に引き取ってくれるよう懇願する。

史実では、八重子がハチを見捨てた冷たい人物と見る向きも

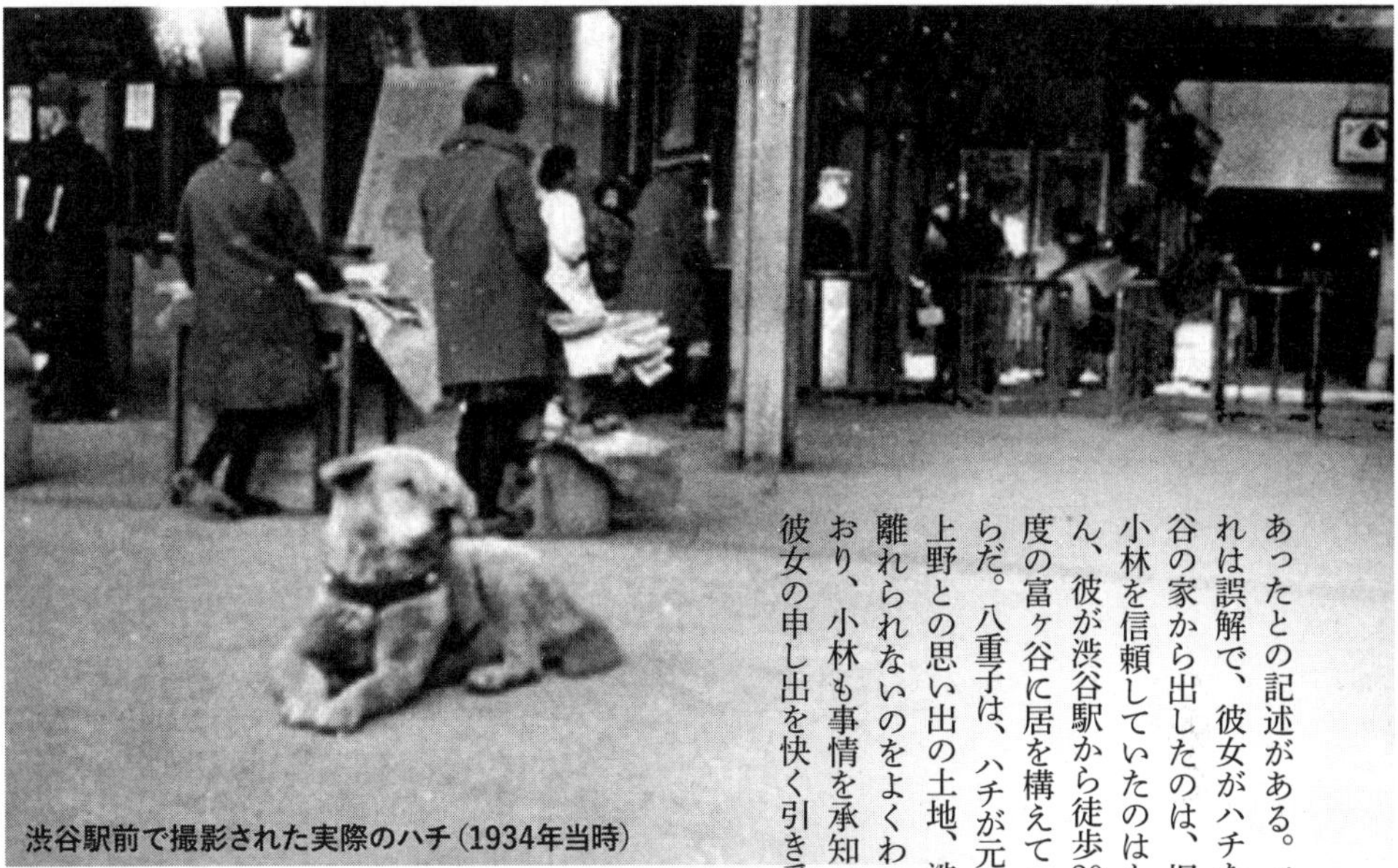

渋谷駅前で撮影された実際のハチ（1934年当時）

あったとの記述がある。が、これは誤解で、彼女がハチを世田谷の家から出したのは、旧知の小林を信頼していたのはもちろん、彼が渋谷駅から徒歩20分程度の富ヶ谷に居を構えていたからだ。八重子は、ハチが元主人・上野との思い出の土地、渋谷を離れられないのをよくわかっており、小林も事情を承知の上で彼女の申し出を快く引き受けたという。1927年秋のことだ。

ハチ公物語

銅像の除幕式にはハチ自身も参加

小林は職人として駆け出しの頃上野に世話になった恩を忘れず、家族全員でハチを生涯、献身的に育てた。近所の人々もハチを可愛がり、ハチも子供たちを銭湯に送迎するなど、土地によく馴染んだという。

それでも、ハチは渋谷駅通いをやめなかった。毎日決まって午前9時頃に家を出て、いったん戻った後、夕方4時近くになると再び出かけ遅くとも6時までに帰宅。その途中で欠かさず旧上野邸に足を運ぶのがルーティンだった。

もっとも、こうした行動を上野との思い出ゆえと考えるのは事情を知る者だけで、ハチは渋谷駅をうろつく野良犬として、通行人や商売人からしばしば虐待を受けたり、子供のいたずらの対象となっていた。

事情が変わるのは、ハチが渋谷通いを始めて5年が経った1932年。『東京朝日新聞』（現・朝日新聞）が「いとしや老犬物語」というタイトルでハチの記事を掲載。渋谷駅周辺で邪険に扱われながらも亡き主人を思い日参するハチの存在は人々の心を打ち、ここで初めて「忠犬ハチ公」として、その名を全国に知らしめる。2年後の1934年4月21日、渋谷駅前に忠犬ハチ公像が設置。盛大に行われた銅像の除幕式にはハチ自身と著名人300人が参列したそうだ。

ハチが渋谷川に架かる稲荷橋付近で死んでいるのを発見されたのは、翌1935年3月8日早朝。死因は心臓と肺のガンだった（享年11）。4日後の12日、渋谷駅で告別式が実施され、八重子や、富ヶ谷の小林夫妻、駅や町内の人々など多数参列した他、僧侶16人による読経が行われたそうだ。現在、ハチは東京・青山霊園にある上野英三郎の墓石の右隣の祠に眠っている。

大統領の執事の涙

主人公を演じたフォレスト・ウィテカー。映画「大統領の執事の涙」より

8人の大統領に仕えたホワイトハウスの黒人執事、ユージン・アレンの半生

２００８年11月４日、アメリカ合衆国大統領選挙でバラク・オバマが黒人初の大統領に選出された数日後、『ワシントン・ポスト』紙に、34年にわたりホワイトハウスで執事（給仕と、酒類、食器類の管理を担うスタッフ）として仕えた実在の黒人男性ユージン・アレン（１９１９年生）の半生が取り上げられた。映画「大統領の執事の涙」はこの記事をモチーフに、１人の執事を通してアメリカにおける黒人差別の歴史を描いた社会派ヒューマンドラマである。

トルーマン政権下、皿洗いからスタート

映画は１９２９年、アメリカ南東部ジョージア州を舞台に、綿花畑で奴隷の子供として生まれ育った９歳の少年セシル・ゲインズが、父を白人に殺され、精神を病んだ母を置いたまま農園を去るところから始まる。

　町をうろつき空腹で盗みに入ったレストランの黒人従業員に拾われ、給仕係の職に。やがて先輩従業員の推薦でワシントンＤ.Ｃ.の高級レストランに勤務。１９５４年、店の客として訪れたホワイトハウスの事務官の目に留まり、アイゼンハワー政権

下（1953〜1961）の大統領官邸で執事として働くようになる。

時は公民権運動が活発化していた頃。セシルは政治に関心を持つこともなく仕事に精進し、特にケネディ大統領（1961〜1963）の信用を得る。私生活でも妻、2人の息子と幸せな家庭を築いていたが、やがて長男が公民権運動に没頭し、ジョンソン政権下（1963〜1969）で過激派の「ブラックパンサー党」に入党したことに激怒し絶縁状態に。次男はベトナム戦争に従軍し戦死。ニクソン政権（1969〜1974）、フォード政権（1974〜1977）を経て、カーター政権下（1977〜1981）ではセシルも人権意識を芽生えさせ、黒人スタッフの賃上げ、昇級を実現する。しかし、次のレーガン政権（1981〜1989）が、人種隔離政策アパルトヘイトを敷いていた南アフリカを支持したため執事を辞職。最後は長男とも和解し、オバマ大統領（2009〜2017）からホワイトハウスに招待されるシーンで終わる。

このストーリーは大半がフィクションだ。ユージンの生まれはバージニア州で、父親が殺害されたり、母親が精神を病んだ事実もない。農園の雑役労働やワシントンD.C.でウェイターに就いた後、より良い待遇を求めて求人に応募し、ホワイトハウスで職を得たのはトルーマン政権下（1945〜1953）の1952年。最初は皿洗いや食器の片付けなど雑用係として働いた後、アイゼンハワー政権下で執事となった。

3歳下の妻ヘレンとは1942年、ワシントンD.C.の誕生パーティで知り合い翌年結婚。子供は1946年に生まれたチャールズ1人だけで、彼はベトナム戦争に従軍したものの、生きて帰国し、その後アメリカ国務省の捜査官になった（2020年6月時点で健在）。

主人公のモデルとなった執事、ユージン・アレン本人

大統領の執事の涙

2013／アメリカ
監督：リー・ダニエルズ
8人の米国大統領に仕えた黒人執事の実話を描いたヒューマンドラマ。主人公の母親役としてマライア・キャリー、ホワイトハウスの同僚執事役としてレニー・クラヴィッツなど有名ミュージシャンが出演していることも話題に。

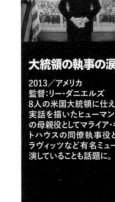

ケネディ暗殺の日、自宅の玄関で号泣

劇中でセシルは政権が変わっていくにつれ人種差別への反感を強めていくが、実際のユージンは特別な思想信条を持つことなく、党派を問わず歴代の大統領及びスタッフと良好な関係を築いていた。

後に息子チャールズが語ったところによれば、ケネディ大統領が暗殺された1963年11月22日もユージンは執務に就いており、その日の夜遅く、いったん帰宅した後、もう一度コートを羽織り仕事に戻ろうとしたが、その矢先、玄関で崩れ泣き叫んだそうだ。また、大統領の葬儀に招待されたものの、ホワイトハウスに来客があるかもしれないと、葬式への参列は辞退し、通常どおり仕事に就いたという。ユージンはあくまで自分の職務を果たすことを最優先に考えた。

ちなみに、映画ではフォード大統領時代が描かれていないが、ユージンとフォードは誕生日が同じ（7月14日）ことから親しい間柄で、当日は共に祝い、たびたびゴルフ談義に花を咲かせていたそうだ。

長年の仕事ぶりが評価され、執事たちを束ねる主任に昇進するのは、レーガンが大統領になってまもない1982年のこと。ユージンと妻ヘレンが大統領から公式晩餐会に招待されたのも

実際のアレン一家。左から妻ヘレン、ユージン、長男チャールズ

誕生日が同じフォード大統領とは親しい間柄だった

本当の話で、当日は居心地の悪そうなユージンに対し、ヘレンは豪華な場に呼ばれたことを誇りに感じ、存分に料理を堪能したそうだ。

34年にわたり8人の大統領に仕えたユージンは1986年、ホワイトハウスを去る。劇中のようなレーガンへの反発心ではなく、重責から解放されるための依願退職だった。引退当日、レーガンはユージンに長年の労をねぎらう手紙を渡し、大統領夫人ナンシーは彼を強く抱きしめ別れを惜しんだそうだ。

その後、ユージンは妻ヘレンと悠々自適な老後を暮らし、2007年2月、オバマが大統領選に立候補すると、同じアフリカ系として彼を強く支持。妻ヘレンと一緒に投票所に出向くことを期待していたが、2008年11月3日、ヘレンは急死する。選挙投票日前日のことだった。

晩餐会に招待されたユージン(右)と
レーガン大統領、ナンシー夫人

大統領の執事の涙

死ぬ1年前、オバマ大統領就任式に参列

2009年1月20日、ワシントンD.C.で行われたオバマ大統領就任式にユージンは息子チャールズとともに参列。オバマは直にユージンに対面し、その功績を称える言葉を贈る。黒人が大統領になることなど想像すらしなかった彼にとって、人生最良の日だった。ユージンが腎不全でこの世を去るのはそれから1年2ヶ月後の2010年3月。享年90だった。

2009年1月20日、バラク・オバマの大統領就任式に
招待され式典に参列し、握手を交わした

「異人種間結婚」を勝ち取ったラビング夫妻の闘い

ラビング 愛という名前のふたり

上／夫リチャードを演じたジョエル・エドガートン（左）と、妻ミルドレッド役のルース・ネッガ。映画「ラビング　愛という名前のふたり」より

２０１６年公開の映画「ラビング　愛という名前のふたり」は、白人と黒人の結婚が違法とされていた１９５０年代後半から１９６０年代のアメリカ南部バージニア州を舞台に、自らの愛を貫くために国と闘ったラビング夫妻の実話を描いた作品である。彼らが勝ち取った判決は、アメリカでそれまで違法とされていた異人種間結婚を完全に無効化する画期的なものだった。

懲役1年の代わりに25年間、州から追放

映画は２０１１年に制作・公開されたドキュメンタリー映画「ラビング・ストーリー」に基

づき、ほぼ史実どおりに描かれている。

　1950年代、アメリカの南部には「ジム・クロウ法」なる人種差別制度が敷かれていた。交通機関や水飲み場、トイレ、学校や図書館などの公共機関、さらにホテルやレストラン、バーやスケート場などにおいて、白人と黒人（その他の有色人種を含む）を分離することを合法化したもので、これには白人と黒人の結婚を違法とする内容も盛り込まれていた。

　映画の冒頭の1958年当時、アメリカ南部を中心に24の州で異人種間結婚は禁止されており、物語の舞台、バージニア州も例外ではなかった。ただ、主人公の白人男性リチャード・ラビング（1933年生）と黒人女性ミルドレッド（1939年生）が生まれた同州キャロライン郡の片田舎セントラル・ポイントは南部の中では珍しく、異なる人種や民族的ルーツを持つ人々が混然となってコミュニティを形成していた。通りを挟み互いの家を行ったり来たりしながら育った幼馴染の2人は自然と恋仲となり、ミルドレッドの妊娠を機に結婚を約束する。レンガ職人の新郎は24歳、高校を出たばかりの新婦はまだ18歳だった。

　1958年6月、2人は異人種間結婚が禁止されていたバージニア州を出て、合法だったワシントンD.C.で挙式。地元に戻り暮らし始める。が、籍を入れて5週間後の7月11日早朝、地元警察が新婚夫婦の家を急襲、2人を逮捕する。劇中でも描かれるとおり、このとき夫婦は寝室の壁に貼っていた結婚証明書を指し示し、その正当性を訴えたものの、警察は問答無用で署に連行、留置する。2人は白人と黒人の結婚が違法であることは承知していたが、正式な証明書があれば逮捕されることはないと考えていたようだ。

　裁判で、ラビング夫妻に下った判決は懲役1年。ただし、罪を認めたうえでバージニア州を

実際のラビング夫妻

ラビング 愛という名前のふたり

2016／イギリス・アメリカ
監督:ジェフ・ニコルズ
異人種間の結婚を違法とした1950年代のアメリカ各州の法律を違憲とするきっかけとなったラビング夫妻を描いたヒューマンラブストーリー。この実話に感銘を受けた人気俳優のコリン・ファースが制作資金を提供、映画化が実現した。

出て最低25年間、地元に戻ってこなければ刑の執行を猶予するというもので、2人は苦渋の決断で、ミルドレッドの従兄弟夫婦の住むワシントンD.C.に移住する。1959年1月のことだ。

ケネディ司法長官に直訴の手紙を

　夫妻はワシントンD.C.で2男1女に恵まれる。が、その暮らしは快適とはほど遠いものだった。友人知人はおらず、子供が遊ぶ広い空き地などもない。さらに、1963年、次男のドナルドが交通事故に遭う。幸いかすり傷で済んだものの、故郷の田舎では考えられない災難に、ミルドレッドは強いストレスを抱くようになる。

　そんな彼女を見て、同年、従兄弟夫婦がロバート・ケネディ司法長官（ケネディ大統領の弟）に手紙を出すよう勧める。国のトップに直接、異人種間の結婚、及びバージニア州での暮らしを認めてくれるよう嘆願してはどうかというのだ。

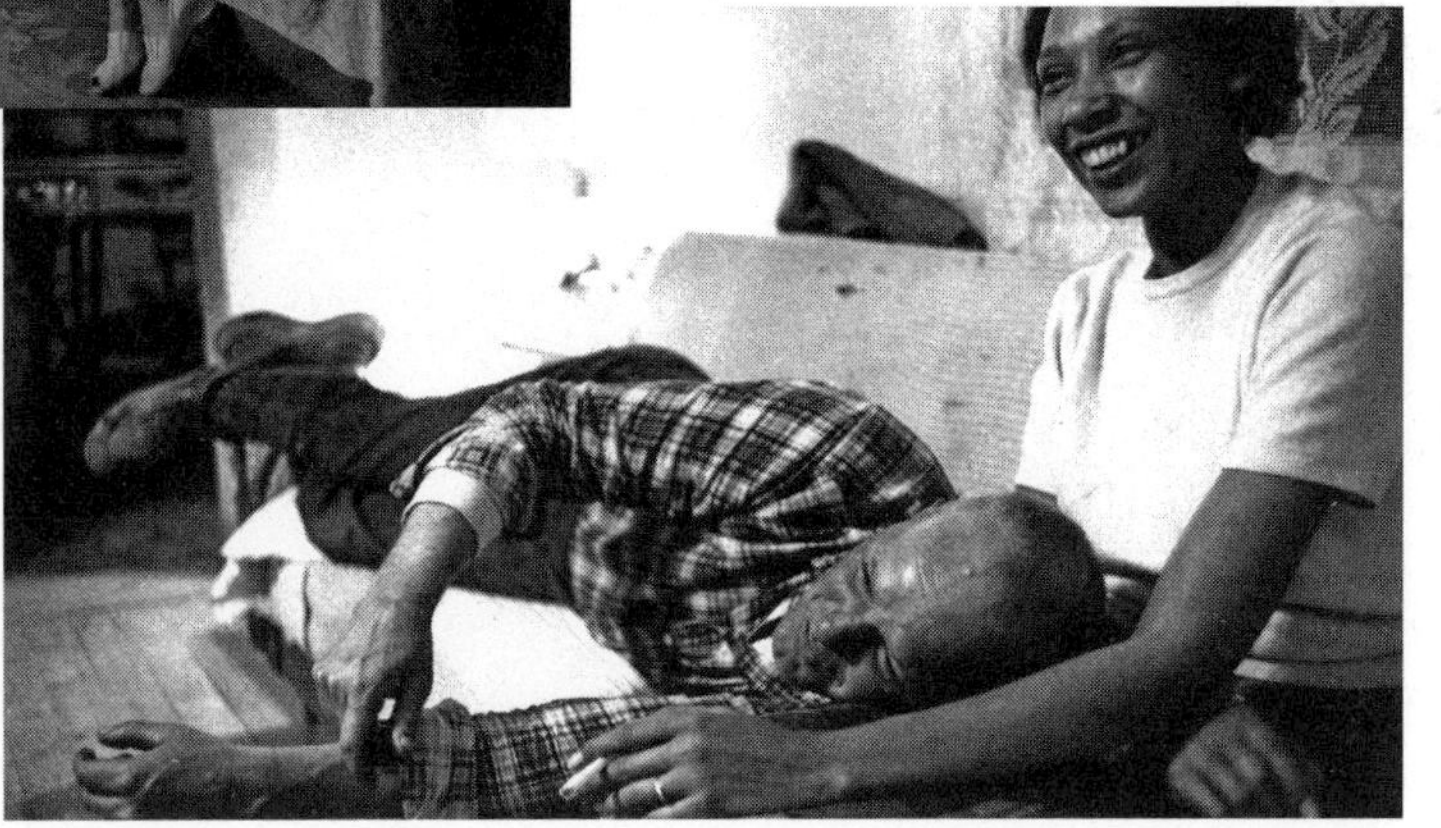

1965年、雑誌『TIME』のカメラマン、グレイ・ビレッドがラビング夫妻の自宅で撮影した1枚。劇中で全く同じシーンが再現されている（上）。映画「ラビング　愛という名前のふたり」より

　ミルドレッドにとっては途方もない話だったが、この1通の手紙が事態を動かすことになる。アメリカでは1950年代半ばより、キング牧師を中心に人種差別や人種隔離の撤廃を求める公民権運動が活発化しており、それは1963年8月28日、ラビング夫妻が住むワシントンD.C.で20万人以上の参加者を集めた、いわゆる「ワシントン大行進」で最高潮に達する。

　そんな状況下に届いたミルドレッドからの訴えをケネディ司法長官は無視することなく、アメリカ自由人権協会に委ね、同協会は無償でバーナード・S・コーエンとフィリップ・J・ハーシュコップの弁護士2人をラビング夫妻のもとに派遣する。

　夫妻は両弁護士を代理人に、1959年にバージニア州の裁判所が出した判決の無効を求めて提訴。1964年10月、訴えは棄却されたものの、これをメディアが報じたことで、2人は全米で注目される存在となる。

　1965年1月、バージニア州最高裁判所に控訴し、またも敗訴。しかし、弁護人の助言を受け、ついにアメリカ合衆国最高裁判所に上訴する。もっとも2人には公民権運動に積極的に参加しようという政治的な動機はなく、願いは生まれ故郷で暮らしたいという一点。映画のとおり、最高裁で判決が下った1

967年6月12日も彼らは法廷に姿を見せず、勝利の報告を自宅の電話で受けたという。

異人種間結婚の禁止が合衆国憲法に違反するとして判事全員が原告の訴えを認めたこの画期的な裁定により、当時、アメリカ南部16州で違法とされていた異人種間結婚が全て合法となる。

その後、ラビング夫妻と子供たちは地元バージニア州で暮らし、夫リチャードは判決から8年後の1975年6月、飲酒運転のトラックに衝突され41歳で死亡。この事故により右目を失明した妻ミルドレッドは2008年5月、肺炎により68歳で亡くなった。

1960年当時、アメリカの全結婚でわずか0・4%しかなかった異人種間結婚が、2017年の調査で17%まで増加したのは、ラビング夫妻の勝利があったからだ。アメリカでは、判決が下った6月12日を毎年「ラビング・デイ」と定め、称えられている。

ケネディ司法長官の命を受け、ラビング夫妻の弁護を無償で請け負ったバーナード・S・コーエン(左)とフィリップ・J・ハーシュコップ(右)。手前の男性が原告のリチャード・ラビング

ラビング 愛という名前のふたり

判決が下った6月12日を「ラビング・デイ」に制定

晴れて故郷バージニア州セントラル・ポイントで暮らせることになったラビング一家。後列左から長女ペギー、母ミルドレッド、父リチャード。前列左から次男ドナルド、長男シドニー

南極物語

タロとジロ、奇跡の生還劇の舞台裏

上／主人公の潮田隊員を演じた高倉健。映画「南極物語」より
©フジテレビ／学研／蔵原プロ

１９８３年公開の「南極物語」は、日本最初の南極観測隊に同行し、やむなく極寒の地に置き去りにされた兄弟犬のタロとジロが、１年後に生きて発見された奇跡の実話を映像化した作品である。映画は興行収入１１０億円をあげる大ヒットとなり多くの感動を呼んだが、その内容は史実と少なからず隔たりがある。

稀にみる悪天候で南極上陸を断念

舞台は１９５７年の南極・昭和基地。観測隊員の潮田暁（演：高倉健）と越智健二郎（演：渡瀬恒彦）がカラフト犬を訓練しているシーンから映画は始まる。

２人には実在のモデルがいる。潮田は、北海道大学で地質学を学び、卒業後、商工省（現在の経済産業省）の地質調査所で働いていた菊池徹（１９２１年生）。越智は、京都大学理学部地球物理学科の修士課程に在籍中だった北村泰一《たいいち》（１９３１年生）だ。

日本が初めて南極に観測隊を送ったのは１９５６年11月。全国から選抜された総勢53人の隊員が東京湾より海上保安庁の砕《さい》氷船《ひょうせん》「宗谷《そうや》」で出発し、1957年1月、南極・東オングル島に到着。ここに活動拠点となる昭和基地を建設し、南極大陸の天文・気象・地質・生物などの観測に従事する。

隊員の輸送を支えたのは、屈強なカラフト犬である。厳しい環境ゆえ、当時の最新鋭の雪上車はいったん故障すれば機能しなくなる危険性が高い。そのため多少の故障でも素早く直せる犬ゾリが安全な移動手段であり、第1次観測隊には22頭のカラフト犬が同行。タロとジロもその中の2頭で、菊池と北村が犬の世話係を任されていた。

1958年1月、観測隊員のうち菊池と北村を含む11人が昭和基地で冬を越す（第1次越冬隊）。計画では翌2月に第2次観測隊と交替する予定だった。この時点でカラフト犬は病死や行方不明などで15頭に減っていた。

ところが、ここで思わぬ事態が起きる。第2次観測隊を乗せ

第1次南極越冬隊のメンバー11人。後列右より北村泰一隊員、菊池徹隊員。前列中央が西堀栄三郎隊長（1958年1月1日）

た宗谷を稀にみる悪天候が襲ったのだ。それでも、第2次観測隊は1次隊員を全員宗谷に収容した後、昭和基地へ到着する旨、通達する。カラフト犬15頭については、到着後、すぐに使用するため首輪につないだ状態で残してほしいという要望だった。

第1次越冬隊は、犬を放置するのはせいぜい数日と判断、全員が宗谷に移動する。が、天候は一向に回復せず、最終的に第2次観測隊は南極への上陸をあきらめ、15頭のカラフト犬を置き去りとする決断が下された。

世話係の菊池と北村が上の命令に納得できず、最後まで犬を

南極物語

1983／日本／監督：蔵原惟繕
南極に置き去りにされたカラフト犬の兄弟タロ・ジロと、越冬隊員が1年後に再会した実話を映画化し、日本国内で1,200万人を動員、110億円の興行収入を記録した大ヒット作。2006年、アメリカでディズニー制作によるリメイク版が公開された。

BD販売元：ポニーキャニオン

救うべく奮闘する姿は劇中でも描かれているが、高倉健演じる潮田隊員が最後のヘリで昭和基地に行き青酸カリで毒殺することを要望する場面は創作である。モデルとなった菊池はヘリで昭和基地に行き、犬と一緒に自分も置き去りにしてくれるよう嘆願、却下されたそうだ。

隊員の家族の自宅に脅迫電話や投石が

無念の思いで帰国した第1次越冬隊員は、新聞やテレビの報道で事態を知った国民から容赦ないバッシングを受ける。劇中では詳しく描かれていないが、「犬を見殺しにした」として、隊員の家族の自宅に脅迫電話や投石などがあり、警察が家の周囲を警護する事態にまで発展。中には激しい非難により、うつ状態になった家族もいたらしい。

映画では、自責の念にかられた潮田隊員が犬の飼い主にお詫び行脚に出ている。しかし、これも全くの創作。観測に同行したカラフト犬は全て飼い主から買い取っており、タロやジロは市場で競りにかけられ人手に渡ったものを、現在の価格で1頭約3万円で購入していたそうだ。

さて、残された犬はどうなったか。映画では、自力で首輪を外したカラフト犬が、海氷の割れ目に入った魚や、集団でアザラシを襲いその肉を食すなどして生き延びたり、途中で息絶えるシーンが切々と描かれている。

後の検証によれば、菊池や北村らが昭和基地を去る際、カラフト犬の周りにはアザラシの死骸や携帯用の餌があったが、犬がこれらを口にした形跡はなかったそうだ。代わりに犬が主食としたのはアザラシの糞と言われ、これには未消化の小エビや稚魚が含まれており、栄養が豊富だったという。

もっとも、酷寒の地に置き去りにされた犬が生きているとは想像しがたく、第1次越冬隊の帰国から5ヶ月後の1958年7月には大阪府堺市に15頭を供養する銅像が建立される。カラフト犬は全て死亡したとみなされたのだ。

上／観測隊員の輸送手段としてカラフト犬によるソリは欠かせない存在だった
下／越智健二郎隊員を演じた渡瀬恒彦。渡瀬は映画でタロとジロに扮した2頭の犬を撮影終了後に引き取り、自宅で飼育している。映画「南極物語」より
©フジテレビ／学研／蔵原プロ

7頭が首輪につながれたまま絶命

しかし、奇跡は起きる。1959年1月14日、第3次観測隊が生存するタロとジロを発見したのだ。映画では、昭和基地付近で潮田隊員が遠くに2頭の犬を発見、越智隊員が「タロ！

なぜ15頭のうち2頭だけが生き延びられたのか？

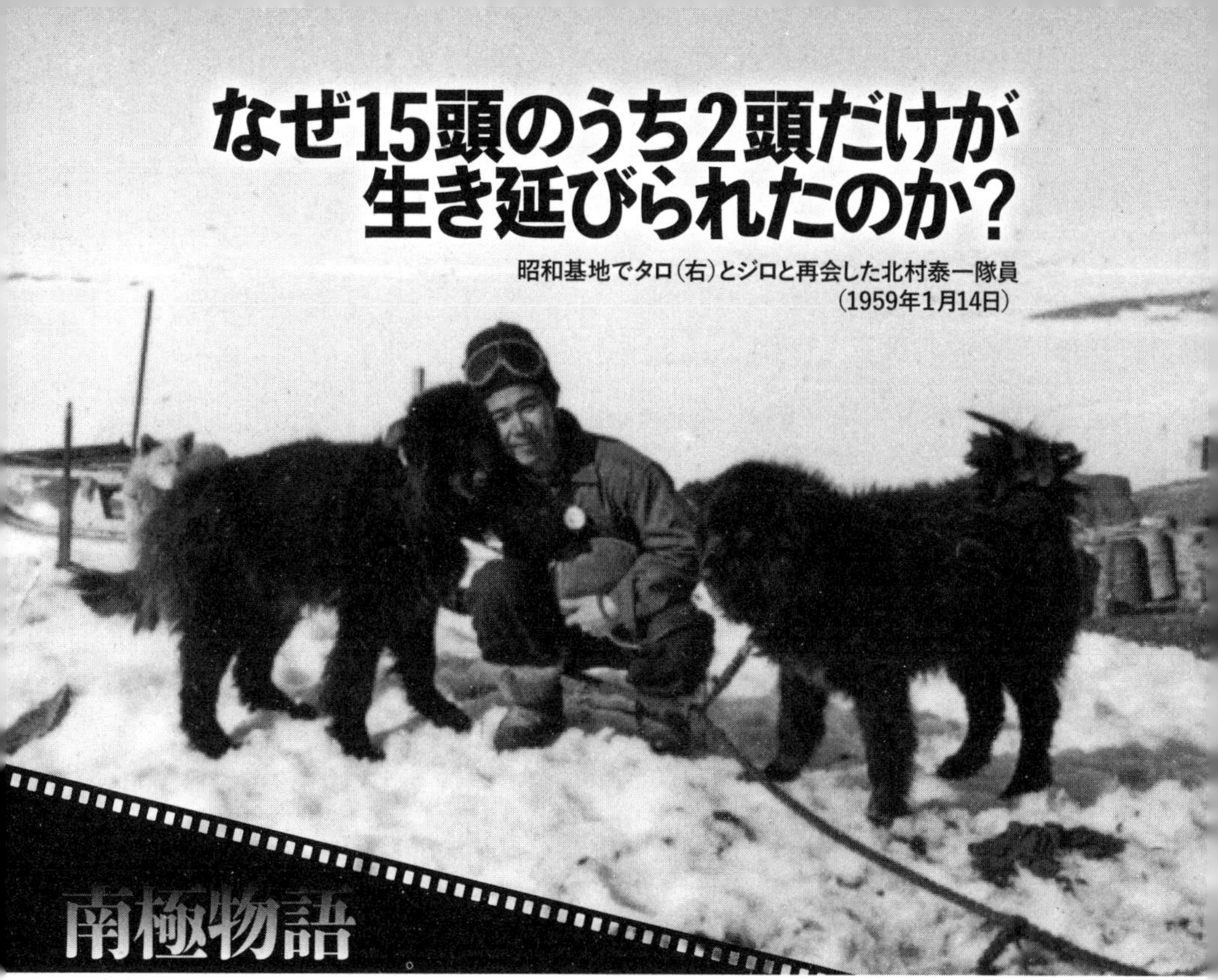

昭和基地でタロ（右）とジロと再会した北村泰一隊員
（1959年1月14日）

南極物語

ジロ！」と呼びかけ涙の再会を果たしている。

　このドラマチックな場面も史実とは異なる。まず、潮田隊員のモデルとなった菊池隊員は第3次観測隊に参加していない。また発見した状況も、ヘリコプターが上空から生存する2頭を目視したのが最初で、その後、北村隊員が別のヘリで基地に着陸、タロとジロを確認したのが事実である。ちなみに、北村は2頭が1年前に比べ丸々と太っていたためすぐには判別できず、片っ端から名前を呼び、最後に試しに「タロか」と呼ぶと尻尾が揺れ、じゃあこっちはジロだろうと「ジロ」と呼んだところ、ペタリと座り、前からの癖である右前脚を上げる仕草をしたことで確信に至ったそうだ。

　昭和基地に残された15頭は、7頭が首輪につながれたまま絶命しており、6頭が行方不明（1968年、リキと思われる死骸が発見されている）。タロとジロが生き延びたのは、2頭が最初の越冬当時1歳と他の犬より若く体力があったことに加え、首輪を抜けた8頭のうち6頭が帰巣本能で日本に向かって走り行方不明になったと考えられているのに対し、タロとジロは日本で過ごした期間が短かく帰巣本能が昭和基地に働いていたためと推察されている。

　その後、タロは第4次越冬隊とともに1961年5月、4年半ぶりに帰国。1970年まで北海道大学植物園で飼育され、同年8月11日、老衰のため14歳7ヶ月で死去。ジロは第4次越冬中の1960年7月9日、5歳で病死した。

　また犬の世話係だった菊池は長年、北極地域鉱山の調査開発事業に携わり、2006年4月、移住先のカナダ・バンクーバーで死去。北村は同志社大学工学部講師、九州大学理学部教授を経て、1995年より同大学の名誉教授の職にある（2020年6月現在、存命）。

知的障害の青年ラジオとアメフト部コーチ、ジョーンズの50年にわたる真実の友情

2003年に公開された映画「僕はラジオ」は、米サウスカロライナ州の高校を舞台に〝ラジオ〟と名づけられた知的障害の青年と、アメリカンフットボール部コーチとの友情を描いたヒューマンドラマだ。

僕はラジオ

2003年、映画公開時のハロルド・ジョーンズ名誉コーチ（右）とラジオことジェームス・ロバート・ケネディ

映画は1996年、アメリカで最大の発行部数を誇るスポーツ誌『スポーツ・イラストレイテッド』に掲載された実話を基に制作されたもので、モデルになった2人の関係は50年もの長きに及んだ。

いつも練習を見に来る、障害を持った黒人青年

物語の舞台は1964年、サウスカロライナ州のアンダーソン。人口3万人のこの町の関心事は地元ハナ高校アメリカンフットボール部（通称イエロー・ジャケッツ）の活躍だった。同部は州大会でも上位進出する強豪で、当時、同校の教師でアメフト部のコーチ（監督）を務めていたのが劇中でエド・ハリス

が演じたハロルド・ジョーンズ（生年不明）である。

　ある日の放課後、グラウンドにいたジョーンズは、フェンス越しに練習を見ている黒人青年がいるのに気づく。話しかけても無言で、表情や動きから察するに、精神的な障害を負っているのが見て取れた。もう1人の主人公、ジェームス・ロバート・ケネディ（1946年生。当時18歳。演：キューバ・グッディング・ジュニア）だ。

　以降、ジョーンズは彼を見かけるたび声をかけるが、答えは返ってこない。名前も教えてくれず、持参のトランジスタラジオを聴いてばかりいる彼にジョーンズは〝ラジオ〟とあだ名をつけた。

　劇中では詳しく語られないが、ラジオの障害は遺伝性のようで、彼の父親（故人）と、2歳年下の弟ジョージ・アランもまたラジオと同様の障害を持っていた。

　2人が親密になっていく過程は、映画で描かれるとおりだ。折に触れ気にかけてくれるジョーンズにラジオは徐々に心を開き、ジョーンズは彼の環境を変えてやろうと思い立つ。

　最初の難関は、女手ひとつで障害を持つ息子2人の面倒を見る母親の説得だ。当初は、放っておいてくれと、取り付く島のない彼女にジョーンズは根気よく事情を説明。アメフトの練習に参加させる許可を得る。

　次に、障害者が出入りするのを好ましく思わない学校長や理事たちとも交渉し、ラジオの居場所と収入を確保。毎朝、車で誘って一緒に登校すると、ラジオは日中、掃除をしたり教師の雑用をこなすなどし、放課後はアメフト部でコーチのアシスタントを行うようになった。

　しかし、生徒たちが彼を素直に受け入れたわけではない。映画で描かれているように、アメフトチームのメンバーの中には、ラジオをイジメの対象とし、ズボンを脱がせて下半身にスプレーで落書きした者もいる。劇中で描かれる、ラジオを言いくるめて火災報知機のレバーを引かせたエピソードも事実に即しており、それが原因で警察に連行されたのも本当の話だ。

いつもトランジスタラジオを聴いていることから〝ラジオ〟と呼ばれた主人公の青年を「ザ・エージェント」（1996）でアカデミー最優秀助演男優賞に輝いたキューバ・グッディング・ジュニアが演じた。映画「僕はラジオ」より

僕はラジオ

2003／アメリカ
監督：マイケル・トーリン
“ラジオ”と名づけられた障害を持つ青年とアメフト部コーチの50年にわたる友情を描く。1996年、雑誌『スポーツ・イラストレイテッド』に掲載された「誰かによりかかる」と題された記事に基づく。

ジョーンズがラジオに親身になった理由

　そして最後の難関が、町の人たちだった。アメフト部について試合の勝敗はもちろん、メンバー構成にまで口出しをしてくる住民は、ラジオの存在がアメフトに悪影響を与えるのではないかと懸念。町の有力者を立て、ジョーンズにラジオの排除を迫った。

　映画では、ジョーンズが自らの進退をかけて信念を貫いたことで町の人々が折れるが、彼は家族との時間を作りたいとコーチを辞任してしまう。そしてエンドロールに、２００３年当時、57歳になった実際のラジオ本人が、劇中と変わらず、アメフト部のアシスタントをしている姿が映し出され物語は終わる。

　しかし、真実は違う。ジョーンズは１９９９年までコーチを務め、また、１９７０年からは読み書きのできなかったラジオのために、特別に補習授業も行った。ジョーンズのサポートにより、チームメートや町の人たちはラジオとの友情をはぐくみ、彼は高校だけでなく町全体をあげての人気者になったそうだ。

　それにしても、なぜジョーンズはここまでラジオに親身になったのか。劇中では娘のメアリーに話す形で、理由が明らかにされる。

　ジョーンズが新聞配達のアルバイトをしていた子供の頃、通りの向こうの家の地下室に精神障害の少年が閉じ込められていた。毎日、顔を合わせ、可哀想に思ったものの、何もできずに見て見ぬ振りをした。だからこそ、同じ後悔はしたくない。ラジオにはできるだけのことをしてやりたい、と。

　これは本作制作時、ジョーンズ本人が監督のマイケル・トーリンに直接語ったエピソードで、少年のことが忘れられなかったジョーンズは、その後、祖父が経営する劇場で働き始めたとき、ポップコーンを買って少年に持っていったそうだ。

　このように映画はほぼ事実に

ジョーンズ（右。演：エド・ハリス）はラジオをアメフト部のアシスタントに任命し、彼の「居場所」を作った。映画「僕はラジオ」より

現在のハナ高校アメフト部「イエロー・ジャケッツ」のメンバー（実際の写真）。半数以上が黒人選手

“ラジオ”こと実際のジェームス・ロバート・ケネディ（中央）。
アメフトの試合だけでなく町のイベントなどにも参加し、住民に大人気だったという

僕はラジオ

即しているが、大きく異なるのはラジオの母親が亡くなった時期だ。劇中ではラジオとジョーンズが出会ってすぐに死亡したように描かれているものの、実際に彼女が亡くなったのは1994年8月、ラジオが48歳のときだった。幸いラジオと弟の世話は彼女の兄のウォルター夫妻が引き継いだため、ラジオが生活に困ることはなかったという。

　ラジオことジェームス・ロバート・ケネディは、糖尿病や腎不全、膵炎などを患い、2019年12月、73歳で亡くなった。ジョーンズはその日まで、週末ごとにラジオを自宅に招き、半年ごとに健康診断に連れていき、時には2人で旅行に出かけるなど、まるで父子のような付き合いを50年以上にわたって続けたそうだ。

　彼が熱心に通っていた教会の牧師は、葬儀で語っている。

「ラジオは私たちに無条件に愛する喜びを教えてくれました」

2019年12月、73歳で逝去

ラジオの葬儀は盛大に行われ、町の人々だけでなく多くのスポーツファンからも哀悼の言葉が贈られた

君への誓い

映画のモデルになったカーペンター夫妻の苦い結末

上／主役の夫婦を演じたチャニング・テイタム（左）とレイチェル・マクアダムス。映画「君への誓い」より

「きみに読む物語」（２００４）、「50回目のファースト・キス」（２００４）など、記憶喪失を題材にした恋愛映画は多い。２０１２年の「君への誓い」も、交通事故により自分が結婚していた記憶をなくした妻の愛を取り戻すため、夫が改めて交際からスタートし関係を築き上げていくラブストーリーだ。

物語は、米ニューメキシコ州に住むカーペンター夫妻の実体験を基に作られたが、映画公開から6年後、2人には苦い結末が待ち受けていた。

救出までに30分。車体は壊滅状態

劇中の主人公は男性レオ（演：チャニング・テイタム）が録音スタジオ経営者、女性ペイジ（演：レイチェル・マクアダムス）が彫刻家。結婚してまもない雪の降るある日、レオの運転する車がトラックに追突され車外に放り出された妻が脳に損傷を負い、結婚したことはもちろん、愛する夫の存在さえ忘れるところから物語は始まる。

一方、映画のモデルとなったのは１９９３年11月25日、交通事故に遭ったキムとクリキットのカーペンター夫妻だ。２人が

知り合ったのは1992年9月。当時26歳で、ニューメキシコ・ハイランズ大学の野球部部長を務めていたキムが、カリフォルニア州アナハイムのスポーツ用品会社の営業担当者クリキット（同23歳）に、部員とコーチ着用のジャケットを注文する電話をかけたのがきっかけだった。

キムは、陽気で頭の回転の速いクリキットのことを気に入り、毎日のように電話をかけ、半年後、初めて対面。すでに互いのことを知り尽くしていた2人の関係はすぐに交際に発展し、1993年9月、めでたく結婚する。映画では、妻が夫と知り合う前に交際していた男性との婚約を破棄し、関係が良好ではなかった実家を出たことになっているが、実際は互いの家族に祝福されてのゴールインだった。

事故が起きた11月25日は感謝祭当日で、2人は妻クリキットの運転する（劇中では夫が運転）車で、ニューメキシコ州のラスベガスの自宅からアリゾナ州フェニックスにある彼女の実家に向かっていた。18時30分、ニューメキシコ州ギャラップの州間高速道路40号線を走行中、前方を走るトラックの出す排気煙でクリキットは視界を失う。思わず急ブレーキを踏んだものの、車はトラックに激突。そのまま300メートル飛ばされ停止したとき、車体はほぼ壊滅状態になっていた。

このとき後部座席で横になっていたキムは肋骨と鼻を折ったがなんとか脱出に成功する。しかし、クリキットは車のルーフに体を挟まれ身動きできない。結果、救助隊が彼女を救出するまでに30分を要し、救急車で病院に運ばれる際、クリキットの頭はグロテスクに腫れ上がり体液が溢れていたそうだ。

1993年9月、アリゾナ州スコッツデールで挙げた結婚式。写真中央が新郎のキム（当時27歳）と新婦のクリキット（同24歳）

君への誓い

2012／アメリカ
監督：マイケル・スーシー
交通事故で記憶を失った妻と、彼女の愛を取り戻すため懸命に努力する夫の絆を描くラブストーリー。

自分のことを忘れた妻と改めて交際、結婚

クリキットはそのまま4ヶ月

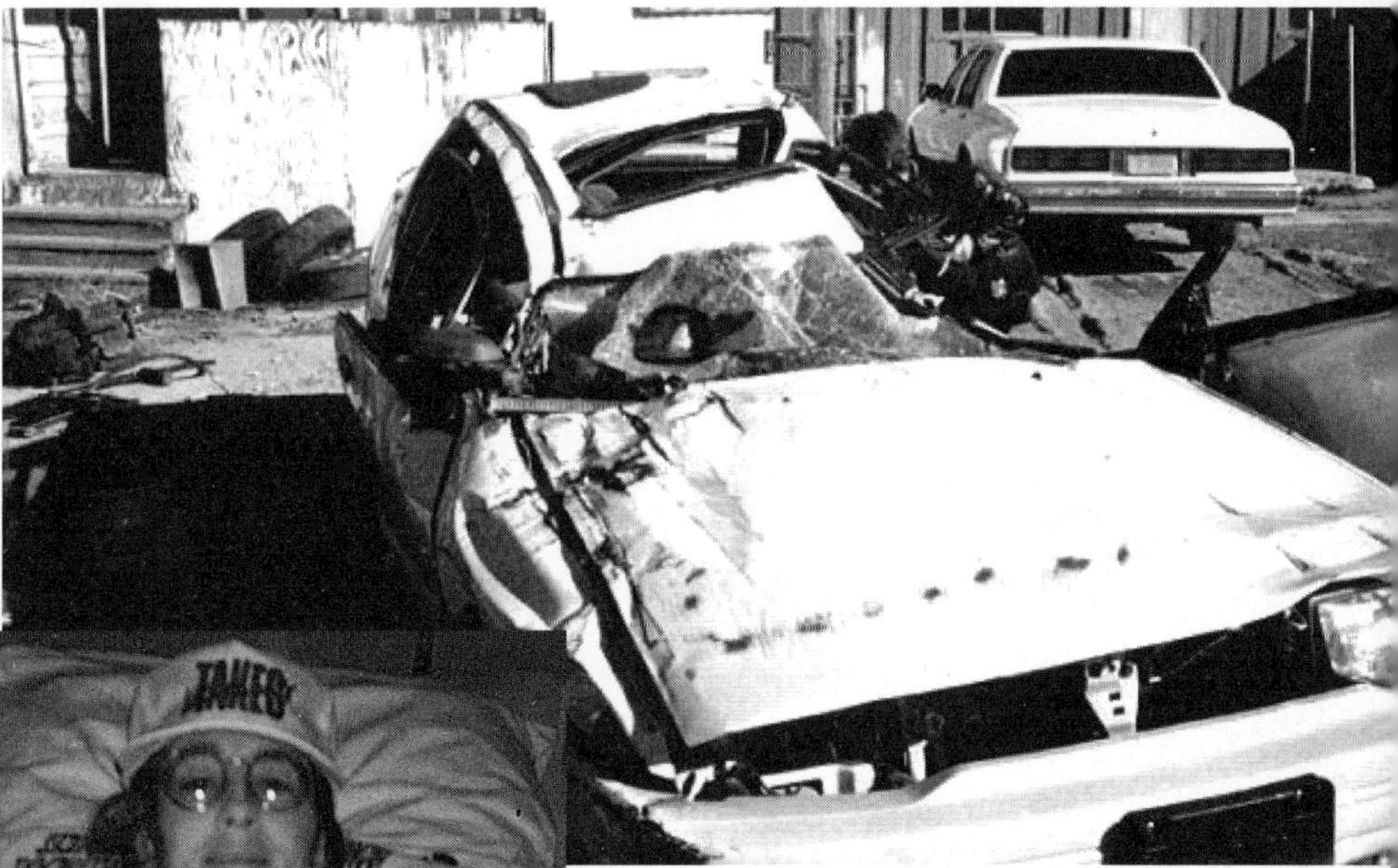

事故時のカーペンター夫妻の車。損傷が衝突の激しさを物語っており、死を免れたこと自体、奇跡だった

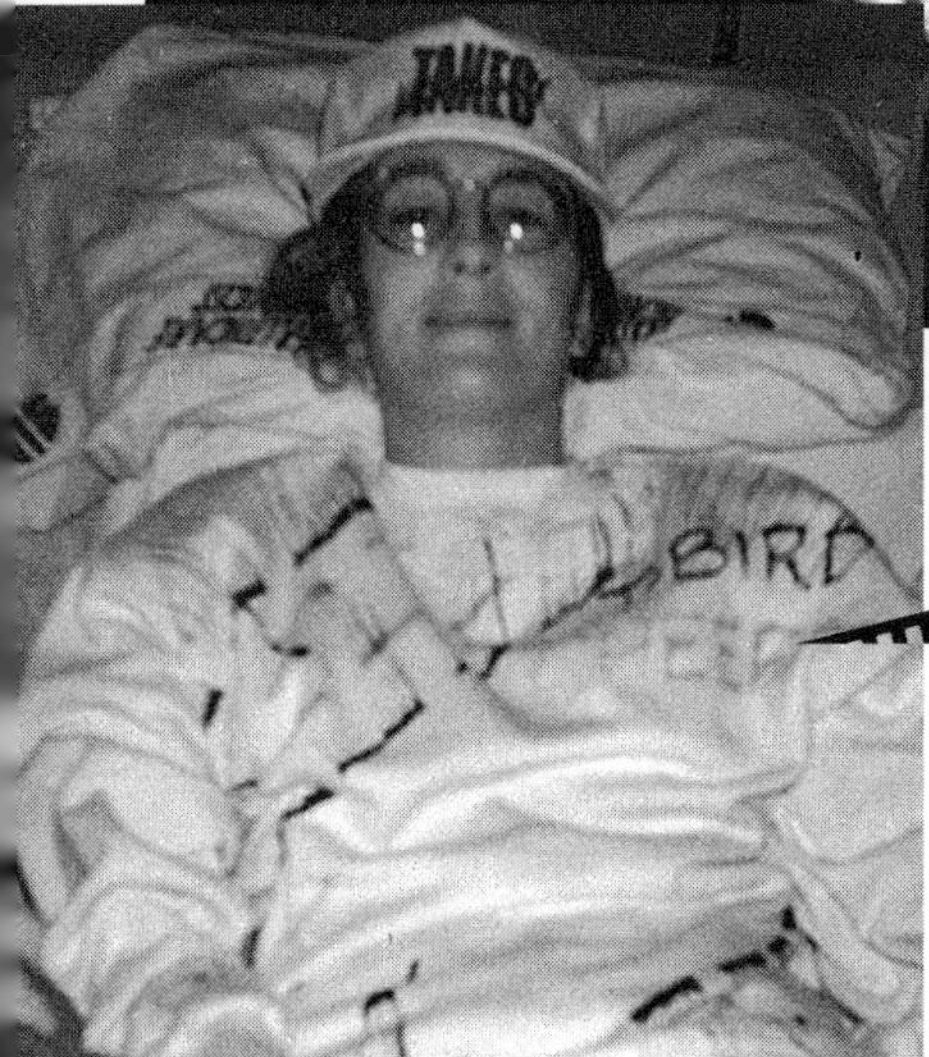

4ヶ月の昏睡から目覚めたクリキット。幼少期以降の記憶は完全に失われていた

間、昏睡状態に陥る。医師によれば、脳に激しい損傷を受けており、このまま意識が戻らないことも十分考えられるという。

しかし、回復のため転院した神経研究所でクリキットは奇跡的に目覚める。が、喜びも束の間、キムは絶望の淵に追いやられる。劇中で、意識を取り戻した妻が「大統領は誰？」と聞き、夫が「オバマだ」と答えるシーンがある。現実にも同じような出来事があり、セラピストが現在の大統領の名前（当時はビル・クリントン）を問うたとき、クリキットは「ニクソン」と答え、「あなたは誰と結婚していますか」という問いには「私は結婚していません」と返答したそうだ。彼女の脳は人格、感情、記憶、意思決定を制御する前頭葉を損傷、幼少期以降の記憶を喪失していたのだ（劇中では夫と知り合うまでの記憶が残っている）。

信じられないキムは、劇中にもあったように自分たちの結婚式を撮影したビデオを見せ、記憶を蘇らせようとしたが、クリキットは無反応。彼女にとって、キムは完全に見知らぬ男性だった。

その後の理学療法、言語療法でクリキットは大学生の頃までの記憶を取り戻し、リハビリにより歩行も可能となった。が、夫のことはいつまでも「見知らぬ男」のまま。そこで、キムは覚悟を決める。他人としてイチから彼女と関係を築き、交際し、改めて求婚しようと。彼にとっ

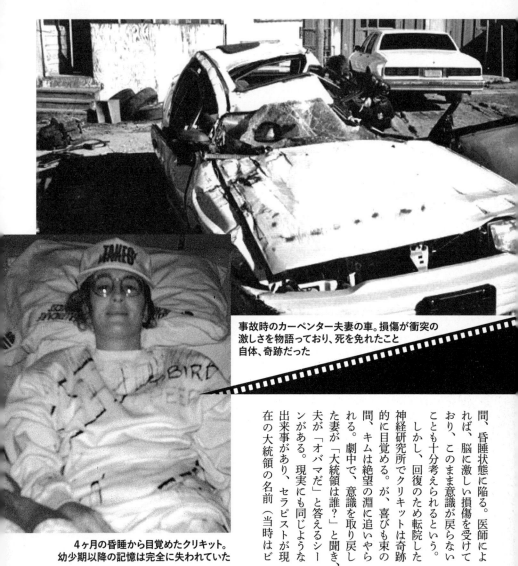

てクリキットは唯一無二の女性だった。

　キムはクリキットの回復に尽力する傍ら、知り合った頃に戻り、彼女を映画に誘い、ファストフードで食事をし、共に公園を歩いた。クリキットが混乱し、当たり散らすことも少なくなかったが、キムは決してあきらめなかった。そうして2人の時間を重ねていくうち、クリキットに新たな感情が生まれる。私は彼に恋してる。二度目の奇跡が起きた。

　事故から3年後の1996年、2人は再び結婚式を挙げ、改めて夫婦となった。2000年には息子ダニー、2003年には娘リーアンを授かり、2012年の映画公開時には主演の2人と笑顔でカメラに収まった。このときクリキットはインタビューで「彼ほど素晴らしい男性はいない」とキムを称賛している。


カーペンター一家。左が長女リーアン、右が長男ダニー。2012年撮影

映画公開の6年後、夫の浮気で離婚

　しかし、それから6年後の2018年、メディアは2人の離婚を報じた。原因はキムの浮気。クリキットは取材に対し「彼が、生涯添い遂げるという結婚式での誓いを破ったことに大きなショックを受けている」と語った。美談がそのままで終わらないのも、また現実である。

映画公開時、主演の2人（左）とカメラに収まるカーペンター夫妻

インポッシブル

©2012 Telecinco Cinema, S.A.U. and Apaches Entertainment, S.L.

スマトラ島沖地震に遭った スペイン人ベロン一家の 決死の生還劇

上／主人公マリア役のナオミ・ワッツ。映画「インポッシブル」より

2012年の映画「インポッシブル」は、2004年、約22万人の死者を出したスマトラ島沖地震に遭遇したスペイン人一家の実話を基に制作された人間ドラマだ。最大34メートルともいわれる津波に巻き込まれながらも、無事再会を果たした彼らの体験は、まさに奇跡と呼ぶほかない。

巨大津波に襲われ 一家もろとも濁流へ

映画はモデルとなったベロン一家の全面協力のもと、家族の国籍（スペイン人からイギリス人に）と名前が変更された以外、ほぼ史実のとおり描かれている。

物語は2004年12月24日、ナオミ・ワッツ扮する元医師マリア・ベロン（役名はマリア・ベネット）が、家族とクリスマス休暇を過ごすためタイ南部のリゾート地に出かけるところから始まる。海に面したホテルで、ユアン・マクレガー演じる夫エンリケ（役名はヘンリー）、長男ルーカス、次男トーマスと三男サイモンの家族5人で水入らずの時間を過ごしていた滞在3日目（12月26日）の朝、突然マグニチュード9・1の大地震が

タイの海岸に津波が押し寄せた瞬間（実際の写真）

発生する。

　大きな揺れをやり過ごした矢先、地鳴りが響き、10メートルを超す巨大津波が一家を襲う。飲み込まれた濁流の中で大木にぶつかり太腿や胸に深手を負ったマリアは、目の届く距離を流されていた長男ルーカスを発見。なんとか2人で安全な場所に移動するうち、地元の人に助けられ病院へと搬送される。

　一方、父親エンリケも九死に一生を得て、保護されていた次男・三男とホテルで再会。津波の二次災害を避けるため山に避難した後、単身、行方の知れない妻と長男の捜索に出かける。

　被害に遭った多くの人たちが収容されている病院や遺体の安置所をひとつひとつ何日もかけて訪ね歩くエンリケ。しかし、手がかりは何一つ得られない。もう駄目かもしれない。絶望に打ちひしがれたそのとき、彼はついに妻と長男の姿を発見する。

被災した現場でのロケにも同行

　映画化のオファーを受けた際、マリアは家族で話し合いを持った上で、伝えることが叶わない多くの人たちのためにも自分たちが体験した全てを正直に話し

インポッシブル

2012／スペイン・アメリカ
監督：J・A・バヨナ
2004年のスマトラ島沖地震で離れ離れになりながらも再会を信じて生き抜いた家族の実話を描いたヒューマンドラマ。

インポッシブル

なぜ生き残ったのかわからない

たいと、これを快諾。被災した現場でのロケにも同行した。

制作陣も事実のままを描くべく、家族に丹念な取材を実施、劇中の会話一つ一つに至るまで忠実に再現している。映画の見所である10分間に及ぶ巨大津波シーンの撮影にも1年の歳月をかけ、特にマリアと長男のルーカスが津波に飲み込まれ翻弄《ほんろう》される場面は、手加減なく描写。マリア役のナオミ・ワッツが、1ヶ月以上を水槽タンクの中で過ごすほどの徹底ぶりだった。

マリアによれば、一番辛かったのは津波から逃れて木の上によじ登り、長男のルーカスに「私はこれ以上どこにも行けないから、ひとりで行きなさい」と別れのキスをしたときだという。残念ながらこのシーンはカットされてしまったが、被災後、彼女が当時のことを思い出して泣いていたとき、長男が言ったという。

「なんで生き残ったのかなんて答えがないんだからわからないよ。それよりもこれからどうやって生きていくのかを考えたほうがいいよ」

被災から16年が経ち、3人の息子はPTSD（心的外傷後ストレス障害）を克服。ルーカスは医学の道へ。トーマスはライフガードの資格を取りボランティア活動に励んでいるそうだ。

父親役を演じたユアン・マクレガー（中央）。映画「インポッシブル」より

実際のベロン一家。左からマリア、三男サイモン、父親エンリケ、次男トーマス、長男ルーカス。映画公開時に撮影されたもの

第4章 ドリーム

シービスケット

1938年11月1日、最強の三冠馬ウォーアドミラルとのマッチレースを制したシービスケット

アメリカ大恐慌時代を駆け抜けた伝説の名馬シービスケットと主戦騎手ポラードの栄光と挫折と復活

「シービスケット」は1930年代後半、アメリカで活躍した映画と同名のサラブレッドと、同馬を取り巻く男たちの姿を描いた実話ムービーだ。全く勝てなかった駄馬が生まれ変わったような快進撃を続け大恐慌時代の国民に大きな希望と勇気を与える様子は、主戦ジョッキーだったジョン・ポラードの紆余曲折の騎手人生とも大きく重なる。

駄馬と二流騎手の運命の出会い

シービスケットは1935年1月、アメリカの競馬界にデビュー、その後1年半で48戦を走り、勝ったのは9回だけだった。そんな二流馬を発掘したのが、映画でクリス・クーパー演じる調教師トーマス・スミスだ。1936年夏、ボストンの小さなレースに出走したシービスケットを見て、自身が働く厩舎《きゅうしゃ》の経営者で競走馬のオーナー、チャールズ・ハワード（演：ジェフ・ブリッジス）に強く購入を勧めたのだ。

8千ドル（現在の日本円で約85万円）という破格値で買い入れたシービスケットをスミスが

厚く調教し始めた矢先、1人のカナダ人青年が厩舎に現れる。映画でトビー・マグワイア演じる騎手のジョン・ポラードだ。

15歳でジョッキー生活を始めたものの鳴かず飛ばずで、10年間の勝率はわずか6％。どんな馬でも乗るからと厩舎を回ったが相手にされず、最後に行き着いたのがスミスの厩舎だった。

劇中でも描かれているが、人が近づけば突っかかるのが常だったシービスケットは、ポラードが角砂糖を差し出すと、親愛の情を示すように鼻面で彼の肩に触れた。スミスはベテラン調教師の勘で即座にポラードを雇い入れる。

二流の競走馬とジョッキーは、スミスの調教・指導を受けながら、改めてレースに挑戦。3戦目のデトロイトで初勝利を挙げると戦いの場を西海岸に移し、ハンデキャップ戦を7連勝。そして1937年2月7日、優勝賞金10万ドルの一大レース「サンタアニタハンデキャップ」（ダート10ハロン＝約2千メートル）に出走する。

6万人の大観衆を集めたこの大一番で、ポラードの乗るシービスケットは最後の直線で1位に。さらに他の馬を引き離し優勝間違いなしと思われたゴール前200メートルで、突然スピードを緩める。結果は鼻差の2位。あまりに不自然な負け方だった。

実は、ポラードには秘密があった。新人騎手の頃、調教中の事故で右目の視力を喪失。ために、死角から追ってくる後ろの馬が見えなかったのだ。騎手生命が失われるのが恐く失明の事実を公にすることができなかったが、それでもスミスやハワードは彼をかばい、雇い続けた。

シービスケットとジョン・ポラード騎手

シービスケット

2003／アメリカ
監督：ゲイリー・ロス
1930年代のアメリカで、大不況にあえぐ庶民に希望と勇気を与えた実在の競走馬シービスケットと、騎手、調教師、馬主の3人の男たちの挑戦を描く。

三度目の挑戦で悲願達成

1937年夏、シービスケッ

トは全米横断のレースに出発。1・3万キロを移動しながら10の主要レースで勝利し、当時の世界記録を倍以上上回る14万4千ドルもの賞金を獲得する。

そして、1938年3月、二度目のサンタアニタハンデキャップ挑戦。騎手は当然ポラードのはずだったが、前哨戦で落馬し、大怪我を負ってしまう。失意のどん底のなか、ポラードは昔からの騎手仲間だったジョージ・ウルフを鞍上に推薦する（このくだり、映画では後述するマッチレース前の出来事として描かれている）。結果はまたも写真判定による鼻差の2位だった。

同年11月1日、シービスケットは、全米が待ち望んだレースに出走する。1937年の三冠を制し年度優秀馬に輝いたウォーアドミラルとの直接対決。ハワードがこれまで二度話を持ちかけ、ようやく実現した大イベントだった。世界一を決める勝負は1対1のマッチレースで行

1938年3月、サンタアニタハンデキャップに出走した際のシービスケット。左から馬主のハワード、ポラードの怪我で交替騎手となったジョージ・ウルフ、調教師のスミス、ハワードに競馬界進出を勧めた二人目の妻マーセラ。ハワードは生涯、馬に関わり、1950年に73歳で死去。スミスは1943年、ハワードとの契約を終了させた後も調教師として活躍し、1957年に78歳でこの世を去った

われ、ウルフ騎乗のシービスケットが4馬身を離して圧勝する（162ページの写真参照）。全米で実に4千万人が耳にしたというレースのラジオ実況は、映画でもそのまま音声が使われている。

6週間後、シービスケットに悲劇が襲う。レース中に左前脚の靭帯《じんたい》を断裂、競走馬生活を断念せざるをえないほどの大怪我だった。が、ハワードは決して引退を口にせず、シービスケットを厩舎に戻して療養させる。そしてここに同じく怪我の療養中だったポラードと、入院中の看護師で彼の妻になったアグネス（映画には登場しない）の新婚夫妻を招き、人馬ともに復帰のためのリハビリに努めるよう促す。

1939年の夏から秋にかけ、シービスケットとポラードは互いを励まし合うかのように傷を癒やし、徐々に快復。そして1940年、シービスケットは7歳にして競走馬として復帰。同

シービスケットとポラードがともに怪我の療養中だった1939年夏に撮られた1枚

シービスケット

人馬ともに致命的な怪我から立ち直り10万ドルレースを制覇

じく騎手に復帰したポラードとともにレースに出走する。目標は3月のサンタアニタハンデキャップだった。

　前哨戦として3レースを戦い、3着、2着、1着。1年近くのブランクを経た割には充分すぎる成績だが、それでもサンタアニタで優勝できるとは誰も思っていなかった。が、奇跡は起きる。7万8千人の大観衆を集めたビッグレースで、ポラード騎乗のシービスケットは、下馬評を覆し見事に優勝を果たしたのだ。

　有終の美を飾ったシービスケットが引退したのは、レース1ヶ月後。その後、7年間で108頭の産駒《さんく》を出したが、競走馬として大きな活躍をした仔はおらず、1947年5月、14歳で死亡。

　すでに満身創痍のポラードも現役を退き、ハワードの手引きで調教師に転身したが、その後、騎手に復帰する。しかし、以前と同じく落馬による怪我、療養、復帰の繰り返しで、大きなチャンスに恵まれないまま1955年、45歳でジョッキー人生を完全に終了。その後、競馬場の郵便配達係や雑用係などで生計を立てていたものの、体調悪化で晩年はまともにしゃべることもできず、1981年3月、71歳でこの世を去った。

1940年3月2日、1年のブランクを経て奇跡の優勝を遂げたサンタアニタハンデキャップのゴールシーン

遠い空の向こうに

劇中のロケットボーイズ。左からロイ・リー、ホーマー（演：ジェイク・ギレンホール）、クエンティン、オデル役の各キャスト。映画「遠い空の向こうに」より

宇宙を夢見る高校生4人組「ロケットボーイズ」はこうして地元炭鉱町の希望の星になった

１９９９年公開の映画「遠い空の向こうに」は、手作りロケットに情熱を燃やすアメリカの田舎の高校生４人の姿を主軸に、夢、友情、親子の絆を描いたヒューマンドラマだ。映画ファンの間で忘れられない１本として挙げられることも多い本作は、物語の主人公で後にＮＡＳＡの技術者となったホーマー・ヒッカム（１９４３年生）の自伝『ロケットボーイズ』を原作としている。

人類初の人工衛星、スプートニクを生で目撃して

舞台は、１９５０年代後半の米ウエストバージニア州のコールウッドなる、当時人口２千人程度の小さな炭鉱町。ここで生まれ育った男は将来、炭まみれの炭鉱夫になるか、アメフトで奨学金をもらい大学進学するか、２つの選択肢しかなかった。実際、ホーマーの父親は炭鉱の現場監督、兄は高校のアメフトの花形選手として活躍していたが、彼にはこれといった取り柄もなく、どちらかと言えば落ちこぼれ気味の少年だった。

そんなホーマーを一変させる

のが1957年10月4日、ソ連が打ち上げた人類初の人工衛星スプートニクだ。冷戦の時代を背景に、以後1969年の月面着陸まで12年間続く米ソ宇宙開発競争のきっかけとなったこの衛星は、劇中のとおりホーマーの住む町の上空を横切り、彼もその姿を生で目撃する。

未知なる世界にすっかり魅了されたホーマーは、自らロケットを作ろうと思い立つ。当時彼は地元ビッグクリーク高校の1年生。さっそく友人のオデル、ロイ・リー、そしてクラスの変わり者として周りから敬遠されていた秀才・クエンティンを仲間に引き入れ、「ビッグクリーク・ミサイル・エージェンシー」というクラブを立ち上げる。

当初、自作ロケットは煙を噴いただけで倒れるなど失敗の連続で、町の人々から大いに迷惑がられていた。中でもホーマーの父親は息子の馬鹿げた行動を激しく非難していたようだ。

町の厄介者でしかなかった彼

実際のロケットボーイズ。
左からホーマー、クエンティン、ロイ・リー、オデル
（1959年撮影）

らを唯一応援したのが、劇中でも良き理解者として登場する学校の科学・物理の女性教師、フリーダ・J・ライリーだ。時に高額な宇宙工学の本を買い与え、時に保守的な校長に反論してくれた彼女を、後にホーマーは自著の中で、自分たちにとって実に大きな支えだったと語っている。

科学コンテストで グランプリ獲得

ホーマーたちのロケットは徐々に改良され、その取り組みが地元紙に載るようになると、

遠い空の向こうに

1999／アメリカ
監督:ジョー・ジョンストン
1950年代後半、人類初の人工衛星打ち上げに感動したアメリカの高校生4人が、自分でロケットを作ろうと奮闘する姿を描く。原題の「October Sky」は、ホーマー・ヒッカムの原作『Rocket Boys』のアナグラムになっている。

町の人々も少しずつ応援し始める。炭鉱に労働時間の規制、従業員の解雇など暗雲が立ちこめているなか、彼らのロケット開発だけが町の希望の星だったようだ。

　映画では、それでもホーマーの父親は態度を変えない頑固な人物に描かれているが、実際は、彼らが科学フェアに挑戦する頃には資材供給や部品加工などで力になっていたらしい。

　そして、ホーマーが代表として参加したこの科学フェアで、彼らは見事にグランプリを獲得する。これは１９５０年に始まった世界の高校生を対象としたコンテストで、科学研究に関することなら分野は不問。現在は「インテル国際学生科学技術フェア」として、最優秀賞に7万5千ドルの奨学金が授与されている。

　ちなみに、このシーンでグランプリに輝いたホーマーに声をかけ、劇中何度もその名前が出てくるフォン・ブラウン博士と

上／自作ロケットに情熱を燃やしていた高校生の頃のホーマー（左）とオデル
下／ホーマーは1971年から1998年までNASAのエンジニアとして活躍、後に作家に転身した

彼らの良き理解者、ライリー先生は32歳の若さで死去

遠い空の向こうに

は、1950年代、アメリカのロケット技術開発におけるキーパーソンで、国家のロケット研究チームを率いていた人物である。

いずれにせよ、この功績によって彼らは町の英雄となり、その後の人生も大きく変わっていく。エンドロールで語られるとおり、ホーマーは奨学金でバージニア工科大学に進学。卒業後、アメリカ陸軍に入隊しベトナム戦争に従軍の後、NASAのマーシャル宇宙飛行センターの科学エンジニアとして約20年間にわたり、宇宙飛行士の育成に尽力した。ロイ・リーは銀行マンを経て自動車ディーラーに、オデルは牧場主で保険代理店のオーナー、クエンティンは石油会社のエンジニアとなった（2019年8月死去）。

決して夢をあきらめてはいけない——。進む道は違えど、彼らは高校時代、ライリー先生が諭し勇気づけてくれた言葉どおり、それぞれが長じて花を咲かせた。が、そのライリー先生は在職中に悪性リンパ腫の一種、ホジキン病に侵され、1969年、32歳の若さで死去。後に、逆境を克服するアメリカの教師を称える「フリーダ・J・ライリー・ティーチャー賞」が設けられ、2020年現在も受賞者が選ばれている。

ロケットボーイズを支えた女性教師、フリーダ・J・ライリー本人（上）と、劇中で彼女を演じたローラ・ダーン。映画「遠い空の向こうに」より

ロケットマン

1975年当時のエルトン・ジョン本人。
すでに音楽界のスーパースターだった

グラミー賞に5度輝いたロック界のスーパースター、エルトン・ジョンの知られざる私生活

グラミー賞を5度受賞し、現在までに3億枚以上のレコード・セールスを記録した偉大なミュージシャン、エルトン・ジョン。2019年公開の「ロケットマン」は、そんなロック界のスーパースターが歩んできた知られざる過去に光を当てたミュージカル映画の傑作である。

両親から愛情を受けられない苦悩

映画は、ミュージシャンとして確固たる名声を得ていたエルトンが1990年、実際にアルコール依存、セックス依存、薬物中毒、過食症などの疾患治療のため入所していたリハビリ施設で、自分の過去を振り返るという設定で進行する。

エルトン・ジョン（本名レジナルド・ドワイト）は1947年、イギリス・ミドルセックス州に生まれた。4歳からピアノを始め、一度メロディを聴けばどんな楽曲でも完璧に弾きこなす天才ぶりを発揮。11歳でロンドンにある世界有数の音楽学校、王立音楽アカデミーに入学した。

まさに神童だが、両親からの愛情は満足に得られなかった。空軍に勤務し家を留守にすることが多かった父親は息子に無関心で、たまに帰ってきても、映画でも描かれるように自分の所蔵のレコードを息子が触っただけで激怒するような人物だった。

夫婦関係はすでに破綻しており、エルトンが15歳のとき両親が離婚。父親は後に別の女性と結婚し2人の子供を儲けたが、

上／エルトン（左）と、現在も共作活動を続ける作詞家のバーニー・トーピン本人　下／劇中でそれぞれを演じたタロン・エジャトン（左）とジェイミー・ベル。映画「ロケットマン」より

彼らには打って変わった愛情を見せ、それがミュージシャンとして成功した後もエルトンを悩ませ続ける。一方、母親も離婚後、別の男性と結婚したものの、彼女もまた息子に真の愛情を示さず、エルトンはもっぱら祖母に育てられた。

1960年、友人とブルーソロジーというバンドを結成。1960年代半ばまでアメリカのソウルやR&Bミュージシャンのサポートメンバーとして活動する一方、音楽出版社に積極的に自分を売り込む。

1967年、音楽誌に掲載されていたリバティ・レコードの作曲家募集の広告を見て応募。面接では落とされたものの、事務所スタッフから同じ広告に応募してきた1人の作詞家を紹介される。後に音楽パートナーとしてエルトンとヒット曲を量産することになる当時17歳のバーニー・トーピンだ。

作詞家バーニーとの複雑な関係

2人は出会ってすぐに意気投合し、新進気鋭のソングライターチームとして活動をスタートする。不思議なのは、なぜエルトンが作曲とボーカルだけで詞

ロケットマン

2019／イギリス・アメリカ
監督：デクスター・フレッチャー
2018年の大ヒット作「ボヘミアン・ラプソディ」の監督デクスター・フレッチャーが、世界的ミュージシャン、エルトン・ジョンの半生を描いた伝記ミュージカル映画。

を書かなかったのかという点だ。劇中に説明はないが、これは彼のセクシュアリティに大きく関係している。

　エルトンは物心ついた頃からゲイであることを自認していた。が、1960年代、同性愛は違法でそれを家族に打ち明けることもできなかった。つまり、エルトンは自分の心の内を歌詞にすることが困難だったのだ。

　そこに現れたバーニーという作詞家。エルトンは3歳年下の彼に音楽的才能を認めると同時に性的な愛情を抱く。が、バーニーは完全な異性愛者（これまで4度結婚している）。彼はエルトンの気持ちをわかったうえで、あくまで音楽パートナー、友人として詞を書き続ける。

　そして生まれたのが1970年の大ヒット曲「ユア・ソング（僕の歌は君の歌）」。2人がエルトンの自宅で共同生活を送っていたときに完成したこの楽曲の歌詞は「いくつかうまく書けない歌詞があって／でも、この曲を書いている間、陽の光はとても優しかった／この歌は、そんな風に僕を照らしてくれる君のような人々のために書いたんだ」という、貧しい主人公が愛する人に歌を贈る内容。愛するバーニーが書いた詞に曲をつけ歌うエルトンの心は極めて複雑だった。

1970年のアメリカ初公演でエルトンが空中浮遊するシーン（左）は、実際に同公演で彼が披露したパフォーマンス（上）にインスパイアされている。映画「ロケットマン」より

　そんな心情を如実に描写しているのが、1970年8月、ロサンゼルスの名門ナイトクラブ、トルバドールで実施されたエルトン初の全米公演のシーンだ。ここで彼はバーニーとの共作「クロコダイル・ロック」を披露し、観客を熱狂させる（同曲が実際にリリースされたのは1972年。本作では、描かれるエピソードと楽曲の年代は必ずしも合致しない）。ライブ後のパーティでバーニーが女性と親しげに話しているのを見て落ち込むエルトン。そこに声をかけてきたのが敏腕音楽マネージャーのジョン・リードで、エルトンはバーニーへの気持ちを断ち切るように、ジョンと性的関係を持ち、彼と正式にマネージメント契約を交わす（実際にエルトンとジョンが出会ったのは数ヶ月後のモータウンのクリスマスパーティ）。

薬物の過剰摂取による負のスパイラル

その後4年間で、エルトンは「可愛いダンサー」「ロケット・マン」「クロコダイル・ロック」「土曜の夜は僕の生きがい」「グッバイ・イエロー・ブリック・ロード」と立て続けに大ヒットを飛ばし、億の富を築く。しかし、いくら売れても望む愛は得られず、しだいに薬物、アルコールにのめり込み、ステージでの衣装もド派手なものになっていく。

１９７５年10月には、映画で描かれるとおりロサンゼルスの自宅で薬物を大量に摂取しプールに飛び込み自殺未遂。同年、恋人だったジョンとの関係を解消したが、マネージメント契約は続行され、働いたぶんジョンに金を搾取され続ける。

１９７６年、バイセクシャルだとカミングアウトした後もヒットを飛ばしつつ、ドラッグとアルコールの過剰摂取による負のスパイラルに陥っていたエルトンは１９８４年、自分の良き理解者だったサウンド・エンジニアのドイツ人女性レネーテ・ブリューエルと結婚。劇中ではすぐに破綻しているよう描かれているが、結婚生活は4年続いた。その後、エルトンは自分がゲイであることを公表。レネーテとの結婚生活について「本当の自分を否定していた。そのために前妻を悲しませ、自分自身に多大な罪悪感と後悔をもたらした」と述べている。

上／エルトンの元マネージャーで元恋人のジョン・リード（左。1949年生）。1998年に横領が発覚し、解雇された。ジョンは1975年から3年間、クイーンのマネージャーも務めていた
下／15年来のパートナー関係を経て結婚したエルトン・ジョンとデヴィッド・ファーニッシュ。現在は代理母出産により授かった息子ザカリー（左）とイライジャの4人で暮らしている

2014年、15歳下の男性と正式に結婚し真の愛を獲得

エルトンが真の愛を得られたのは、イギリスで同性婚が合法化された２０１４年。長年交際していた15歳下のカナダ人男性デヴィッド・ファーニッシュと結婚し、代理母の出産により、ザカリーとイライジャの息子2人を授かった。

音楽パートナー、バーニーとは現在も共作を続けているが、２０１８年1月、同年9月から始まる世界ツアーを最後に公演活動を引退することを表明。理由は「家族と過ごす時間を増やすことが重要になったから」だという。

ドリーム

ドラマチックに改変されたNASA黒人女性職員のサクセス・ストーリー

右／キャサリン・ジョンソン（左／演：タラジ・P・ヘンソン）。映画「ドリーム」より

2016年公開のアメリカ映画「ドリーム」は1960年代初頭、NASA（アメリカ航空宇宙局）で働く黒人女性スタッフ3人の知られざる実話を描いた人間ドラマだ。人種差別と闘いながら「マーキュリー計画」（アメリカ初の宇宙飛行プロジェクト。本書40ページ参照）を陰で支え、キャリアを積み上げていく彼女らの姿は賞賛に価するが、その内容は史実と少なからず相違点があり、ドラマチックに改変されている。

「コンピュータ」と蔑称された計算係

1961年、アメリカ南東部バージニア州ハンプトン。この地に建つNASAの航空機研究機関「ラングレー研究所」に、キャサリン・ジョンソン（1918年生）、ドロシー・ヴォーン（1910年生）、メアリー・ジャクソン（1921年生）が出勤するシーンから映画は始まる。

彼女らが勤務していたのは、同研究所の「ウェスト・エリア・コンピューティング」（以下、

右／ドロシー・ヴォーン（下／演：オクタヴィア・スペンサー）、
左／メアリー・ジャクソン（下／演：ジャネール・モネイ）。映画「ドリーム」より

西棟）なる施設で、そこでは黒人女性のみ数十人が航空研究データを処理する計算係として雇われていた。

1960年代初めのバージニア州はアメリカの中でも最も人種差別が激しかった地域。なぜ、ここで多くの黒人女性が働けたのか。映画では説明されていないが、計算係は機械に代わって計算を行う「コンピュータ」と蔑称された職で、なり手が少なかったことから、アメリカでは第二次世界大戦中から安い給与で多くの黒人女性を積極的に採用していた。

もちろん、彼女らが優れた計算能力を持っていたという事情もある。キャサリンは幼い頃から数学に長け、飛び級により14歳で高校を卒業。ウェストバージニア州立大学に入学し、18歳で数学とフランス語の学位を取得し、同州の黒人公立学校で教鞭を執った後、求人応募で1953年から計算係の職に就いた。

ドロシーは大学卒業後、14年間数学教師を務めた後、戦時中の1943年からラングレー研究所に勤務したベテラン。また、メアリーも大学で数学と物理学を学んだ後、教師、国立の研究所の簿記係などの職を経て、1951年よりラングレー研究所

ドリーム

2016／アメリカ
監督：セオドア・メルフィ
ソ連との宇宙開発競争を繰り広げる1960年代初頭のアメリカNASAの研究所を舞台に、差別と闘いながら国家プロジェクトに尽力した黒人女性スタッフ3人の実話を映画化。原題の「Hidden Figures」は「隠された人々＝陰の立役者」の意。

に入所したエリートである。

ＮＡＳＡ発足時点で差別制度は廃止済み

しかし、黒人女性スタッフには激しい人種差別が待ち受けていた。「グリーンブック」（本書２ページ）、「ラビング　愛という名前のふたり」（同１４２ページ）でも取り上げたように、当時、バージニア州などアメリカの南部ではジム・クロウ法が敷かれ、公共施設の使用は白人と黒人は全て別。劇中、それを最も端的に表しているのが、トイレを巡る問題だ。

一計算員だったキャサリンが能力を認められ、西棟からスペース・タスク・グループ（宇宙船管理セクション。以下ＳＴＧ）のスタッフに抜擢される。が、ＳＴＧのある施設（映画では東棟と呼ばれている）は白人スタッフばかりで、トイレに行くにもわざわざ８００メートル離れた西棟に徒歩で移動しなければならない。その事情を知ったケビン・コスナー演じるＳＴＧの責任者アル・ハリソン（架空の人物）が「白人専用」と書かれた東棟トイレのプレートをぶち壊す。

キャサリンが配属された宇宙船管理セクション「STG」の責任者アル・ハリソンを演じたケビン・コスナー（中央）。ハリソンは映画用に創作されたキャラクターで、1961年当時、STGの責任者はロバート・R・ギルラスなる人物だった。映画「ドリーム」より

実に胸のすくシーンだが、この場面は事実ではない。そもそもＮＡＳＡが発足した１９５８年時点で、組織内の差別制度は全て撤廃されており、トイレも人種関係なく自由に使用できた。さらにこのエピソードはキャサリン絡みではなく、メアリーが東棟に送られトイレの場所を聞いた際、白人スタッフに鼻で笑われた出来事が基になっている。しかも、それは１９５３年のことだ。

ドロシーが西棟の代理スーパーバイザーから昇進を願い出て、却下されるシーンも改変されており、実際の彼女は１９４９年の段階で黒人女性初のスーパーバイザーの職に就任している。また、メアリーがエンジニアの職を得るため、それまで前例のなかった白人専用の学校への入学を裁判で勝ち取る場面も完全な脚色で、本物のメアリーは学校など通うことなく、１９５８年にＮＡＳＡの技術職に着任。さらに、ＩＢＭのコンピュータが導入され、人間による計算が不要になったため西棟が閉鎖されたのも１９６１年ではなく１９５８年のこと。閉鎖後、西棟の黒人スタッフはＮＡＳＡの各部門に異動になっている。

つまり、劇中で描かれた差別的シーンはＮＡＳＡの前身に当たるＮＡＣＡ（アメリカ航空諮問委員会。１９１５年発足、１

キャサリンは2020年2月、101歳で天寿を全うう

映画「ドリーム」は2016年のアカデミー作品賞にノミネートされ、授賞式当日、キャサリン・ジョンソン（左から2人目）は主演の3人とともにステージに上がった（2017年2月26日撮影）。2015年、当時の米大統領バラク・オバマはキャサリンの長年の功績に、大統領自由勲章を贈っている

ドリーム

９５８年解散）の時代の出来事で、映画「ドリーム」はそれを全て１９６１年のエピソードにまとめているのだ。

30数年間、国家の宇宙計画に尽力

このように年代や史実の改変こそあれ、彼女たちがアメリカにおける宇宙開発の初期段階で人種差別を受け、その逆境を乗り越えキャリアを築いたのは紛れもない事実だ。

キャサリンはＮＡＳＡの航空宇宙技術者として、１９６１年５月５日、アメリカ人初の宇宙飛行士アラン・シェパードの宇宙飛行の軌道を計算。１９６２年２月20日、マーキュリー・アトラス６号がアメリカで初めての地球周回軌道を飛行した際も、飛行士のグレンは劇中のとおり、キャサリンに懇願し彼女が軌道計算を確認しない限り飛ばないと主張を曲げなかった。その後、キャサリンは人類初の月面着陸（１９６９年７月20日）に成功したアポロ計画、それに続くスペースシャトル計画にも参加し、１９８６年にＮＡＳＡを引退。６人の孫と11人のひ孫に恵まれ、夫とともにバージニア州ハンプトンで過ごし、２０２０年２月、１０１歳で天寿を全うした。

ドロシーは、ＮＡＳＡに導入されたＩＢＭコンピュータに精通したプログラマーとして多くのスタッフを育成するとともに、通算28年間、宇宙計画に貢献し、１９７１年、61歳で引退。２００８年11月、98歳でこの世を去った。また、メアリーはＮＡＳＡの最初の黒人女性エンジニアになった後、スーパーバイザーとして活躍する一方、ＮＡＳＡにおける女性スタッフの雇用、昇進に尽力。１９８５年に34年間勤めた職場を引退し、２００５年２月、83歳で死去した。

米政府は２０１９年、キャサリン、ドロシー、メアリーの功績を称え、３人に議会名誉黄金勲章を授与している。

スタローンがインスパイアされた世界ヘビー級タイトルマッチ「アリVSウェプナー」の番狂わせ

1975年3月24日に実施された世界ヘビー級タイトルマッチ。右が挑戦者チャック・ウェプナー（当時36歳）、左が王者モハメド・アリ（同33歳）。スタローンはこの試合をテレビで観戦、「ロッキー」の脚本を一気に書き上げた

ロッキー

1976年に公開されたボクシング映画の金字塔「ロッキー」。それまで無名だったシルベスター・スタローンを一躍トップスターに押し上げるとともに、内容も高く評価されアカデミー賞で最優秀作品賞を受賞。正真正銘のアメリカンドリームを成し遂げた奇跡の1本だ。

主人公ロッキー・バルボアには実在のモデルがいる。チャック・ウェプナー。誰もが完敗を予想するなか、ヘビー級のタイトルマッチで王者モハメド・アリを相手に最終15ラウンドまで戦い抜いた白人ボクサーだ。映画の大ヒットによりウェプナーの名も世に広まったが、彼はその後、ドラッグに溺れた転落の人生を歩んでいく。

単なる〝咬ませ犬〟に過ぎなかったが…

ウェプナーは1939年、米ニューヨークのスラム街の貧しい家庭に生まれた。10代前半から素行が悪く収監された少年院

でボクシングを習得。高校卒業後、軍勤務を経て1964年8月、25歳で遅咲きのプロデビューを果たす。戦績は1974年末までの10年間で、34勝9敗2ドロー。決して弱いボクサーではなかったが、ファイトマネーだけでは妻子を養えず、副業の酒のセールスでなんとか生計を立てている状態だった。

1975年、ビッグチャンスが訪れる。世界ヘビー級王者のモハメド・アリ（当時33歳）からタイトル防衛戦の相手に指名されたのだ。アリは1964年、WBA・WBC統一世界ヘビー級王者の座に就いたものの、ベトナム戦争への兵役を拒否したため1967年に王座を剥奪。1971年に王者ジョー・フレージャーとの復帰戦で初黒星を喫した3年後の1974年10月、フレージャーに代わり新王者となった全盛期のジョージ・フォアマンを8回KO勝ちで破り、王座に返り咲いていた。

世にいう「キンシャサの奇跡」で7年ぶりに世界の頂点に立ったアリ陣営は初防衛戦の相手としてウェプナーを抜擢する。国際的に全く無名の白人ボクサーがスーパースターに挑戦するという興行的な意味合いと、楽勝できる相手との見方も大きかった。こうした試合成立の経緯は、劇中で世界チャンピオンのアポロ・クリード（演：カール・ウェザース）が当初予定されていた対戦相手が負傷したことで「全くの無名選手と戦うというのはどうだ？」と提案、ロッキーが挑戦者に選ばれる過程にそのまま重なる。ロッキー同様、ウェプナーは単なる〝咬ませ犬〟に過ぎなかった。

試合は1975年3月24日、オハイオ州リッチフィールドのリッチフィールド・コロシアムで開催された。誰もが早いラウ

チャック・ウェプナー本人。世界ランキングのトップ10にも入ったことがない無名選手だった

この一作でシルベスター・スタローンは一躍トップスターに。右はトレーナー役のバージェス・メレディス。映画「ロッキー」より

ロッキー

1976／アメリカ
監督：ジョン・G・アヴィルドセン
無名のボクサー、ロッキー・バルボアが世界チャンピオンに挑む姿を描いたスポーツドラマの傑作。アカデミー賞の最優秀作品賞、監督賞、編集賞を受賞。その後「ロッキー・ザ・ファイナル」(2006)までシリーズ5作が制作・公開されている。

ンドでのアリのＫＯ勝ちを予想していた。が、当時36歳のロートルボクサー、ウェプナーは本気だった。序盤からラビットパンチ（後頭部を故意に打つパンチ）でアリをいらつかせ、9回にはダウンを奪う。後にこれは、ウェプナーがアリのつま先を踏んだことでバランスを崩しただけと判明したが、アリが倒れた衝撃に会場は騒然となった。

　その後は、アリの一方的なペースでウェプナーは防戦一方。それでもリングに立ち続け、最終15ラウンドでＴＫＯ負けを食らいリングを去った。

モデル料の支払いでスタローンを提訴

　この試合をスタローンはテレビで観戦。スーパースターに翻弄されながら最後の最後までリングに立ち続けようとする無名のボクサーに、売れない無名俳優だった己の姿を重ねて「ロッキー」の脚本を3週間で書き上げ、ハリウッドに売り込む。自分が主役を演じることが絶対条件だった。

　ボクシング映画は客受けしない、シルベスター・スタローンなど名前も聞いたことがない。大半の映画会社が難色を示すなか、ユナイテッド・アーティスツが制作を承諾。ただし、許された予算は１００万ドル（当時のレートで約3億円）。有名な俳優をキャスティングすることなど到底不可能な額だった。

上／試合前の記者会見で王者アリ（左）の挑発を受けるウェプナー
下／格下のボクサーが絶対王者に果敢に挑む姿が感動を呼んだ。映画「ロッキー」より

　しかし、映画「ロッキー」は周囲の予想を覆し、興行収入約６７５億円の記録的な大ヒットを飛ばす。同時に主人公のモデル、ウェプナーも全米で人気者になり、その後、プロレスラーのアンドレ・ザ・ジャイアントやアントニオ猪木と異種格闘技戦で対戦し、１９７８年5月に現役を引退。スタローンから「ロッキー2」（１９７９）への出演依頼も受けていたが、麻薬を乱用していたことが発覚し話はふいになる。乱れた私生活により妻子と別れたのもこの頃だ。

　そして１９８５年にはコカインの不法所持により逮捕。１９８８年、10年の懲役刑を受け、その後約3年間の刑務所暮らしを送ることになる。

　出所後、再び酒のセールスを始めたものの生活は苦しかったのだろう。２００３年、ウェプナーはスタローンを訴える。自分をモデルに役柄を作り上げた代わりに支払われるギャラが約束の金額に足りていないというのだ。この訴訟は3年後の２００６年に決着。条件は明らかになってないが、スタローンが和解金を支払うことでウェプナーが訴えを取り下げたらしい。

　現在、ウェプナーはニュージャージー州で3人目の妻と暮らしていると伝えられている。

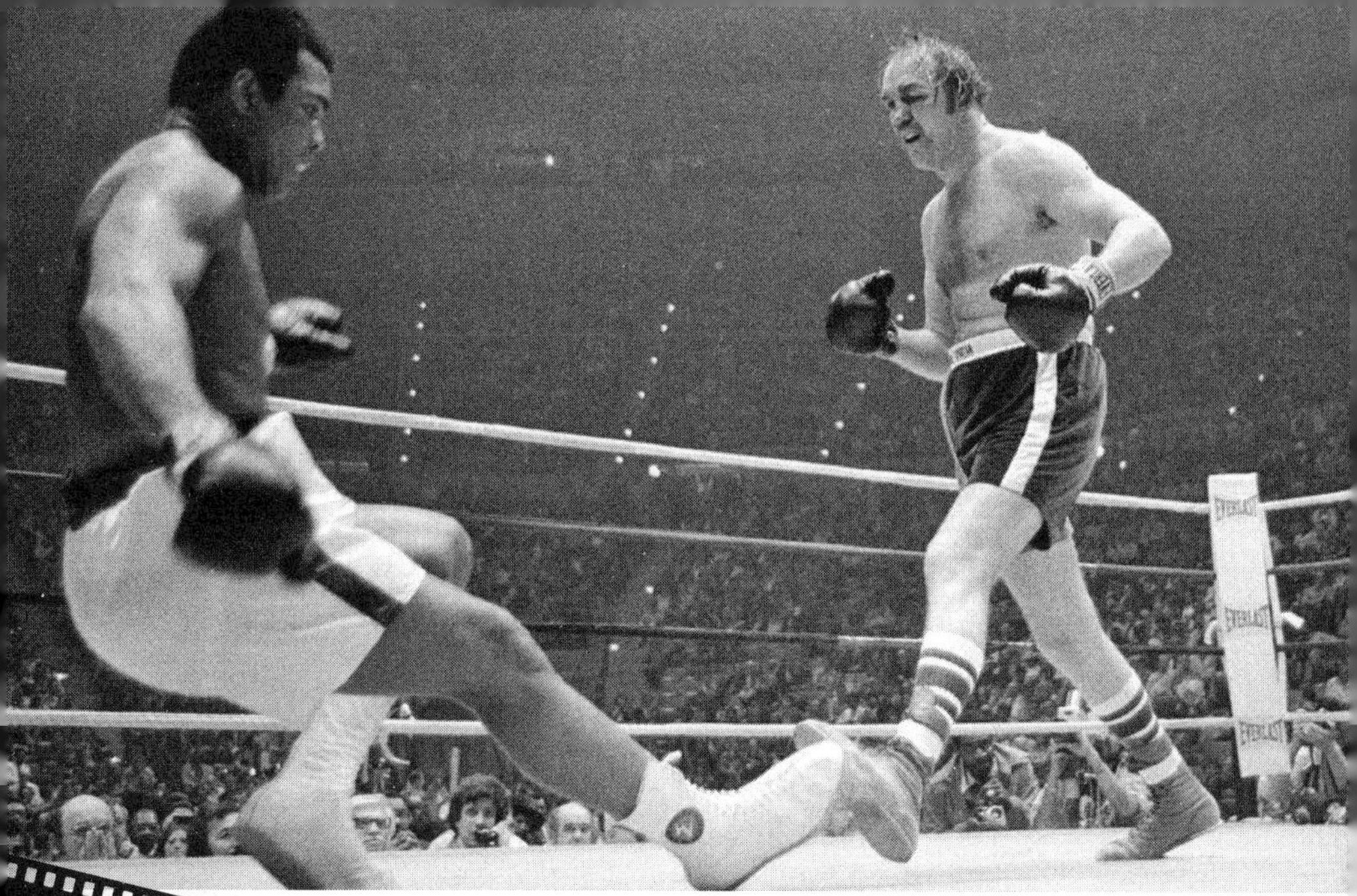

9ラウンドでアリから(スリップ)ダウンを奪うも、最終15ラウンドでTKO負け。
ちなみに、この試合でウェプナーは10万ドル(約3千万円)の
ファイトマネーを手にしている(アリは150万ドル)

ロッキー

現役引退後、麻薬に溺れ3年間服役

主人公のモデルでラッパーのネイジー本人

スラム街出身のインド人ラッパー、ネイジーが駆け上がったスターへの階段

ガリーボーイ

２０１９年、インド発の映画が全世界で大ヒットを記録した。インド版アカデミー賞といわれる「フィルムフェア賞」で過去最多の13部門で受賞した「ガリーボーイ」だ。

廃止されたとはいえ、いまだ身分制度が根付いている階級社会のインドでは、圧倒的な貧富格差が存在する。その底辺のスラム街で生まれた青年がラップに出会い、スターへの階段を駆け上がっていく様は、まさに〝インディアン・ドリーム〟。映画は、実在するインドのヒップホップアーティスト、ネイジーの半生がベースになっている。

貧富の差や社会の理不尽を詞に

インド第2の大都市ムンバイ（人口約1千２５０万人）にアジア最大のスラム街ダラヴィがある。わずか２・２平方キロに約１００万の人々がバラック小屋で暮らす〝ゲットー〟だ。家庭ごとのトイレや水道はなく、住民が用を足す際にはチップを払って共同便所を利用するしかない。また、エリアの半分以上に電気が通ってないという。

映画の主人公ムラドは、そのダラヴィの中でも貧しいとされるムスリム・エリアに住む大学生だ。父方の祖母と両親、弟、父が連れ込んだ第2夫人との6人暮らし。父親は金持ちの個人運転手をして家族を養っていたが、口癖は「使用人の子は使用人。無駄な夢は見るな」。前時代のカースト制度が染みついており、気分次第で容赦なく妻や子供に手を出した。

驚くのは白人の団体ツアー客に、チップをもらって家を見せるシーンだ。「こんな狭い所に本当に住んでるなんて」とスマホで写真を撮る観光客に、顔を隠してポーズをとる。これは創作ではなく、実際にダラヴィで日常的に見られる光景らしい。

ムラドは「学費を出してやったんだ。夢を見ずに金を稼げ」と父親に毎日恩を着せられ、医大生の恋人とは身分違いのため堂々と会えない。そんな鬱屈した生活に風穴をあけたのがラップだった。大学の学園祭でラッ

右／劇中でムラドを演じたランヴィール・シン。映画「ガリーボーイ」より　下／映画の舞台となったムンバイのスラム街「ダラヴィ」（実際の写真）

パーのMC・シェールに出会ったことをきっかけに、貧富の差や社会の理不尽を書き溜めたリリック（詞）をリズムに乗せ「ガリーボーイ」の名前でユーチューブに投稿。この動画がバズったことで、ムラドは自分の生きていく道を定め、父が進めた叔父の会社への就職を蹴り、出場したラップの大会で見事、優勝を果たす。

ディヴァインとのコラボ曲が大ヒット

ムラドのモデルになったラップ・アーティスト、ネイジー（本

ガリーボーイ

2019／インド
監督:ゾーヤー・アクタル
インドで活躍するラッパー、ネイジーの実話を基に、スラムで生まれ育った青年がラップとの出会いによって人生を一変させる姿を描いた青春サクセスストーリー。

名ナヴェド・シャイク）は、1993年にムンバイ郊外のクルラ・ウエスト地区で生まれた。暴力や盗みが日常的なスラム街で、インド人ですら立ち入りを避けるほどの場所である。

貧しい暮らしのなか、ネイジーは子供の頃から盗みや暴力を繰り返し、15歳のとき、道端の車を壊した容疑で逮捕される。家族の尽力で釈放はされたものの、この一件が自身の生き方を見直すきっかけになった。今のままではいつか取り返しのつかないことになる。そう確信し、頭に浮かんだ社会や政治を風刺したリリックをひたすらノートに書き綴り、学校の友人や仲間にラップを聴かせ始めたのだ。

大学に進学したネイジーは、映画の主人公ムラドがシェールに出会ったように、大学の先輩ラッパーのNキューブに刺激を受けて「Aafat!」と題したフリーラップ曲のMVを自撮りしてユーチューブにアップする。2014年1月、彼が21歳のときだ。

ネイジーがYoutubeにアップして注目を浴びるきっかけになった「Aafat!」

JACK&
JONES

YouTubeに投稿した自撮り動画がブレイクのきっかけ

この動画が大きな注目を浴びる。楽曲の素晴らしさが雑誌に取り上げられた他、スラム街で育ったラッパーというストーリーにインド人女性の映像作家ディシャ・リンダニがネイジーの半生にスポットを当てた約9分の短編ドキュメンタリー「ムンバイ70」を撮影。これが「第16回ムンバイ・フィルム・フェスティバル」でグランプリを獲得した。

2015年には、やはりムンバイ出身で、すでにメジャーデビューしていたラッパーのディヴァイン（本名ビビアン・フェルナンデス。1990年生）とのコラボ曲「メレ・ガリー・メイン（路地裏が俺の庭）」をリリース。これが大ヒットしたことで、ネイジーはブレイクを果たす。ちなみに、この曲は映画でもムラドとシェールがスラム街でMVを撮影するシーンでリメイクされており、映画のサウンドトラックでは、同曲をムラ

BOMBAY 70
WINNER
MAMI 2014

Balasaheb
- Naezy's friend.
Slowly we all picked up his lyrics.

ネイジーの生き様を追った短編ドキュメンタリー「ムンバイ70」。ラップシーンだけでなくネイジーが友人と雑談する日常なども撮影されている

ド役のランヴィール・シンと、ネイジー&ディヴァインが歌っている。
　ネイジーは、2015年のブレイク後、積極的に楽曲を公表していたが、2018年に中断。有名になることでの家族への影響を考えての決断だった。が、映画「ガリーボーイ」の公開を受け、2019年より活動を再開。ファースト・アルバム「マグレブ」をリリースし、若者に社会的な問題を考えてもらうため意識的なヒップホップを目指し活動を続けている。

ネイジーをメジャーにしたディヴァインとのコラボ曲「メレ・ガリー・メイン」。左がネイジー、右がディヴァイン

ガリーボーイ

ネイジー&ディヴァインの「メレ・ガリー・メイン」のMVを、ムラド（左）とMC・シェール（演：シッダーント・チャトゥルヴェーディー）がリメイクした劇中シーン。映画「ガリーボーイ」より

ジャージー・ボーイズ

左端がフランキー・ヴァリを演じたジョン・ロイド・ヤング。映画「ジャージー・ボーイズ」より

アメリカ音楽史に輝く稀代のヒットメーカー、フォー・シーズンズの光と闇

フォー・シーズンズ。1960年代、ミリオンヒットを連発し、これまで1億枚以上のレコード、CDを売り上げたアメリカを代表するポップス&ロックグループだ。クリント・イーストウッド監督による「ジャージー・ボーイズ」は彼らの青春時代にスポットを当て、成功を夢見るメンバーたちが味わう栄光と挫折を描いた音楽映画の傑作である。

デビューシングルから3枚連続でビルボード1位に

舞台は1951年の米ニュージャージー州ベルヴィル。父親が経営する床屋で働いていた当時16歳のフランキー・ヴァリ（1934年生）が、バンド「ヴァラエティ・トリオ」に参加するところから映画は始まる。リーダーでギター担当のトミー・デヴィート（1928年生）が、ヴァリの持つ高音美声に惚れ込み、メイン・ボーカリストとしてグループに迎え入れたのだ。

1952年末、ヴァラエティ・トリオは解散。ヴァリとデヴィートはバンドのバックメンバーとして活動した後、1956

年「フォー・ラヴァーズ」を結成し、数枚のシングルを発表するがヒットには恵まれない。1958年、ベース担当としてニック・マッシ（1927年生）、翌1959年、キーボード奏者でダンスナンバー「ショート・ショーツ」（1958年リリース。TV番組「タモリ倶楽部」のオープニングで使われている曲）を作曲したボブ・ゴーディオ（1942年生）がグループに参加。ゴーディオのメンバー入りが、後に「レイジング・ブル」「グッドフェローズ」「アイリッシュマン」など、マーティン・スコセッシ監督作の常連となる俳優ジョー・ペシの紹介だったことは嘘のような本当の話だ。ペシはヴァリと同じニュージャージー州ニューアーク出身で、役者になる以前、ヴァリやデヴィートと親しい間柄だった。

　1960年、フォー・ラヴァーズはフォー・シーズンズと名を改め、黒人音楽の名門レーベル「ヴィージェイ」から再デビュー。このとき、彼らを担当することになったのが、劇中でオネエ言葉を発する音楽プロデューサーのボブ・クリューだ。

　フォー・シーズンズは最初の2年間を主にアイドル歌手のレコーディングのバックボーカルとして活動した後、1962年、ゴーディオ作曲による「シェリー」でシングルデビューを果たす。ヴァリのパワフルなファルセットボイスが冴え渡るこのポップな曲はビルボードで5週連続1位を記録、続く「恋はヤセがまん」も5週連続1位、1963年発売の3枚目「恋のハリキリ・ボーイ」は3週連続1位

フォー・シーズンズのオリジナルメンバー。左からリードギターのトミー・デヴィート、メインボーカルのフランキー・ヴァリ、キーボード兼作曲担当のボブ・ゴーディオ、ベース兼サブボーカルのニック・マッシ

ジャージー・ボーイズ

2014／アメリカ
監督：クリント・イーストウッド
1960年代に世界的な人気を誇った米ポップス&ロックグループ「フォー・シーズンズ」の実話を舞台にした同名のミュージカルを映画化。2014年度キネマ旬報ベスト・テン外国映画第1位。

ヴァリ（左）と、音楽プロデューサーで大ヒット曲「君の瞳に恋してる」の作詞も手がけたボブ・クリュー

となり、フォー・シーズンズはスターダムにのし上がる。

金銭トラブル、離婚、娘の死

仕事は順調だったが、フォー・シーズンズには金銭トラブルがつきまとう。グループの経理を担当していたデヴィートが納付すべき税金約15万ドルを使い込み、さらにギャンブルで約50万ドルの債務を抱え、借金取りに追われていたのだ。映画の前半でも描かれるとおり、デヴィートは若い頃からマフィアと付き合いがあり、窃盗で刑務所送りも経験した素行不良の人物だった（劇中で服役は1回だが、実際は7、8回あったそうだ）。

さらに、ヴァリの私生活も乱れていく。彼は1954年、2歳年上で、離婚後1人で娘を育てていたメアリー・マンデルと

上／ヴァリと最初の妻メアリー。メアリーは2007年4月に死去
左／ヴァリの次女で、1980年、ドラッグの過剰摂取により20歳で死去したフランシーン

結婚。１９５８年に長女アントニア、１９６０年に次女フランシーンを授かるが、売れっ子になるとツアーなどで頻繁に家を空け、外に女を作った。それとなく気づいていた妻はヴァリに不満をぶつけ、家庭内に暗雲が立ち込める。

　映画ではこの後、デヴィートの多額の借金をヴァリとゴーディオが精力的にステージをこなし返済する代わりに、デヴィートの活動をラスベガスのみと限定（実質の脱退）、ベースのマッシもグループを抜け、ヴァリは妻と離婚。娘フランシーンがドラッグの過剰摂取で死亡した後、気落ちするヴァリにゴーディオが曲を提供した「君の瞳に恋してる」が大ヒットする様が数年間の出来事として描かれる。

　が、実際の時系列は映画とは異なる。まず、マッシがグループを抜けたのは１９６５年。それ以前からゴーディオとともにソロ活動を開始していたヴァリが「君の瞳に恋してる」をリリースする（作詞兼プロデュースはボブ・クリュー）のは１９６７年。１９７０年、デヴィートがグループを脱退し、翌１９７１年、ヴァリが離婚。愛娘で自身も歌手活動を始めていたフランシーンが20歳でこの世を去るのは１９８０年8月のことだ。劇中では描かれないが、その半年前、ヴァリは前妻メアリーの連れ子セシリアも不慮の事故で失っている。

結成50年を経て今なお現役

1990年、「ロックの殿堂」入りを果たし、セレモニーに集まったフォー・シーズンズ。左からボブ・ゴーディオ、ニック・マッシ、フランキー・ヴァリ、トミー・デヴィート

ジャージー・ボーイズ

　映画は１９９０年、「ロックの殿堂」入り（活動歴25年以上のミュージシャンが対象）したフォー・シーズンズのオリジナルメンバー4人が久しぶりに再会、ステージに立つシーンで終わりを迎える。

　このエンディングを見れば、フォー・シーズンズは１９６０年代前半に活躍したオールディーズ・ポップスのボーカルグループのように思えるが、実際は違う。１９６０年代後半のフォーク&ロックブームの際には、「ワンダー・フー」という別名を用いボブ・ディランのカバー曲で全米チャート12位を記録。１９７０年代のディスコブームにも乗り遅れず、１９７５年、「愛はまぼろし」でビルボード3位に。ヴァリもソロ活動で１９７４年、未だにカバーし続けられる大ヒット曲「瞳の面影」をリリース、１９７８年には映画「グリース」のテーマ曲を歌いビルボード1位に輝いた。

　ヴァリ以外、メンバーは様々に変わったが、フォー・シーズンズはその後も精力的にライブツアーを実施し、２０１４年には日本公演も敢行。今なお現役として活動を続けている。

　２０２０年6月現在、ヴァリ、デヴィート、ゴーディオは健在。マッシは２０００年、クリューは２０１４年にこの世を去った。

1960年代半ば、2千万人以上のリスナーを魅了した海賊放送局「ラジオ・キャロライン」の熱狂

パイレーツ・ロック

物語は、船の上で海賊放送が行われた事実に基づき展開する。映画「パイレーツ・ロック」より

1960年代半ば、世界の音楽界はビートルズやローリング・ストーンズを中心とするブリティッシュ・ロックが席巻していた。が、当時、民間放送局がなかったイギリスでは、公共放送BBCラジオがポピュラーミュージックを流すのは1日たった45分だけ。これに不満を持ったグループが船に送信機とアンテナを積み、どの国の規制も受けない公海上に停泊した船の上から、24時間ぶっ続けでロックやポップスをオンエアする。

2009年公開の「パイレーツ・ロック」は、当時、2千万人以上のリスナーを魅了した海賊放送局の熱狂を描いた音楽映画の傑作である。

独身男性DJたちに女性ファンが熱狂

映画の舞台は1966年のイギリス。同国東側に広がる北海にはすでに多数の海賊ラジオが存在していた。その中で人気があったのは、北海からオランダに向けて放送を続けた「ラジオ・ベロニカ」（1960年～1974年。初の海賊ラジオ）、

「ラジオ・ロンドン」（１９６４年～１９６７年）、そして映画に登場する「ラジオ・ロック」のモデルとなった「ラジオ・キャロライン」（以下キャロライン）だ。

　劇中に説明はないが、キャロラインは、海賊放送が金になると踏んだアイルランドの起業家ロナン・オラヒリー（劇中でビル・ナイ演じるオーナー、クエンティンのモデル）が、投資家や曲を宣伝したいレコード会社などから資金を調達して開局。初放送は１９６４年３月28日土曜日正午で、ビートルズの「キャント・バイ・ミー・ラブ」とともに「こちらはラジオ・キャロライン。あなたの音楽ステーションです」というナレーションでスタートした。

　若者を惹きつけたのは24時間ノンストップでオンエアされるロック＆ポップスはもちろん、曲を選び流す個性豊かなＤＪたちの存在も大きい。〝皇帝ロスコ〟ことマイク・パステルナク（１９４２年生。映画でフィリ

ラジオ・キャロラインは北海上に停泊する船に設置されていた（実際の写真）

ップ・シーモア・ホフマン演じるアメリカ人ＤＪ〝ザ・カウント〟のモデル）、ジョニー・ウォーカー、トム・ロッジ、サイモン・ディー、ロビー・デイル、デーブ・リー・トラビス等々。ＤＪは若い独身男性が中心で、中には女性ファンから毎週１千通を超えるファンレターが届いた者もいたらしい。ちなみに、当時は船とリスナーをつなぐ電話がなかったため、キャロラインの停泊所に近いマン島（アイリッシュ海の中央に位置する島）の住所、「マン島私書箱３」に手紙が送られ、担当のスタッフが対応していたそうだ。

　映画では、週末ともなればファンの女性たちが船に乗って来訪。船内のあちこちで乱交パーティに近いどんちゃん騒ぎが起きているが、実際もＤＪたちは「セックス、ドラッグ、ロックンロール」の日々を送っていたという。また、劇中で描かれるＤＪが船上で結婚するシーンは、キャロライン実在のＤＪミック・ルブジットのエピソードが下敷きになっている。彼は１９６６年９月、実際に船長が牧師役となり、当時のガールフレンドと生放送中に挙式。以後、海賊ラジオでの生放送挙式はポピュラー化したそうだ。

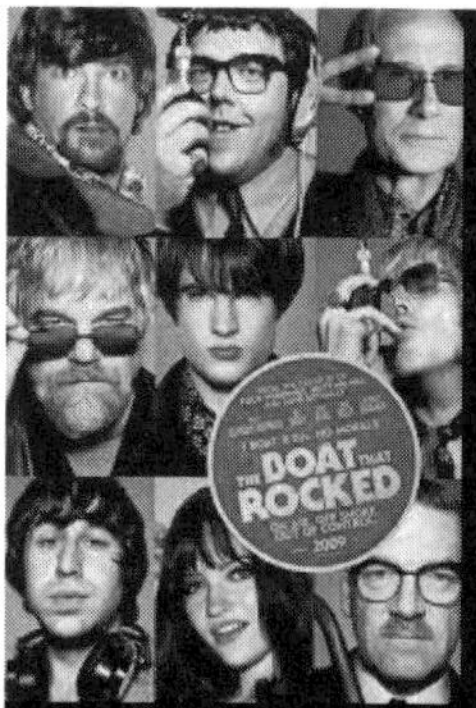

パイレーツ・ロック

2009／イギリス・ドイツ
監督：リチャード・カーティス
1960年代半ば、イギリスに民放ラジオ局が存在せず、ポピュラーミュージックの放送が制限されていた時代に、北海からロック音楽を流して人気を集めていた「海賊ラジオ局」を取り巻く人々を描く。

ウェブラジオに形を変え現在も放送継続中

海上からの放送は、天候との戦いでもあった。嵐が続いて食料の補給ができなかったり、時には座礁して船が壊れたりもした。そこで、キャロラインは後発のラジオ・アトランタと合併。キャロライン北とキャロライン南の2隻で放送を行うことで、イギリス諸島のほとんどをカバーする。

当初のリスナー数は400万人。それが1966年8月には約2千300万人にまで達する。イギリスのバンドが上位を占めていたアメリカン・トップ40などをオンエアしまくっていたキャロラインには、ビートルズやローリング・ストーンズなど大物ミュージシャンが次々とゲストに訪れ、ファンが増大したのだ。

こうした人気を快く思わなかったのがイギリス政府である。政府はラジオの電波が海難信号を妨害するとでっちあげ、1967年、無許可の海賊放送に対し、音楽、燃料、食料、水、そして広告を提供することを犯罪とする「海洋犯罪法」を成立。同年大晦日の午前0時から施行となる。

映画は、放送を続けるラジオ船を警察が妨害、船が沈みかけたところ、放送を聴いた大勢のリスナーたちがボートでDJら乗組員を救助に向かうという感動的なクライマックスを迎える。が、実際はそんな騒動は起きていない。2つのキャロライン船は1968年、海賊放送が違法ではなかったオランダ海域に移動。名前を「ラジオ・キャロライン・インターナショナル」に改めて放送を続けた。

海洋犯罪法が施行されて1ヶ月後、BBCはポップス専門局BBC1を立ち上げる。と、対立していたはずの海賊ラジオの人気DJたちがこぞって出演。もちろん、そこにはキャロラインのDJたちも含まれていた。

フィリップ・シーモア・ホフマン演じるアメリカ人DJ“ザ・カウント”(左)と、モデルとなった“皇帝ロスコ”ことマイク・パステルナク(下)。ロスコは現在もアメリカで活躍中

劇中のとおり、週末ごとに船にはファンの女性が押しかけた。下は特に人気のあったDJジョニー・ウォーカー

ただし、イギリスに民放局が誕生するのはさらに6年待たなくてはならなかった。「ラジオ・キャロライン」は1998年からは衛星放送に移行した後、ウェブラジオに形を変え、2020年6月現在も放送を続けている。

パイレーツ・ロック

ビートルズやストーンズがゲストに

ラジオ・キャロライン放送1周年を記念し、最優秀アーティスト賞をビートルズのメンバーに手渡すDJサイモン・ディー（中央左）

「最強のふたり」で黒人として初めてフランス版アカデミー賞「セザール賞」の最優秀主演男優賞を受賞したオマール・シーがショコラ（右）を、チャールズ・チャップリンの実孫であるジェームス・ティエレがフティットを演じた。映画「ショコラ～君がいて、僕がいる～」より

映画とは大幅に異なる〝フティット&ショコラ〟の成功と挫折の芸人人生

ショコラ ～君がいて、僕がいる～

19世紀末から20世紀初めのフランス・パリで、大人気を博した芸人がいた。パリの名門サーカス「ヌーボ・シルク」を連日満員にした白人と黒人によるコンビ〝フティット&ショコラ〟である。

２０１６年に公開されたフランス映画「ショコラ～君がいて、僕がいる～」は、フランス初の黒人芸人ショコラを主人公に、人種差別による偏見に苦しむ彼と、それを支えるフティットの姿を描くヒューマンドラマだ。

ストーリーは実際の〝フティット＆ショコラ〟をモチーフにしているものの、その内容は史実と大幅に異なっている。

奴隷として売られた後、ピエロの助手に

主人公のショコラは、当時スペインの管轄だったキューバで生まれた（出生は1865年〜1869年の間と推定。後年、本名をラファエル・パディラと名乗った）。両親ともに奴隷で、作中、父親がご主人の命令で犬の真似をする姿を盗み見するラファエルが描かれるが、実際の彼に両親の記憶は皆無だという。

幼くしてスペイン人実業家に奴隷として売られスペインの村に移住するが、そこではラファエルが唯一の黒人。実業家家族や村人に虐待を受け、厩舎暮らしを余儀なくされる。

14歳頃、村を逃げ出した彼は様々な仕事をするうちにイギリス人ピエロ（道化師）に出会い、身体能力を買われアシスタントに雇われる。1884年頃のことだ。当時、ヨーロッパではサーカスが庶民に人気の娯楽で、特におかしなマイム（台詞ではなく身体や表情で表現するパフォーマンス）で笑わせるピエロは欠かせない存在だった。

映画は1897年、フランス北部の田舎町のサーカスからスタート。ここで人食い人種を演じて客を脅す見世物芸で糊口をしのいでいたラファエルと、落ち目の道化師フティットが出会いコンビを組むことになっている。が、実際にラファエルがジョルジュ・フティット（1864年、英マンチェスター生）と出会うのは1886年頃だ。

父親がサーカスの興行主だったフティットは、3歳でサーカスデビュー。12歳で独り立ちし、当時流行りの曲芸師として働き始めたが、ずんぐりした風貌では舞台映えしないとピエロに転向。これが大成功を収める。走

1895年頃の実際のフティット（左）＆ショコラ（ラファエル）。映画ではショコラが大男のように描かれているが、実際は2人の身長はさほど変わらず年齢も同世代だった

ショコラ〜君がいて、僕がいる〜

2016／フランス
監督：ロシュディ・ゼム
19世紀末から20世紀初めのパリを舞台に、フランスで最初の黒人芸人となったショコラと、相方の白人芸人フティットの実話を映画化。

ごついガタイに白塗りの女装で一世を風靡した
ジョルジュ・フティット。1890年頃の撮影

る馬上でチュチュを着た白塗りのバレリーナの演目を発明すると、その名はヨーロッパ中に広まった。

　一方、師匠のピエロをサポートしながら舞台に立ち始めたラファエルは「ショコラ」という芸名をもらい、1886年から名門サーカス「ヌーボ・シルク」に出演するようになる。デビューは馬の後脚の役だった。

　ある日、宴会に出席したショコラは、そこで来賓女性のドレスに料理をこぼし、解雇を言い渡されてしまう。それを救ったのがフティットだ。怒り狂ったショコラの師匠に、彼は見込みがあると説得したのだ。

　果たして、ショコラのマイムは人目を集め、白人女性とのコンビで新婚夫婦を演じて好評を博す。フティットもすぐにショコラの師匠だったピエロを凌駕《りょうが》する人気者に。女装キャラを開拓した彼は、さらにクレオパトラの演目を開発して1890年頃にはサーカスで1番のピエロになっていた。

　そんな彼がショコラに声をかけ、2人で舞台に立つようになる。これまで同じような動きをして成功したコンビはいたが、フティットはマイムに対立構造を持ち込み、映画で描かれたような、当時の人種差別的偏見を体現。白人が支配し、黒人のシ

左／ショコラは、フティットとコンビを組む前に白人女性と「新婚夫婦」の演目で人気に　下／フェリックス・チョコレートのCMに起用されたフティット＆ショコラ（1890年頃）

ヨコラが蹴られるなど被害を受ける様を演じた。特に「ウィリアム・テル」と題した演目で大ブレイク。1894年に映画を発明したリュミエール兄弟は2人の様子を撮影しており、その映像は現在でもユーチューブなどで見ることができる。

コンビ解消後、アルコール依存症に

大人気のフティット&ショコラに、徐々に時代の影が差す。黒人芸人やパフォーマーが当たり前に活躍するようになり、2人の芸はもはや古いとみなされ出したのだ。

劇中では、人種差別に苦悩した挙句、ギャンブルで莫大な借金を背負いこんだショコラが演劇をやりたいと言い出し、事実上、コンビは解散する。が、実際、1910年、劇場がフティットとだけ契約を結んでいる。

フティットは自分の跡を継がせようと3人の息子たちと舞台に立ち始め、ショコラは劇場で「オセロ」に出演した。が、ショコラのいないフティットは以前ほど輝かず、ショコラもまたフティットなしでは満足な仕事がもらえなかった。

映画では、そんなショコラを息子がいる看護師のマリーが支えているが、実際のショコラもマリーという女性（職業は秘書。連れ子が2人）と結婚。彼女の娘が結核にかかっていたことで病院を慰問に訪れ、「笑い療法」の概念を生み出したといわれている。

ショコラは娘が19歳の若さで死亡するとアルコール依存症とうつ病を発症。1917年11月、地方のサーカスに出演中に心臓発作を起こし、この世を去る。

劇中では描かれないが、一方のフティットはその後、自らサーカス団を立ち上げるもうまくいかず、第一次世界大戦後はパリのモンターニュ通りに小さなバーをオープン。その傍ら、舞台や映画に出演していたが、1921年4月、57歳で死亡する。マスコミは、世紀のピエロとして彼に最大の賛辞を贈った。

相方がいないと互いに輝けない

リュミエール兄弟の短編映像に残されたフティット（左）&ショコラ

ショコラ～君がいて、僕がいる～

1921年の映画「フィーバー」に出演した最晩年のフティット。公開を待たず死亡した

実際のカレンダー・ガールズたち。左からリンダ、ベリル、トリシア、クリスティン、アンジェラ、ロス（映画化を承諾した6人）

カレンダー・ガールズ

白血病研究の寄付のため自身のヌードカレンダーで30万部を売り上げた平均年齢56歳のイギリス婦人たち

1999年、欧米で1冊のカレンダーが大きな話題を呼んだ。平均年齢56歳のイギリス人女性11人がモデルになったヌードカレンダーである。白血病の研究に対する寄付を目的に、ごく普通の主婦たちが作ったカレンダーは実にトータル30万部を売り上げ、この信じられない話を基に2003年、「カレンダー・ガールズ」のタイトルで映画化された。

実際のカレンダー。左から1月ベリル（撮影当時最高齢の65歳）、7月リンダ、10月トリシア

平凡な日常に刺激を与えることも目的

　イギリスをはじめ、カナダ、南アフリカ、ニュージーランドの女性が所属する「ウィメンズ・インスティテュート」（通称WI）という婦人会がある。農村の活性化や食糧増産を趣旨に作られ、イギリスではエリザベス女王も参加し、英国内で約7千支部20万人が慈善事業や料理講習などの活動に勤しむ一大コミュニティだ。

　1998年7月、イギリス中東部に位置するヨークシャーに住む婦人会メンバーの1人、アンジェラ・ベイカー（当時52歳。映画での役名はアニー）の夫ジョンが白血病で死亡したことが全ての始まりだった。落ち込むアンジェラを励ますため、親友のトリシア・スチュワート（同49歳。ヘレン・ミレン扮する映画の主人公。役名はクリス）がとんでもないアイデアを思いつく。毎年恒例の、風景や料理写真を使った婦人会カレンダーを、今年は自分たちがモデルになったヌード写真で作ろうと言い出したのだ。

　売上金で、ジョンがお世話になった病院に、看病する家族が

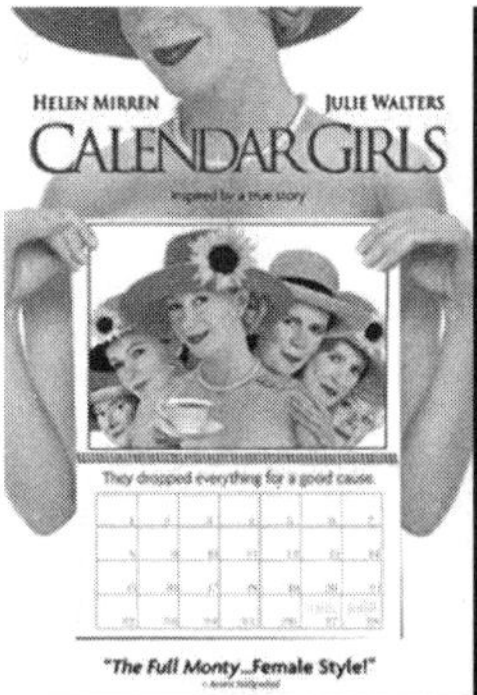

カレンダー・ガールズ

2003／イギリス・アメリカ
監督：ナイジェル・コール
1999年、イギリス・ヨークシャーで世界初の"婦人会ヌード・カレンダー"が制作され、30万部を売り上げ大きな話題となった実話を基にしたヒューマン・コメディ。

ゆっくり座れるソファーを寄付するのが主目的だったが、その背景には彼女たちの平凡な日常生活もあった。

田舎の主婦にとって、婦人会は唯一の社交場。ところが毎週の議題と言えば秘伝のジャムの作り方だの健康法だの退屈なものばかり。トリシアならずとも、大半が刺激のない毎日に物足りなさを感じていた。映画では、婦人会の支部長ら幹部がヌードに強く反対したように描かれているが、実際には意外にもすんなり皆の賛同を得られたという。

ハリウッド女優とレッドカーペットを

モデル募集に応じた11人を1月〜11月はそれぞれ単体で、12月はクリスマス・キャロルを歌う集合写真で構成されたカレンダーは１９９９年4月12日に発売され、1週間で初版2千部が完売。増刷に次ぐ増刷で半年間で販売数は8万8千部に達する。

2013年までカレンダーを更新

カレンダー・ガールズ

カレンダー発売10年目に集合したカレンダー・ガールズ。左からトリシア、アンジェラ、ベリル、リンダ、クリスティン、ロス

この異例なムーブメントはやがてアメリカに渡り、新聞が彼女らを「カレンダー・ガールズ」と名づけ記事に取り上げ、テレビはトークショーのゲストとしてスタジオに招いた。

さらには、アメリカ版のカレンダーが発売されるとこれが大ヒット。２００１年の1年間で20万2千部を売り上げ、最終的にトータル30万部のセールスを記録する。結果、彼女たちは当初目的にしていた病院へのソファーの寄付はもちろん、国内の大学に白血病研究資金として2億円を寄付することになる。

２００１年、ハリウッドから映画化のオファーが舞い込み、11人中6人が契約書にサイン。彼女らの全面協力のもと作られた映画は、胸を隠すはずのパンケーキが小さすぎて豊満なバストがはみだしたなど、カレンダー撮影時のエピソードも事実どおりに描かれている。

実際との違いは2点。劇中ではカメラマンを公募広告で探したことになっているが、メンバーの1人であるリンダの夫がかつてプロカメラマンだったため、探す手間は要らなかったこと。

また、カレンダー販売後、トリシアとアンジェラがいがみ合ったように描かれているシーンについても、2人は声を揃えて否定している。

彼女たちが巻き起こした奇跡はこれで終わらない。２００３年に映画が公開されると、ヨーロッパ最大の劇場「オデオン・レスター・スクエア」で行われたプレミア試写会でハリウッド女優と肩を並べてレッドカーペットを歩き、その後もテレビドラマや舞台などでカレンダー・ガールズの物語は繰り返し語られ続けている。

ちなみに、婦人会のヌードカレンダーはその後も毎年更新され、２０１３年版をもって終了した。

第5章 運命

海を飛ぶ夢

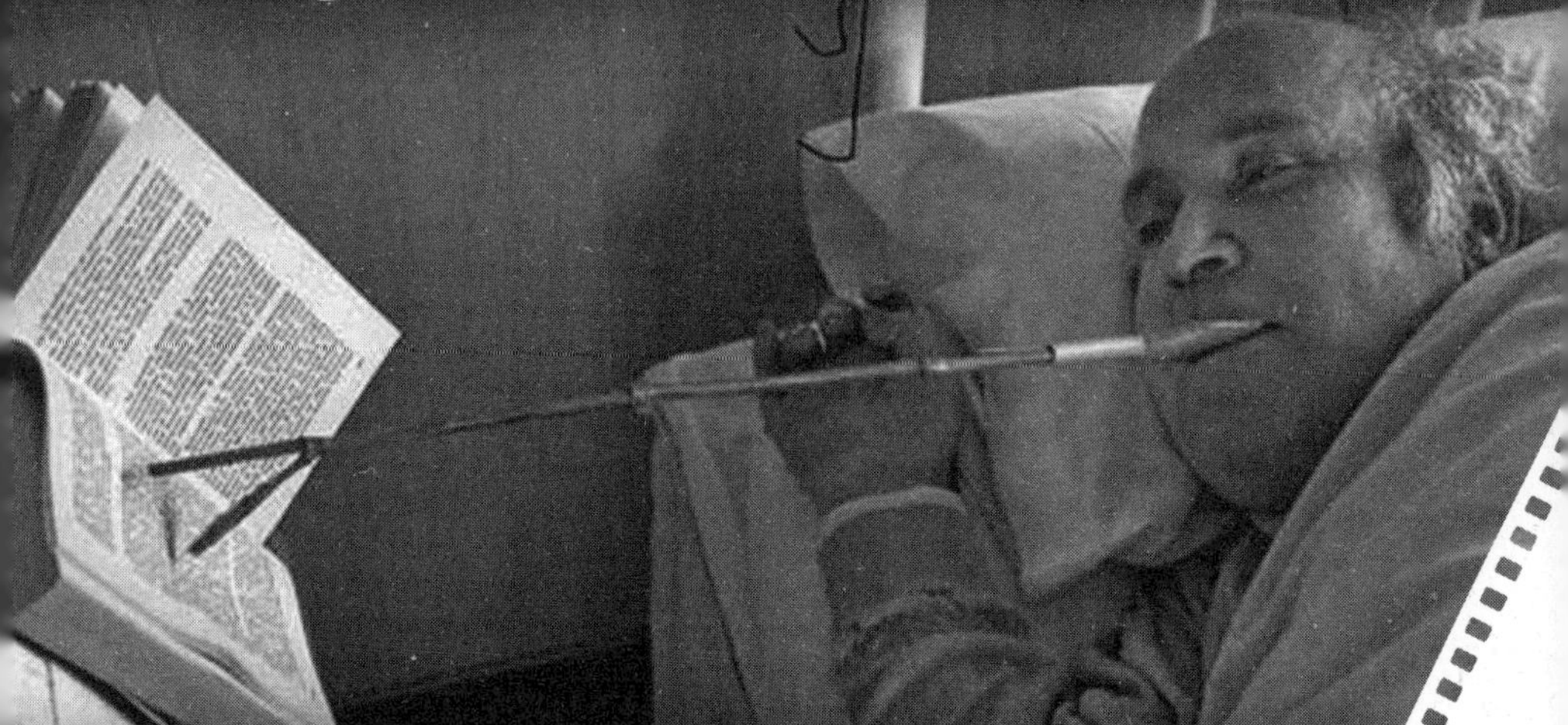

ラモン・サンペドロ本人。自由になるのは首から上だけで、口を器用に使いこなした

全身不随と30年間闘ったラモン・サンペドロの偉大なる尊厳死

尊厳死。末期ガン患者など治癒の見込みのない人々が本人の意思に基づき延命処置をしないで死を迎えることだ。２０２０年6月現在、欧米の大半の国がこれを合法と定めているが（日本は違法）、他人の手を借りた薬物投与などによる自殺幇助を認めているのは、オランダ、ベルギー、ルクセンブルク、スイス、及びアメリカの一部の州のみである。

２００４年公開の映画「海を飛ぶ夢」は不慮の事故で頸椎を損傷、以来30年間、全身不随と闘った末、人間としての尊厳を保つため、自殺幇助《ほうじょ》により命を絶った実在のスペイン人、ラモン・サンペドロの生き様を描いた人間ドラマだ。

首より下が動かせない四肢麻痺の状態に

本作の主人公ラモン（演：ハビエル・バルデム）は１９４３年、スペイン・ガリシア州の田舎町ポルト・ド・ソンに生まれた。22歳から船員として働き世界の49の港に出向くなど精力的な日々を送っていたが、１９６8年8月23日、25歳のとき、二日酔いの体で岩の上から誤って浅瀬の海に飛び込み首の骨を損傷、首より下が全く動かせない四肢麻痺の状態に陥ってしまう。

　以来、両親、兄、兄嫁の助けを借りベッドで寝たきりの生活が始まる。寝返り、食事、排泄など全ての行為を人に委ねねばならない己に絶望し、ラモンは幾度も死を口にする。が、弟のため漁師を辞め自宅近くで農場を開いた兄をはじめ、家族はラモンに励ましの言葉をかけ、献身的に面倒をみ続けた。

　しかし、寝たきり生活が生きるに値しないとのラモンの考えは年を経るごとに強固なものとなり、事故から25年後の1993年、尊厳死の支援団体を通じて、死の幇助を認めるよう国に訴えを起こす。

　カトリック国家スペインでタブー視されたていた尊厳死を求める提訴は国内初の出来事で、新聞、テレビはこれを大々的に報道。ラモンは一躍有名人となる。映画には、そんな彼を支援する人物として、自らも難病を抱えたフリアという女性弁護士が登場する。ラモンが口にペンをくわえて書いていた自伝の出版を勧め、既婚の身ながら彼と愛情を通わせ合う役どころだ。この女性は、ラモンに密着取材を行い、自叙伝出版の手伝いをしていた地元テレビ局の女性記者がモデルだが、プライバシーの問題で、本名もラモンとの具体的な関係も明らかになっていない。

　劇中にはもう一人、ロサというシングルマザーが、ラモンを支える大きな存在として描かれている。彼女は、ポルト・ド・ソンの隣町の魚介類を缶詰にする工場で働いていた実在の女性ラモナ・マネイロがモデルで、映画のとおり離婚後2人の息子を育て、夜は地元ラジオ局でDJを務めていた。

　重い闘病生活を強いられながらも、明るくユーモアをまじえ話すラモンをテレビで見て惹かれたラモナは、自身のラジオ番組のファンの紹介で1996年6月、ラモンに初めて対面する。このときラモナは35歳。会った瞬間に恋に落ち、以降、彼女は毎日のようにラモンのもとを訪れるようになる。

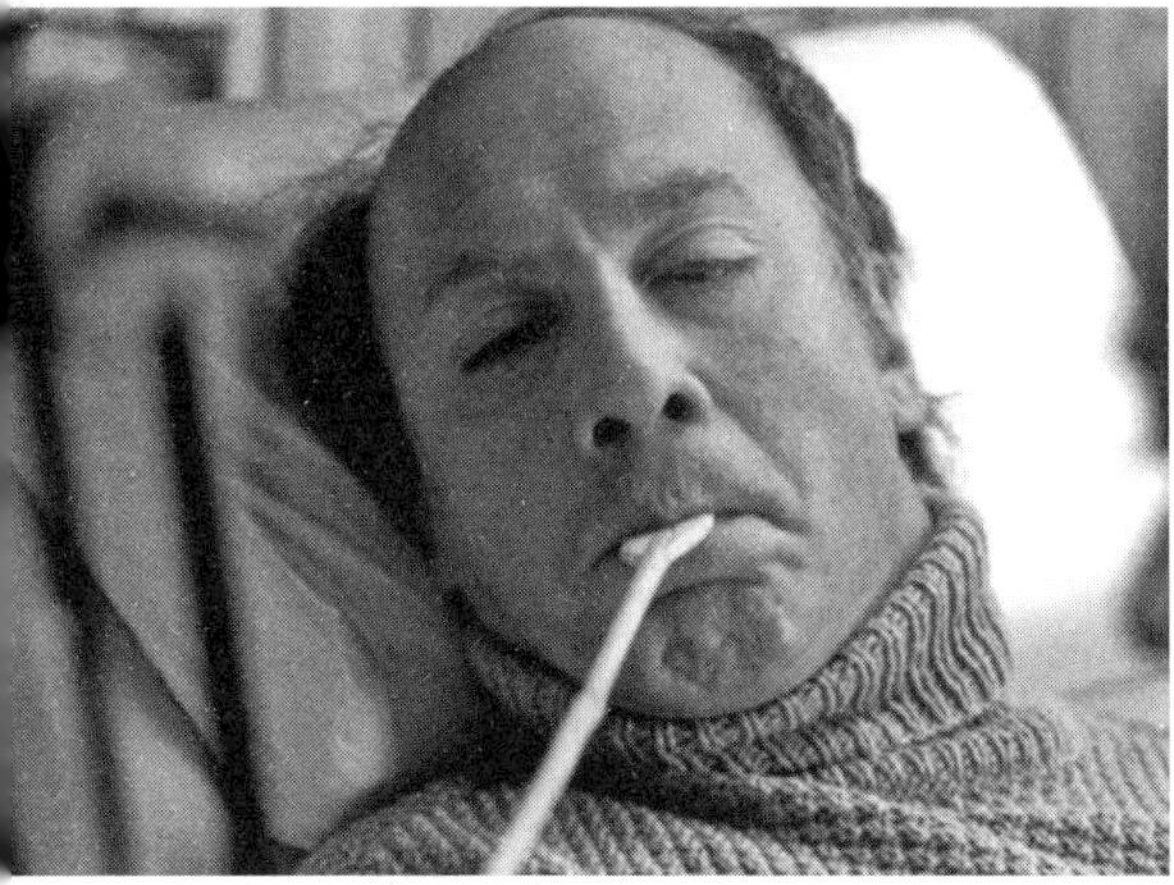

「ノーカントリー」などで知られるハビエル・バルデムが特殊メイクで主人公を演じた。映画「海を飛ぶ夢」より

今日、尊厳を持って死のうと思います

　裁判所が提訴を退けた4年後の1997年9月、ラモンは控

海を飛ぶ夢

2004／スペイン・フランス・イタリア
監督:アレハンドロ・アメナーバル
25歳のとき事故で四肢麻痺に陥り、以来30年間寝たきりの生活を強いられた男ラモン・サンペドロの手記『地獄からの手紙』を映画化。2004年度のアカデミー賞で最優秀外国語映画賞に輝いた。

訴審でも敗れる。訴えは理解できるが、自殺幇助は犯罪とみなすというのが司法の判断だった。ちなみに、このときラモンは劇中のとおり、車椅子で法廷に出向き自ら証言することを求めたが、控訴事実は全て提出されたとして、裁判官がそれを認めることはなかった。

　判決を知り、ラモナは意志を固める。それまで愛する人に少しでも長く生きてほしいと願っていた思いが、重度の障害を抱え死にたくても死ねないラモンのような人間を助けることは決して間違っていないと確信に変わったのだ。

　家族の反対を押し切り、ラモナはラモンを自宅から25キロ離れたボイロという町の、海が見える家に車で連れ出す。映画では、この後、すぐに自殺が実行されたかのように描かれている

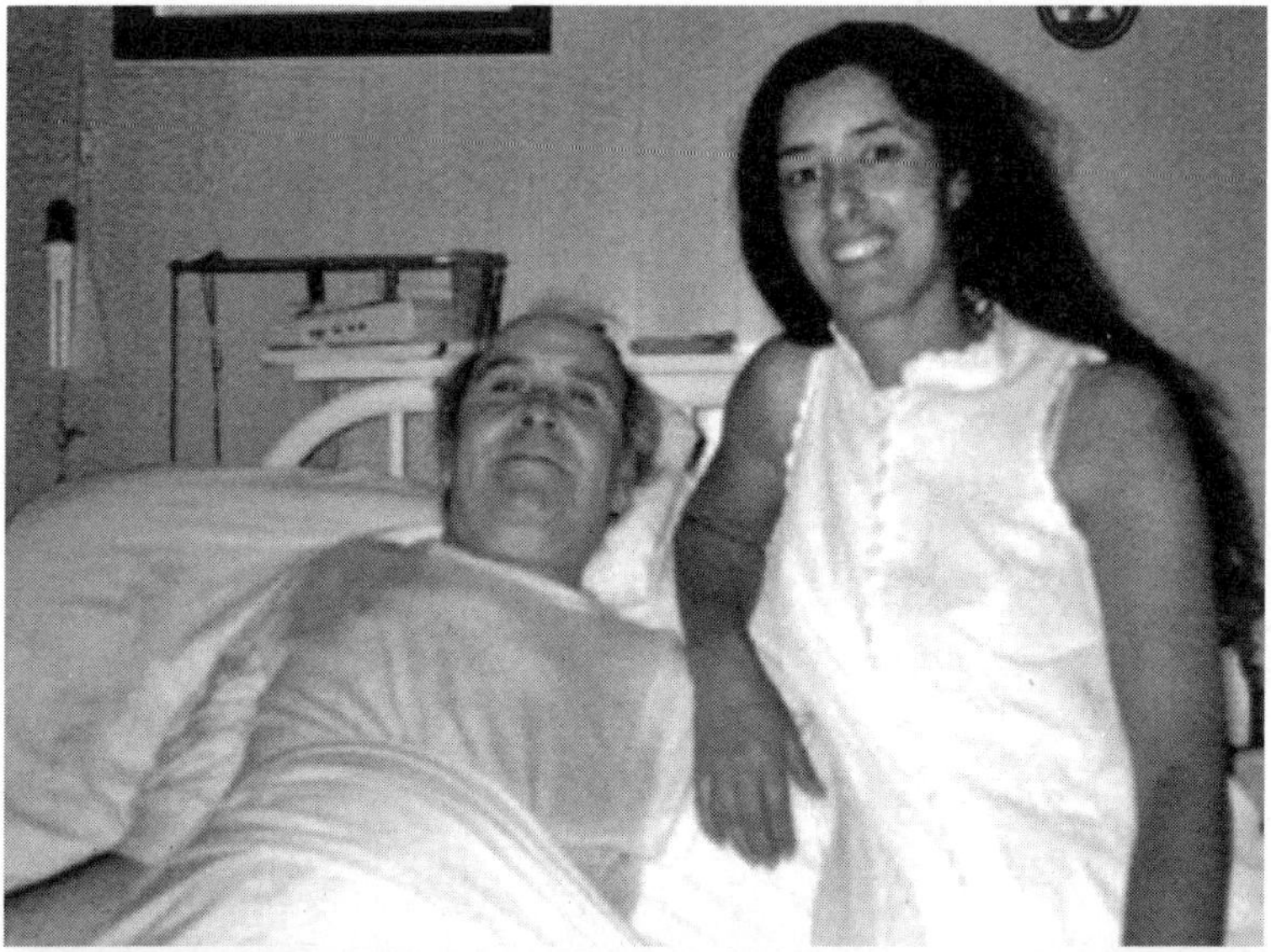

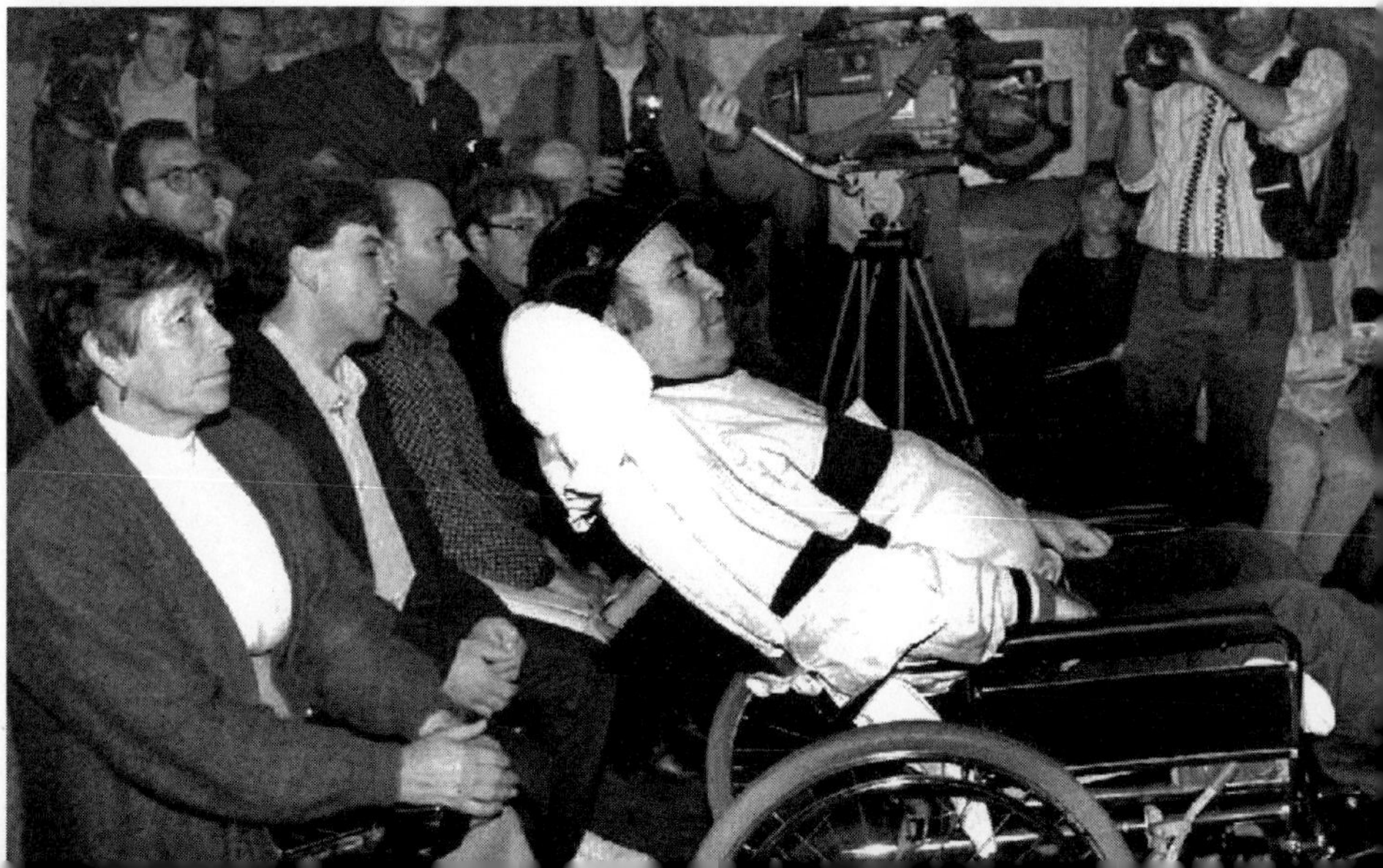

上／ラモンに好意を寄せ、彼の自殺を手助けしたラモナ・マネイロ（右）
下／1997年9月、自殺幇助を含む尊厳死の合法を求めた控訴審に車椅子で出廷したラモン

1998年1月12日夜、ビデオカメラに向かい最後のメッセージを。
2ヶ月後、映像はスペイン国内で放映された

絶命するまで30分間悶絶

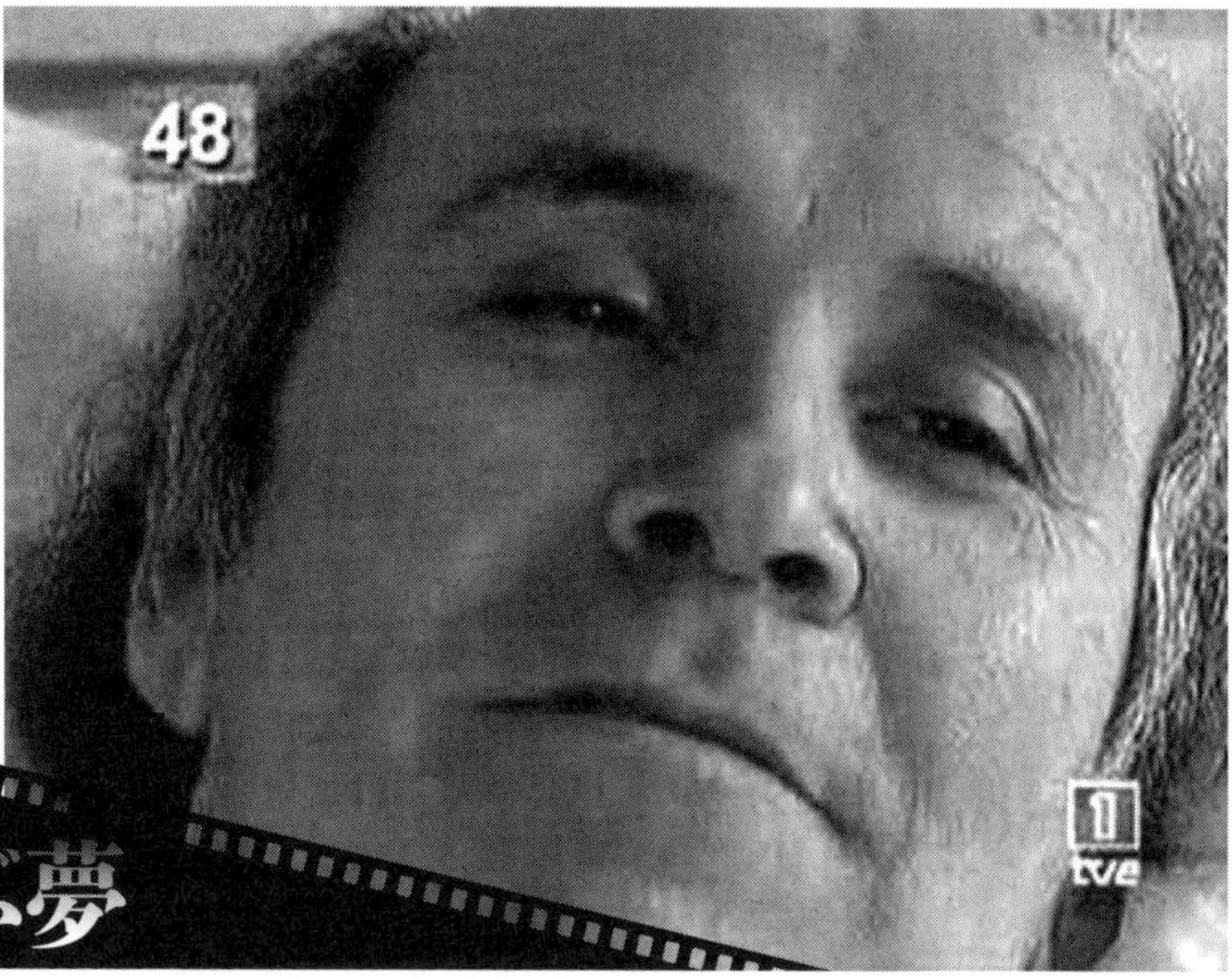

海を飛ぶ夢

が、実際は死の2ヶ月前、１９９７年11月のこと。その後、ボイロの家には頻繁に家族が顔を出し、ラモンの55回目の誕生日（１９９８年１月５日）には杯を傾けて祝ったそうだ。

それから１週間後の１月12日19時過ぎ、ラモンが口を開いた。

「今夜、旅立とうと思う」

劇中では描かれない、自殺の具体的経緯は以下のとおりだ。

ラモンによって作成された「安楽死マニュアル」に沿って、ラモナはまず手袋をはめ、別の協力者から手に入れた致死量相当の青酸カリをグラスに溶かし、ラモンがストローで飲めるようベッドの脇に置く。この後、ベッドの前に8ミリビデオカメラを設置、自らは映らない場所に身を隠した。

ラモンがカメラに向かって語りだす。

「裁判官、政治家、宗教家の先生方、あなた方にとって、尊厳とは何を意味するのでしょうか。あなた方がどんな意識を持たれようとも、私にとって、これが尊厳のある生き方だとは思えません。今日、私は最低でも尊厳を持って死のうと思います」

長年の苦悩を話し終えたラモンは、グラスのストローに唇を添え、透明の液体を一気に吸った。数秒後、体に反応が起きる。

「はー、来たぞ。熱い！」

ラモンが叫んで絶命するまで約30分。その間、ラモナは悶絶する彼の姿を見るに見かね、トイレに駆け込み耳を塞いでいたという。

遺体となったラモンをベッドに残し、彼の友人を電話で呼ぶ。これも事前に指示されたとおりの行動だった。さらに、友人たちはラモンに「ラモナが処罰されることだけは避けなければならない」とも聞かされていた。

友人たちからラモンの言葉を伝え聞いた弁護士は、逮捕されたラモナに取り調べや公判において、黙秘権の行使を指示。果たして、ガリシア地方裁判所は「証拠不十分」として、ラモナを釈放処分とする。

７年後の２００５年、時効が成立し、ラモナは自身が自殺幇助及びビデオ撮影したことを正式に認めた。対し、ラモンの家族は現在も彼女を「人殺し」として、一切の交流を絶っているそうだ。

薬物依存、離婚、散財。ハリウッドの歌姫ジュディ・ガーランドはこうして堕ちていった

左が晩年のジュディ・ガーランド本人。右が演じたレネー・ゼルウィガー。映画「ジュディ 虹の彼方に」より

ジュディ 虹の彼方に

2019年度のアカデミー賞でレネー・ゼルウィガーが最優秀主演女優賞に輝いた「ジュディ 虹の彼方に」は、ハリウッド黄金期のミュージカル女優ジュディ・ガーランドの知られざる晩年を描いた伝記ドラマである。子役として大人気を博し、以後も抜群の歌唱力で観客を魅了した彼女は最後、覚醒剤と睡眠薬でボロボロになり、家賃の支払いまで苦労するほど堕ちていく。伝説のスターにいったい何があったのか。

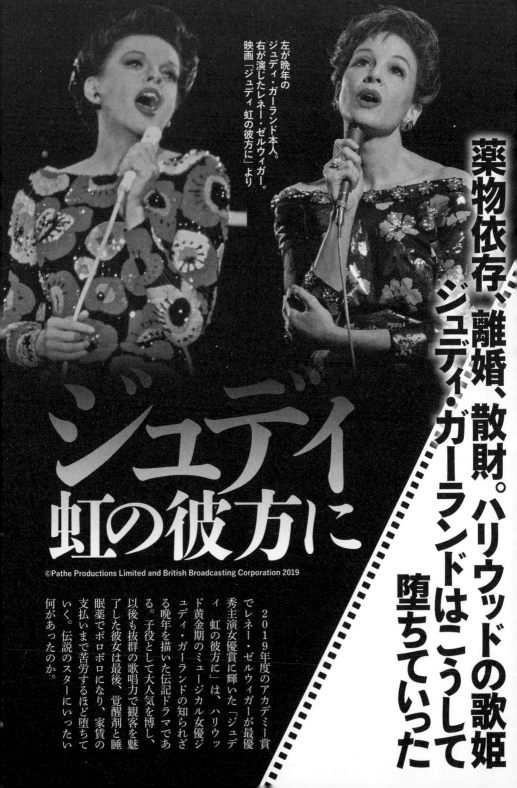

ダイエットのため母親が覚醒剤を強要

日本人にとってジュディ・ガーランドは、映画「オズの魔法使」でヒロイン、ドロシーを演じた子役、またはミュージカル女優ライザ・ミネリのお母さんぐらいの認識しかないのが普通だろう。が、アメリカでは〝史上最高のエンターテイナー〟と称され、知らない人はいない存在。そのためか、本作では彼女の生い立ちや最も輝いた時期のエピソードはほとんど語られていない。

1922年、ジュディ（本名フランシス・ガム）はガム家の三女として米ミネソタ州に生まれた。ボードビル（客前でショーを行う芸人）で生計を立てていた歌手の父とピアノ弾きの母は、ジュディが2歳のとき2人の姉と一緒に舞台に引っ張り上げ「ガム・シスターズ」と名付けて歌や踊りを披露させるようになる。

1920年代、ロサンゼルスの舞台に立つガム家の三姉妹「ガム・シスターズ」。左がジュディ

実は父親はバイセクシュアルで、母親エセルとは偽装結婚だった。ジュディを身ごもった頃にそのことに気づいたエセルは流産しようと9千回以上飛び跳ねたというが、夫は必死で「今度はきっと男の子だ」と説得。女性に参政権が認められたばかりの当時、家計を支えてくれる男子が欲しかったエセルは夫の説得に応じて3人目を出産する。が、またしても女の子だったため、せめて家計の足しにしようと幼い娘たちをショービズ界に入れたのだ。

ここでジュディは姉たちと比べものにならない才能を発揮する。歌声の素晴らしさはもちろん、5歳になる頃には両親の演出にも口を出し始めたという。どこで歌っても1人だけ目立つジュディはたちまち大評判となった。

1935年、母エセルはいちばん才能のありそうなジュディを売り込み、ミュージカル映画全盛期に数々のスターを育て上げた巨大映画会社MGMと専属

ジュディ 虹の彼方に

2019／イギリス
監督:ルパート・グールド
「オズの魔法使」で知られるハリウッド黄金期のミュージカル女優ジュディ・ガーランドが47歳の若さで急逝する半年前、1968年冬に行ったロンドン公演の日々を生々しく描いた実録ドラマ。

契約を果たす。13歳にしてハリウッドの一線で活躍のチャンスを得られるとは、まさにアメリカン・ドリームだ。

しかし、そこは決して夢の世界ではなかった。映画の回想シーンで繰り返し出てくるように、MGMの社長ルイス・メイヤーはジュディに「おまえは醜い、痩せなければ辞めさせる」と脅し（もともと採用に乗り気ではなかった）、母エセルは、太りやすい体質の娘に当時ハリウッドでダイエット薬として使用されていた覚醒剤を強制的に常用させていた。当時、MGMは巨額の資金を投じて次々大作映画を世に送り出していたが、その陰にはスポットライトを浴びながら使い捨てにされていく子役たちがいたのだ。

薬物とストレスで自殺未遂を繰り返す

1939年、MGMはミュージカル映画「オズの魔法使」の

ジュディが契約していた大手映画会社の社長ルイス・メイヤー。小児性愛者として知られていた。1957年、73歳で死去

1939年、「オズの魔法使」で主役ドロシーを演じ、アカデミー子役賞の栄冠に（真ん中がジュディ）。日本公開は1954年

制作に乗り出し、主役ドロシーをライバル社20世紀FOXの人気子役だったシャーリー・テンプルに演じさせようと考える。MGM側がクラーク・ゲーブルとジーン・ハーロウの2大スターをFOXへ貸し出すのが条件だった。が、ハーロウが急死し交渉は頓挫。急遽、代役に起用されたのが当時17歳のジュディだった。

本作の演技でアカデミー子役賞（1961年まであった18歳未満の俳優に贈られた賞）を受賞、スターの仲間入りを果たす。以後、大スターだったミッキー・ルーニーとコンビを組んだミュージカルシリーズや、大ヒ

「オズの魔法使」に出演した17歳の頃のジュディ（右）と母エセル。太りやすい娘の体型を維持するため、エセルはジュディに覚醒剤を強制的に飲ませていた

ジュディ　虹の彼方に

主演作「若草の頃」（1944）の監督ヴィンセント・ミネリと1945年に挙式（二度目の結婚）

ット作「若草の頃」（1944）、「ハーヴェイ・ガールズ」（1946）などで主役を務め、国民的俳優の地位を不動のものとする。ジュディは並外れた歌唱力だけでなく、一回聞いただけで数ページ分のセリフを覚えられる抜群の記憶力を備え持っていた。

ところが幼少期から容姿コンプレックスを植えつけられたジュディの自己肯定感は極端に低く、20代前半で不安障害の一種である「恐怖症」を発症。薬物依存と相まって舞台前に極度に緊張したり、自分の意に沿わないことを言われると癇癪《かんしゃく》を起こすようになる。

普通の母親なら娘の苦悩を解決すべくあらゆる努力をするだろう。が、ジュディを薬漬けで働かせていたエセルはMGMに抗議するどころか、小児性愛者として有名なメイヤー社長と結託。娘を幼く見せるために胸をさらしで押さえつけ、きついコルセットを着用させていた。しかも成長するにつれてダイエットは厳しくなり、「オズの魔法使」撮影時のジュディの食生活は、毎日ブラックコーヒーとチキンスープ、80本のタバコだったという。

そんな地獄の生活から逃れるように、ジュディは19歳で周囲の反対を押し切りミュージシャンのデビッド・ローズと結婚する。しかし、清純派のイメージを台無しにすると主張する母親とMGMの圧力に耐えきれず1944年、わずか2年で離婚。その後もジュディは25歳まで少女役をやらされ、「若草の頃」で監督を務めたヴィンセント・ミネリと再婚し、娘ライザを産む。作品も評価され、これで人生は好転するはずだった。が、産後鬱となり自ら首の頸動脈をカット。奇跡的に生き残ったものの夫から一方的に離婚され、再び自殺を図るという負のスパイラルに陥ってしまう。

薬物とストレスでボロボロになった体と精神は幻聴や被害妄想を生み出し、ことあるごとに撮影を中断させ、〝わがまま女優〟の評判が広がるなか、1949年、「アニーよ銃をとれ」の主役アニーに抜擢される。しかし、撮影中に錯乱状態に陥ったことで役を下ろされ、1950年、MGMはついにジュディとの契約を破棄するに至る。

解雇された後、長期入院でリハビリを行うも症状は改善しない。さらに二番目の夫ミネリとの間に授かった2人の子供の親権争いに神経をすり減らす日々。もはや限界を超えていた。

莫大な財産を浪費し抱えた借金50万ドル

転機が訪れるのは1952年。映画プロデューサーのシドニー・ラフトと結婚し、彼や友人のビング・クロスビーらの勧めでハリウッドを離れ、ロンドンやニューヨークで歌手としてステージ活動を行うと、これが大成功。ジャズ歌手としてのジュディが再評価されることになった。

さらに1954年、夫プロデュースによる映画「スタア誕生」で久々にハリウッドに復帰し、ゴールデングローブ賞主演女優賞を受賞。アカデミー賞も本命視されていたが、本作の撮影中、ジュディが遅刻や出勤拒否をして、それに伴う制作費の増大を問題視した制作会社のワーナー・ブラザースは彼女の受賞のための宣伝や根回しを拒否。結果、オスカーは「喝采」のグレース・ケリーに輝き、受賞を逃した失意からジュディの私生活はまたも乱れ始め、数度の自殺未遂を起こす。

その後もテレビでの冠番組を持ったり、バート・ランカスターやマレーネ・ディートリヒと映画「ニュールンベルグ裁判」（1961）に出演したり、カーネギー・ホールで行ったライブのアルバムがグラミー賞の最優秀アルバム賞を受賞するなど活躍は続いたが、薬物中毒と神経症はさらに悪化。逮捕されることはなかったものの、この頃、ジュディは常時FBIの監視下に置かれていたそうだ。

本作「ジュディ 虹の彼方に」が描いているのは、その後のジュディである。1968年秋、彼女は大スターで莫大な収入を得ながら、その大半を浪費。舞台や番組をドタキャンした違約和解金に加え、税金の滞納金が払えず約50万ドル（当時のレートで約1億8千万円）の負債を抱え、毎日の生活費にも事欠いていた。

映画の冒頭で描かれているように、当時ジュディは三番目の夫ラフト（1965年離婚。その後、アメリカの俳優マーク・ヘロンと結婚し1967年離婚）との子供2人を連れてのホームレス状態。ゲイバーで歌って得る1日100ドルの収入で子育てをするのはとうてい無理な話だった。

上／1954年、「スタア誕生」でハリウッド復帰（左はジェームズ・メイソン）。本命視されていたアカデミー主演女優賞を逃し、失意から自殺未遂を繰り返すことに下／1965年、デビューを果たした当時19歳の娘ライザ（右）と43歳のジュディ

そこで、ジュディは単身イギリスへ渡る。当時アメリカではジュディの悪評が広がっており仕事は皆無。唯一、オファーがもらえたのがロンドンでの公演だった。ナイトクラブで開催されたジュディのライブチケットは完売し、映画のとおりロンド

ンの客は彼女を歓迎した。が、繰り返されたトラブルも本作は忠実に描き出している。

　恐怖症のせいで公演中に声が出なくなったり、無断欠席したり、遅刻して客からパンやグラスを投げられたのも事実なら、追い詰められた状況下でありながら医者と偽って薬物を運んできた一回り年下のミッキー・ディーンズと五度目の挙式を行ったのも本当の話だ。

　唯一、実際と異なるのは、公演後に中年のゲイカップルの夕食に招かれたエピソードで、これはジュディがゲイ・カルチャーのアイコンとなっていることを強調するための演出だ（出世作「オズの魔法使」に登場する、頭脳のないカカシ、心のないブリキ男、勇気のないライオンに心を寄せるドロシーを演じたことで、社会的弱者の良き理解者として捉えられていた）。

1969年1月14日、ロンドンのタウントークで歌うジュディ

ジュディ　虹の彼方に

1969年3月、ミッキー・ディーンズと五度目の挙式

　ロンドンの家でトイレに座ったままジュディが亡くなっているのを夫のミッキーが発見したのは1969年6月22日の朝。死因はバルビツール酸系睡眠薬の過剰摂取だった（享年47）。

　娘のライザ・ミネリは「ハリウッドに殺された」と発言し、ニューヨークにジュディを埋葬したが（現在はハリウッドに移されている）、その費用さえジュディには残っていなかった。

最期は埋葬費さえ出せない一文無しに

1969年5月21日、ロンドンのヒースロー空港で撮影されたジュディ最後の写真。この1ヶ月後に死去

炎のランナー

1924年パリ五輪の英国人金メダリスト、エイブラハムスとリデルの劇中では描かれないその後

左が物語の主人公の1人、エイブラハムス。映画「炎のランナー」より

海辺を走るランナーのバックにかかる流麗なメロディ。2012年ロンドン五輪の開催式&表彰式であの有名なオープニング曲が使われ、久々に脚光を浴びた1981年公開の映画「炎のランナー」。本作は、1924年パリ五輪の陸上競技で金メダルを獲得した2人のイギリス人ランナー、ハロルド・エイブラハムスとエリック・リデルの実話を題材とした人間ドラマだが、2人がその後歩んだ人生は大きく異なる。

出場種目交代劇の真相

主人公の1人、エイブラハムスは1899年、ロシア・ポーランド系ユダヤ人移民の子供として貧しい家庭に生まれた。ユダヤの血を引いていることから潜在的な差別と偏見を受けていたが、若い頃より短距離走と幅跳びに非凡な才能を見せ、学業優秀で名門ケンブリッジ大学進学後もアスリートとして活躍していた。

劇中では描かれないが、彼が初めてオリンピックに参加したのは1920年、ベルギーのアントワープ五輪である。この大

会で100メートル、200メートルともに準々決勝敗退。走り幅跳びは20位と惨敗し、4年後のパリ五輪でもメダルを期待できる選手とは思われていなかった。

しかし、映画のとおり非英国系のプロコーチから本格的な指導を受けた結果、100メートルで並み居る強豪を押しのけ見事に金メダルを獲得。200メートルは6位に終わったものの、第1走者として出場した4×100メートルリレーで銀メダルを手にした。

もう1人の主役、リデルはスコットランドの宣教師の息子として1902年、中国の天津で誕生。6歳で母国に戻り、エジンバラ大学進学後に陸上選手としての才能を開花させる。

パリ五輪ではエイブラハムスと同様、100メートルに出場する予定だったが、その予選日が日曜（キリスト教の「安息日」）だったことから、敬虔なクリスチャンの彼は出場を断固拒否。代わって出た400メートル走で優勝大本命のホレーショ・フィッチ（アメリカ）ら強豪を下し、47・6秒の世界新記録で金メダルを獲得。さらに200メートルでも銅に輝いた。

映画ではこの交代劇を巡り脚色が施されている。劇中、リデルはパリに到着後、100メートルの出場を拒否。本来400メートルに出場する予定だった選手が「自分はすでに110メートルハードルで銀メダルを獲得しているので、その枠を彼に譲る」と申し出たことで、急遽リデルの出場が決まる。が、100メートルの予選日は五輪開催の数ヶ月前からわかっており、実際のリデルは短期間ながら400メートルのトレーニングに励んでいた。さらには、パリ五輪の110メートルハードルでイギリス人選手がメダルを獲得した事実もない。映画のように紳士的な申し出をしたのは架空の人物である（1928年アムステルダム五輪の400メートルハードルで金メダルに輝いたデヴィッド・バーリーがモデルという説もある。バーリーはパリ五輪で110メートルハードルに出場、予選で敗退）。

日本でもお馴染みの劇中曲「タイトルズ」が流れる海辺のシーン。映画「炎のランナー」より

最期の言葉は「完全に降伏した」

パリ五輪で世紀の番狂わせをやってのけたエイブラハムスとリデルは本大会を最後に選手生活を終了。その後の2人の人生について、映画では詳しく触れられていない。

炎のランナー

1981／イギリス
監督:ヒュー・ハドソン
1924年開催のパリ五輪で周囲の予想を覆し、陸上競技金メダルに輝いた2人のイギリス青年の実話を映画化。第54回アカデミー賞で最優秀作品賞、脚本賞、作曲賞など5部門で栄冠に輝いた。

ハロルド・エイブラハムス本人（左）と演じたベン・クロス

エリック・リデル本人（左）は43歳でこの世を去ったが、役を演じたイアン・チャールソンも1990年、エイズのため40歳で死亡している

映画「炎のランナー」より

炎のランナー

リデルは第二次世界大戦中日本軍の収容所に抑留され43歳で病死

1934年、中国・天津で結婚式を挙げたリデル（右）と、6歳年下のカナダ人宣教師フローレンス・マッケンジー。フローレンスは1984年に死去。夫と同じ墓に眠っている

LIDDELL * HALL
FLORENCE MACKENZIE
1911 — 1984
BELOVED WIFE OF
ERIC LIDDELL 1902 - 1945
MURRAY HALL 1908 - 1969
THE LIGHT IS NOT EXTINGUISHED
THE LAMP IS OUT
BECAUSE THE DAWN HAS

エイブラハムスはパリ五輪の翌年のケガで現役を引退後、40年にわたってスポーツジャーナリスト、BBCラジオのスポーツ解説者として活躍した他、ユダヤ人運動協会の会長、アマチュア運動協会の会長に就任。その功績から大英帝国勲章を授与されている。

私生活では1936年、オペラ歌手のシビル・エバーズと結婚したものの子供に恵まれなかったため、1942年に生後8週の男の赤ん坊アラン、1946年に3歳の幼女スーを養子に迎えている。死亡したのは1978年1月。1963年にこの世を去った妻シビルと同じ墓に埋葬された（享年78）。

一方、リデルはパリ五輪の翌年に大学を卒業すると、父親と同じ宣教師として中国に渡る。1931年、満州事変が勃発。中国は外国人にとって極めて危険な場所となったが、彼はそのまま中国にとどまる。第二次世界大戦が始まり1941年、イギリス本国から待避勧告が出た後は、妻と3人の娘を出国させ、本人は中国に残留した。

1943年、日本軍に抑留され収容所へ。このとき、イギリスと日本の間で捕虜交換の話が出て、イギリス側はパリ五輪の英雄を救い出そうと画策するも、リデルは自分の代わりに妊娠中の女性を帰国させるよう申し出たという。

彼が脳腫瘍により43歳の若さで世を去ったのは、終戦半年前の1945年2月。仲間の宣教師によれば、最期の言葉は「完全に降伏した」だったという。

ザ・ブリザード

真冬の嵐で遭難した巨大タンカー「SSペンドルトン号」救出ミッション

映画は、真っ二つに裂けたペンドルトン号の船尾側に残っていた遭難者を助けるため、嵐の中を救助艇が駆けつける様子を迫力満点に描いている。映画「ザ・ブリザード」より

１９５２年2月、大西洋を航行していたアメリカ籍の巨大タンカー「SSペンドルトン号」が、真冬のブリザードの中で遭難した。真っ二つに裂けたタンカーに取り残された乗員を助け出すため、たった4人の沿岸警備隊員が小型船で出動。激しい嵐に翻弄されながらも救助に成功する。

２０１６年公開の「ザ・ブリザード」は、アメリカ沿岸警備隊の歴史の中で最も過酷なミッションと語り継がれている、この奇跡の救出劇を描いたアクション映画である。

荒れ狂う海での救助は自殺行為

映画の主人公は、救助艇の船長、バーニーことバーナード・ウェバー（１９２８年生。演：クリス・パイン）だ。彼は、６年前からマサチューセッツ州東端に位置するコッド岬の南にあるチャタム町沿岸警備隊本部に勤務していた。

劇中ではバーニーのロマンスについても描かれ、3歳年上の電話交換手の女性ミリアムと、交換作業の際に交わした雑談がもとで知り合ったことになっているが、実際はバーニーの職場を尋ねたのがきっかけで、ペンドルトン号が遭難したとき2人はすでに結婚していた。

　事件が起きるのは1952年2月18日の夜。ニューオリンズからボストンに石油を運んでいたSSペンドルトン号が、冬の嵐にあおられ、船体の真ん中から真っ二つになった。乗務員41人のうち、船首にいた船長を含め8人は冷たい海で絶命。船尾側にいた33人は、かろうじて命をつなぐ。が、船尾側の船体も沈むのは時間の問題だった。

　この日、遭難したのはペンドルトン号だけではなかった。「フォートマーサー」と命名された石油タンカーも遭難。SOSをキャッチした沿岸警備隊はすでに多くの隊員を出動させていた。

　一方ペンドルトン号は、あっという間に船体がバラバラになったため、船長らは救難信号を発することさえできなかった。警備隊がレーダーで探索、ペンドルトン号が2隻に分かれていることを発見し、救助に乗り出したのが始まりである。

　隊員も救助艇も手薄な状況で、残っていた救助艇は定員12名の小型ボートだけだった。上官は最も経験豊富なバーニーを救助隊のリーダーに指名、3名の乗員を選べと命じる。が、荒れ狂う嵐に小型船での救助は自殺行為に等しい。皆が尻込みする中で、リッチーことリチャード・リバシー（1930年生）、フィッツことアンドリュー・フィッツジェラルド（1931年生）、アービン・マスク（1929年生）の3人が自ら手を挙げた。

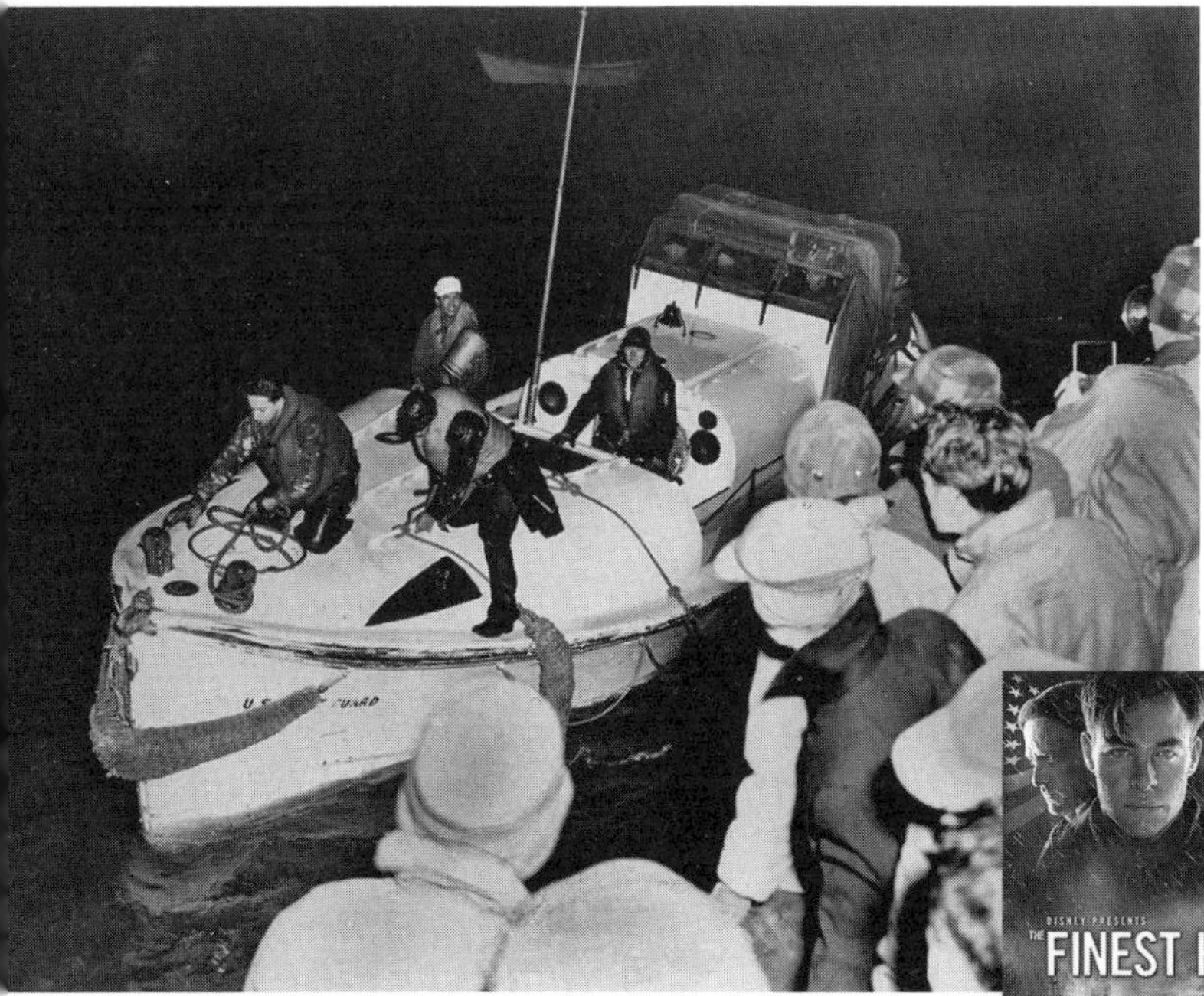

4人の警備隊員が32人の遭難者を救い出すことに成功した1952年2月18日の実際の様子

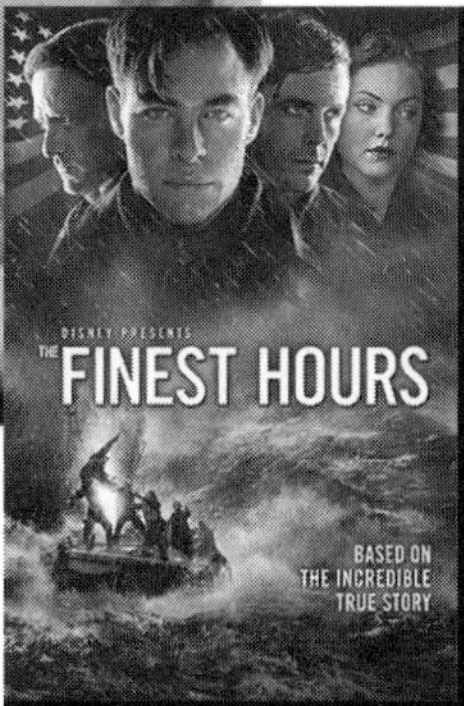

ザ・ブリザード

2016／アメリカ
監督：クレイグ・ギレスピー
1952年に起きたアメリカ沿岸警備隊によるタンカー「SSペンドルトン号」の救出劇を映画化。2009年、作家のケイシー・シャーマンが発表したノンフィクション『The Finest Hours』が原作。

エンジンが停止。風の向きだけが頼り

船尾だけになったペンドルトン号では、主任技術者のレイモンド・シバートを中心に、33人による必死のサバイバルが行われていた。

　保っても船体が沈むまでに4、5時間。それまで船体を維持し、汽笛を鳴らしながら救助を待つしか助かる道はない。レイモンドたちは映画のように浅瀬に座礁させて船体を固定したわけではなく、実際は波に流されないよう沖合の穏やかな場所に留まるべくエンジンを回し続けていたという。

　ちなみに、映画ではバーニーが危険な海へ出動させられたのを知り、フィアンセのミリアムが警備隊の事務所に怒鳴り込むシーンがあるが、実際はバーニーが救助に出ている間、彼女はインフルエンザで寝込んでいたそうだ。

　救助艇は高波に翻弄され、コンパスを波にさらわれ、自分たちの現在地もわからぬまま奇跡的にペンドルトン号を探し出す。が、真っ二つに割れた船体はまるで幽霊船。そこにサーチライトを照らすと、1つ2つと人影が集まってきた。が、救助隊は愕然とする。12人定員の船に対し、遭難者が33人いたからだ。

　いったん定員数を乗せてから再度戻ってこようと提案する部下に対し、バーニーは毅然と言い放つ。そんなことをしていては船が沈む。全員を乗せて帰る、と。しかし、ペンドルトン号から救助艇に乗り移るのも命がけで、揺れ動く中を長い縄梯子で降りる最中、体重約140キロの料理人マイヤーズが足を滑らせ落下、亡くなってしまう。

　映画では、バーニーたち4人に加え、32人が乗船した救助艇はエンジンが故障。バーニーが、

ペンドルトン号の船尾側で生き残った遭難者たちは主任技術者レイモンド・シバート（中央。演：ケイシー・アフレック）を中心に必死のサバイバルを続けた。下は救助艇のリーダー、バーニーを演じたクリス・パイン。映画「ザ・ブリザード」より

12人乗りの救助ボートに遭難者32人が乗船

救出される遭難者たち（実際の写真）

ザ・ブリザード

風の向きだけを頼りに操縦したことになっている。実際もエンジンが止まったが、この危機を中心になって救ったのは部下のフィッツで、彼は酷い火傷を負いつつ再始動に成功したそうだ。

　さらに、映画はドラマチックな演出として、町が停電し、灯台の光も消えてしまったため、ミリアムや町の人たちが車のヘッドライトを海に向け、救助艇を導いたように描いている。が、実際は、灯台の光は点いたままで、赤く点滅するブイが助けになったという。

　救助艇が連れ帰った32人の遭難者は、桟橋で帰りを待っていた町の人々に温かく迎えられ、介抱を受けた。結局この日、沿岸警備隊は遭難した2隻のタンカーを救助。70人＝ペンドルトン32人（死者9人）、フォートマーサー38人（死者5人）を助け出した。

　その後の調査で、ペンドルトン号の船体が裂けたのは、悪質な溶接方法に原因があったことが判明する。第二次世界大戦に向けて急造されたタンカーだったため、材料が不十分だったようだ。が、遭難の1ヶ月前、沿岸警備隊の検査には合格していたというから、想定外の嵐だったというべきか。

救出後にホッとした表情を見せる警備隊の4人。左から、バーナード・ウェバー、アンドリュー・フィッツジェラルド、リチャード・リバシー、アービン・マスク。彼らには警備隊員として最高の名誉であるゴールドメダルが授与された。リチャード以外の3人はすでにこの世を去っている（2020年6月現在）

レナードの朝

医師マルコム・セイヤー役のロビン・ウィリアムズ（左）と患者レナードを演じたロバート・デ・ニーロ。映画「レナードの朝」より

嗜眠性脳炎の治療法を開発した医師オリバー・サックスと、長い眠りから覚めた患者たち

１９９０年に公開された「レナードの朝」は、全身が硬直する難病の治療法を発見した医師と、数十年ぶりに人生を取り戻した患者の姿を描いた医療ドラマの傑作である。

映画は、劇中でロビン・ウィリアムズ扮するマルコム・セイヤー医師のモデルとなった実在の神経学者オリバー・サックスが自身の体験を綴った著作『目覚め』（１９７３年刊）に基づいている。

世界的流行で500万人が罹患

オリバー・サックスは１９３３年、英ロンドンのユダヤ人家庭に生まれた。父親は内科医、母親はイギリスで初の女性外科医の１人で、親戚には著名な科学者や医師、政治家、ノーベル賞受賞の数学者などがいる。

そんな環境下、思春期の頃から学者を志したサックスは、名門オックスフォード大学に進学し、生理学と生物学、さらに医学と外科で学位を取得。１９６５年からは米ニューヨークに居を構え、１９６６年よりニューヨーク市ブロンクスにあるベス・アブラハム病院の顧問神経科医に就任する。映画のモチーフになったのは、この病院での体験だ。

　ベス・アブラハム病院は、別名〝不治の家〟と呼ばれる慢性的神経疾患患者のための収容施設で、特に「嗜眠《しみん》性脳炎」の患者が大勢、何十年にもわたって入院していた。嗜眠性脳炎とは、第一次世界大戦中の1916年から1927年にかけて大流行した脳炎で、世界中で約500万人が罹患。そのうち3分の1が死亡し、命を取り留めた人たちも半分昏睡したまま硬直して動かない「嗜眠」状態に陥った。

上／11歳で発病、30年間嗜眠状態だった実際のレナード・ロウ　下／1966年、ベス・アブラハム病院に赴任した当時のオリバー・サックス（当時33歳）

アメリカでは1935年までに流行は終わったが、何千人もの半昏睡の患者が残され、サックスが赴任したベス・アブラハム病院には多くの嗜眠性脳炎の患者が収容されていた。彼らは半分意識はあるものの、しゃべらず、動かず、食べず、感情や欲望は皆無。完全に受動的で、オリバーは彼らを「幽霊のように実体がなく、ゾンビのよう」と表現している。

　しかし患者たちを診たサックスは気づく。例えばボールを放るとっさに手を出したり、音楽に思わず反応するなどの反射神経が残っていたのだ。そこで、ボールや音楽を使った訓練を施したところ、今まで何十年も〝凍結〟していた患者の中に、目を開けたり手の指を動かせるようになった者が現れた。

　そしてサックスは、さらなる治療法を思いつく。嗜眠性脳炎と症状が似ているパーキンソン病の新薬「L－ドパ」を、最も症状の重い患者レナード・ロウに試してみようというのだ。映画でロバード・デ・ニーロが演じたレナードのモデルになった人物だ。

　レナードは11歳で発病。30年前から入院し、寝たきりのままだった。が、奇跡は起きる。上

レナードの朝

1990／アメリカ
監督：ペニー・マーシャル
30年にわたる昏睡から目覚めた患者レナードと、彼を救おうとする医師セイヤーの闘いを、神経科医オリバー・サックスの実体験による著作を基に描く。

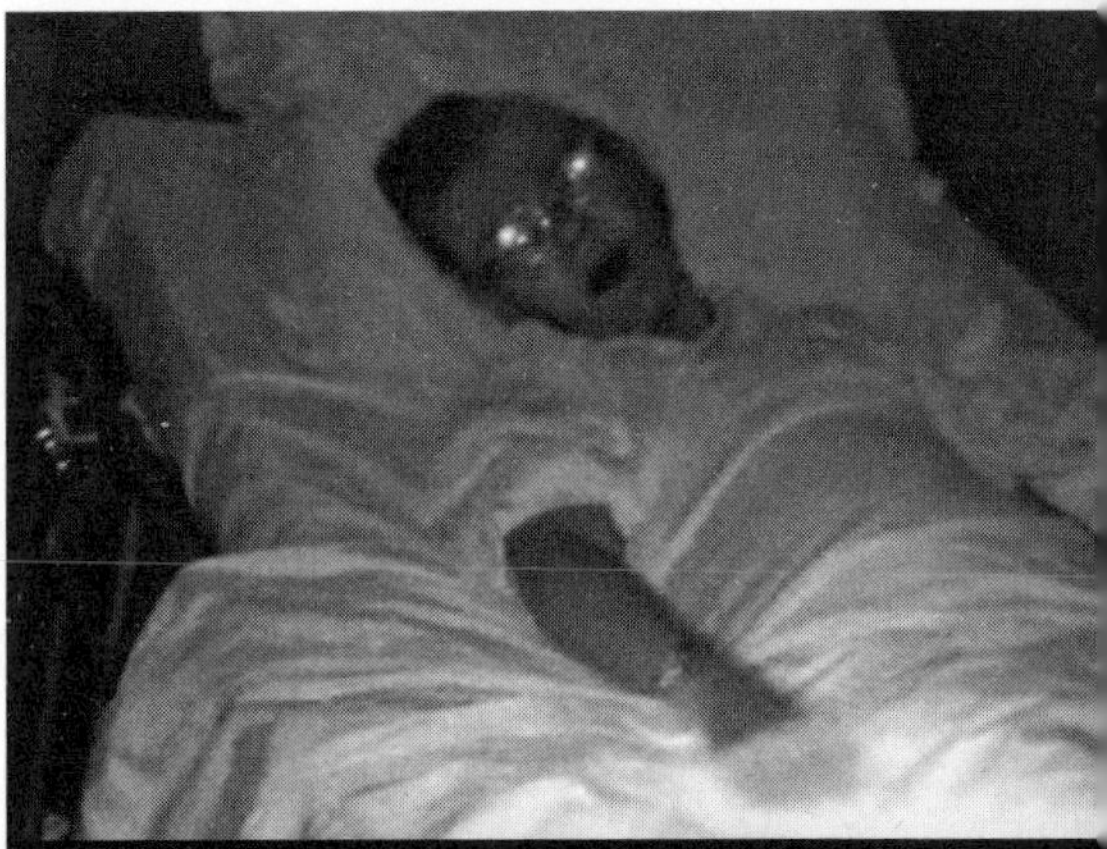

嗜眠状態の患者たち。体が常に震え、自分で立つこともできない

ボールを投げるとキャッチし、投げ返す反射運動が健在な患者もいた

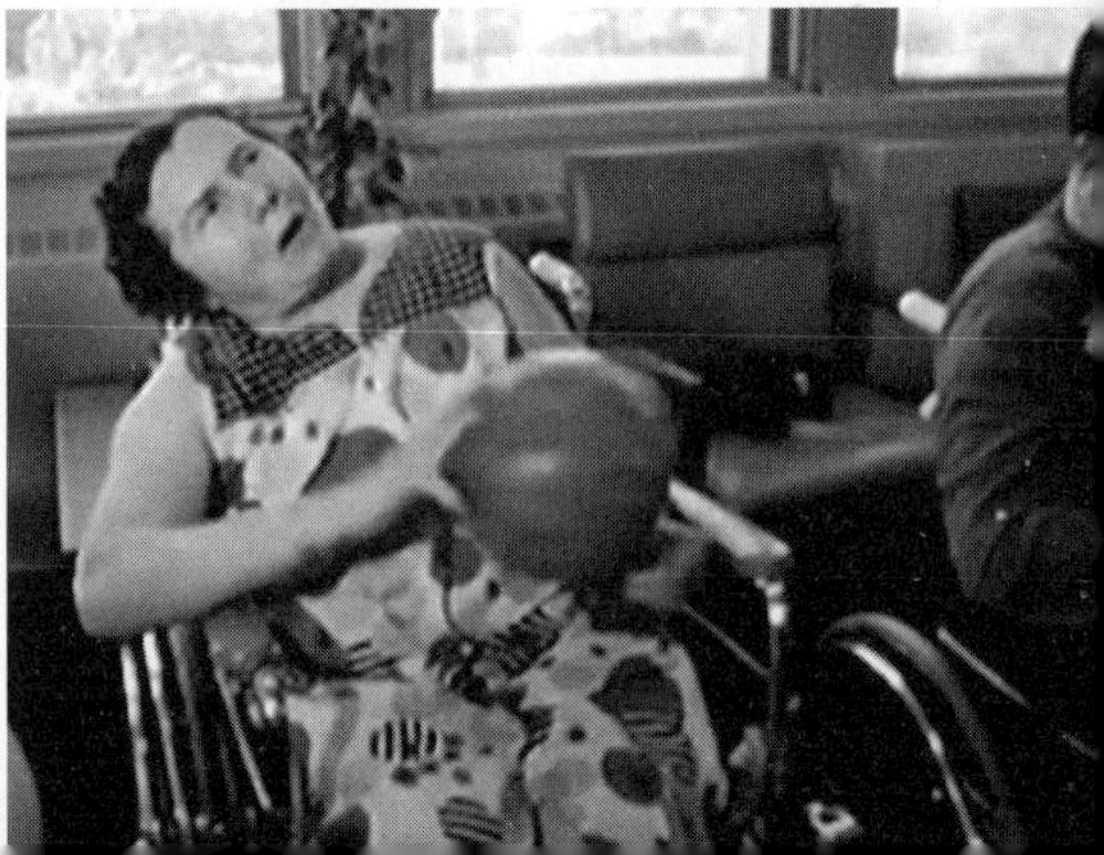

司とレナードの母親の許可を得て新薬を投与した結果、ある夜、レナードが自力でベッドから起き上がり、サックスと言葉を交わしたのである。

何度かの「目覚め」の後、レナードは死亡

映画では、その後、セイヤーがレナードを自宅に招待するなど、医者と患者を超えた友情を育み、さらにレナードが女性に恋心を抱いたかのようなシーンや、薬を投与された他の患者たちも皆が起き上がり、手に手を取って喜び合う姿が描かれている。

これらのストーリーはフィクションが交じっているが、「L－ドパ」がレナードをはじめとした患者たちにも驚くべき効果があったのは紛れもない事実。さらに、劇中で描かれるとおり、薬を使うにつれて患者たちの体内に耐性が生じ、徐々に効果が出なくなっていったのも実際の話で、中には「L－ドパ」の大量投与による悪性症候群らしき暴力性も発現した者もいた。肝心のレナードは再び昏睡状態に戻り、投薬によって何度か「目覚め」たものの、結局亡くなっている。

サックスは、その後も大学で教鞭を執りながら、ニューヨークの病院にも勤務。非営利の音楽神経機能研究所の基盤を固めるなど積極的に働いた。一方、映画の原作となった『目覚め』を皮切りに、病気をテーマにした著作を多数出版。多くの大学から名誉博士号を授与された他、2008年にはイギリスで医学

デ・ニーロ（右）のリアルな演技が話題に。映画「レナード朝」より

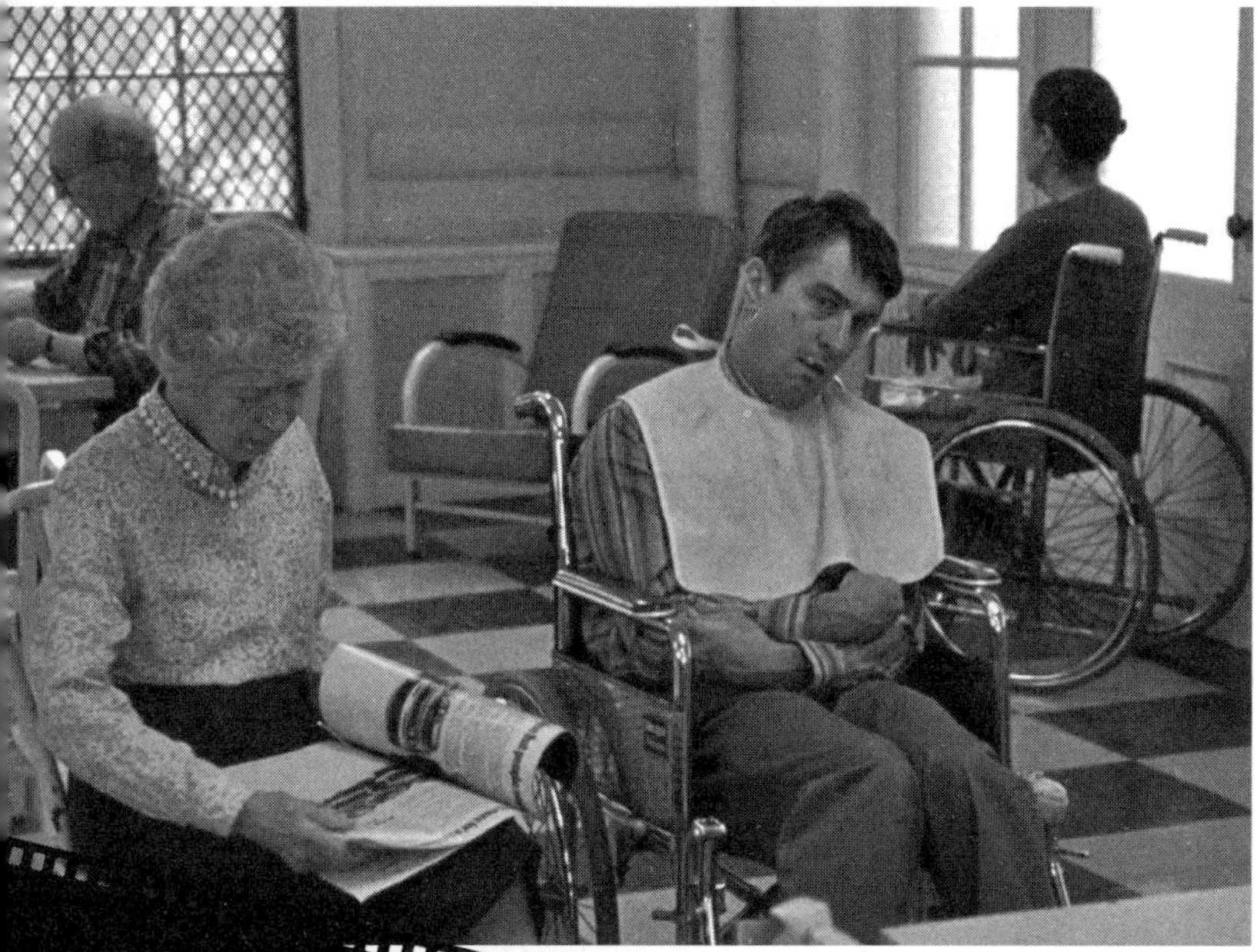

への業績が認められ「大英帝国勲章」を受賞した。
マンハッタンの自宅で肝臓ガンにより死亡したのは2015年8月。享年82だった。

レナードの朝

薬の耐性が生じ再び昏睡状態に

「目覚め」から戻った実際のレナード

不屈の男 アンブロークン

爆撃機B-24の搭乗員だった頃のルイス・ザンペリーニ本人（右）と演じたジャック・オコンネル。映画「不屈の男 アンブロークン」より

虐待を耐え抜いた元五輪選手 ルイス・ザンペリーニと 冷酷非道な捕虜収容所の 軍曹・渡邉睦裕の 「戦後」

ハリウッド女優アンジェリーナ・ジョリー監督作「不屈の男 アンブロークン」は1936年のベルリン五輪に出場した陸上選手で、第二次世界大戦中、飛行機のトラブルにより太平洋を漂流の末、日本軍の捕虜となった米兵ルイス・ザンペリーニの実話を映像化した戦争ドラマだ。地獄のような環境を生き抜いたザンペリーニの精神力には驚愕するよりないが、劇中で描かれない〝その後の人生〟もまた過酷なものだった。

太平洋上で47日間、地獄の漂流生活を

本作の主人公ザンペリーニは1917年、米ニューヨーク州で生まれた。高校時代、中距離の陸上選手として活躍し、1936年、19歳でベルリン五輪のアメリカ代表となり5千メートル走に出場。全体の8位という結果ながら、最終ラップで56秒という驚異的なスピード（当時の世界記録は69秒2）を叩き出し、一躍注目の的となる。劇中には出てこないが、この走りをスタジアムで見たナチス・ドイツの総統アドルフ・ヒトラーはレース後、ザンペリーニに接見、称賛したそうだ。

オリンピック後、進学した南カリフォルニア大学で陸上を続け、1940年開催予定の東京五輪を目指したが、日中戦争の影響などから大会は中止。ザンペリーニもまたアメリカ陸軍航空隊に入隊、爆撃機B－24の搭乗員となり、日本軍占領下のナウル島（太平洋南西部）を爆撃する作戦に就く。

事故が起きるのは1943年5月27日。海上に墜落した所属部隊の爆撃機を飛行機で捜索中、エンジン故障が発生、機体はハワイ・オアフ島の南約1千400キロの海に不時着する。これにより乗務員11人のうち8人が死亡。辛くも助かったザンペリーニは、他2人とともに救命用ボートで太平洋を漂流することになる。

1936年、ベルリンオリンピック陸上男子5千メートルに出場、最終ラップを驚異的なスピードで走った（結果は8位）

劇中で描かれるように、漂流生活は過酷を極めた。水や食料がないことはもちろん、付近を漂うサメがボートをつつき、日本の爆撃機から狙い撃ちに遭う。そんな地獄のなか、彼らは雨水をすすり、捕まえたアホウドリを食し、日々をやり過ごした。が、漂流33日目に仲間の1人が飢えと脱水症状で死亡。残ったザンペリーニと操縦士のラッセル・フィリップス（通称フィル）が日本海軍の船に発見されるのは、それから2週間後の7月13日のこと。漂流生活は47日間に及び、2人の体重は半分に減っていた。

大森収容所にいた鬼畜の軍曹

ザンペリーニとフィルはマーシャル諸島の日本軍基地で尋問を受けた後、日本に移送され、それぞれ別の捕虜収容所に監禁される。ザンペリーニは神奈川県の大船収容所で1年間を過ごした（映画では描かれない）後、1944年9月、東京・大森の

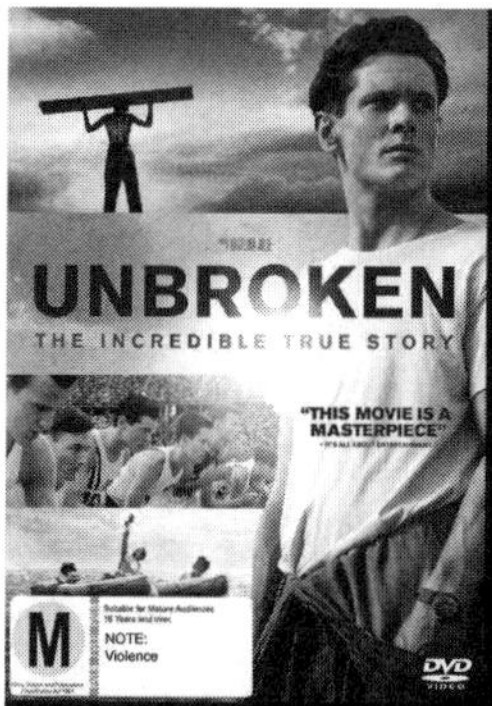

不屈の男 アンブロークン

2014／アメリカ
監督:アンジェリーナ・ジョリー
陸上の五輪アスリートから陸軍航空隊パイロットとなったルイス・ザンペリーニが日本軍の捕虜収容所で虐待に耐え、生き抜いた実話を映画化。反日的な内容を問題視した一部の者から、インターネット上で日本での上映中止運動が起こった（日本公開は2016年）。

東京俘虜《ふりょ》収容所本所（通称大森収容所）へ。ここで漂流生活以上の地獄を味わうことになる。

大森収容所は当時、米兵を中心に600〜700人の捕虜を抱え、渡邊睦裕《わたなべむつひろ》（1918年生）なる軍曹が監視役の長を務めていた。早稲田大学の仏文科を出たインテリで英語も堪能。うってつけの職務に就いた渡邊は、捕虜を徹底的に虐待する。中でも最も彼の餌食になったのがザンペリーニだった。

渡邊はザンペリーニがベルリン五輪で活躍したアスリートと知るや、意味もなく殴る蹴るの暴行を働く。有名人を虐《いじ》め抜くことで他の捕虜を問答無用で屈服させるのが目的だったようだ。劇中でも描かれるように、アメリカ向けのラジオで日本を称賛することを強要され、これを拒否したザンペリーニを渡邊は捕虜1人1人に殴らせ、後にザンペリーニが新潟の直江津収容所に移送された際は、わざと巨大な梁《はり》を担がせ、落としたら射殺するよう看守に命令した（史実では、ザンペリーニは37分間、梁を上空に掲げたという）。

映画でもそのサディストぶりは十分伝わるが、彼の部下や捕虜が戦後証言したところによれば、渡邊の残虐性はさらに度を越したものだったという。

65歳の捕虜を16日間木に縛りつけ、毎晩殴るように部下に命令した。捕虜を殴打した後、自分の部屋に呼び、酒や食べ物を与え暴行を詫びた翌日、同じ捕虜に前日以上の虐待を働いた等々。ある証言によれば、こうした行為に渡邊は性的興奮を得ていたというから驚く。

ザンペリーニは渡邊の虐待を耐え抜き終戦を迎え、生きてアメリカに帰国。1946年、美人の妻シンシアを娶《めと》った。が、長年の虐待によるPTSD（心的外傷後ストレス障害）を発症。渡邊を殺す悪夢を見て妻に殴りかかったり、アルコール依存に陥る。それを救ったのが信仰で、ザンペリーニは後に敬虔なクリ

収容所で捕虜たちから「バード」の通称で呼ばれた渡邊睦裕軍曹（下）と、演じた日本人ミュージシャンのMIYAVI。映画「不屈の男 アンブロークン」より

虐待のトラウマでPTSDを発症

無事に帰国した翌年1946年、シンシア・アップルホワイトと結婚したが、心は蝕まれていた

スチャンとなり、自身を虐め抜いた渡邊を赦《ゆる》すまでの心境に達する。そして、1998年1月、長野五輪の聖火ランナーを務めるため来日。直江津収容所のあった新潟県上越市内を走るとともに、渡邊との再会を希望したが叶わなかった。肺炎によりロサンゼルスの自宅で死亡したのは2014年7月。97年の長き人生だった（ちなみに、漂流生活を共にしたフィルも生きて帰国、1998年、82歳で死去）。

不屈の男 アンブロークン

1998年、長野オリンピックの聖火ランナーとして来日。新潟・直江津収容所があった地を笑顔で走った

一方、渡邊は戦後、元捕虜の告発により重要戦犯として指名手配されるが隠遁《いんとん》生活を続け、GHQによる占領終結後の1956年、雑誌『文藝春秋』にぬけぬけと逃亡記を発表。その後は保険会社のセールスマンとして働き、都内に高級マンションを購入、休暇は海外で過ごすなど裕福な暮らしを送った。1998年、長野五輪でザンペリーニが来日した際、米テレビ局CBSのインタビューに応じ、「（捕虜に対する暴行は）軍の命令ではなく、個人的に行ったもの」と虐待を認めたものの謝罪の言葉はなく、ザンペリーニの面会希望も拒否。2003年4月、85歳でこの世を去った。

1962年8月17日、世界フェザー級タイトルマッチを闘うオリ・マキ（左）と王者デビー・ムーア

オリ・マキの人生で最も幸せな日

映画では一切語られない挑戦者オリ・マキと王者デビー・ムーアの真逆の運命

2016年、第69回カンヌ国際映画祭「ある視点」部門でグランプリを受賞したフィンランド映画「オリ・マキの人生で最も幸せな日」は、実在のフィンランド人ボクサー、オリ・マキと、彼が恋に落ちた女性ライヤを巡るラブ・ロマンスだ。

「ロッキー」「レイジング・ブル」などボクシング映画の名作で描かれる猛練習や迫力のファイトシーンは一切なく、主軸は1人の男が願う好きな女との幸福。しかし、オリ・マキは今もフィンランド国民の記憶に刻まれる偉大なボクサーで、彼が世界タイトルマッチを闘ったデビー・ムーアも、その後、数奇な運命をたどっている。

試合当日の計量後、婚約指輪を購入

本作で、主人公オリ・マキや対戦相手の世界王者デビー・ムーアなど、主要人物のプロフィールは一切説明されていない。

オリ・マキは1936年、フィンランドの田舎町コッコラで生まれ育った。ボクサーデビューは1958年。翌年、スイスのルツェルンで開催されたヨーロッパ選手権のジュニアウェルター級（60キロ未満）で優勝し、

1960年、プロに転向する。

ここで彼のマネージャーとなったのが元ヨーロッパ王者のエリス・アスク（1926年生）だ。マキはアスクの指導のもとめきめきと実力をつけ、プロデビュー後の10試合で8勝1敗1分の好成績を記録。1962年、当時の世界フェザー級王者だったデビー・ムーアとのチャンピオンベルトを懸けた大一番に臨むことになる。

ムーア（1933年、米ケンタッキー州生）は1953年プロデビューし、6年後の1959年3月、フェザー級王者ホーガン・バッセイにTKOで勝利しベルトを奪取。以後4度の防衛に成功していた（その中の2回は日本人ボクサー高山一夫との試合で、いずれも判定勝ち）。

マキにとって、ムーアとの試合はあまりに無謀だった。キャリアも実力も桁違いで、しかも本番までに体重を57キロ以下に落とさなければならない。しょせん勝てる相手ではなかった。

しかし、フィンランド人ボクサーとして初めて世界王者にチャレンジするという主催者側の興行的な目論見もあったのだろう。1962年8月17日、フィンランドのヘルシンキ・オリンピックスタジアムで試合は実現する。

劇中で描かれるとおり、マキは当日の計量をクリアした後、奇妙な行動を取る。友人の結婚式で知り合い、恋仲となってい

主人公オリ・マキを演じたヤルコ・ラハティ（左）、マネージャーのエリス・アスク役のエーロ・ミロノフ（右）、マキの恋人ライヤに扮したオーナ・アイロラ（下）。映画「オリ・マキの人生で最も幸せな日」より

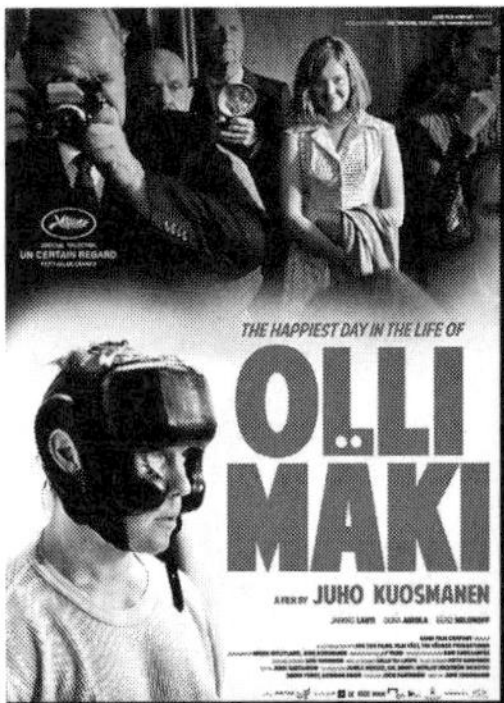

オリ・マキの人生で最も幸せな日

2016／フィンランド
監督：ユホ・クオスマネン
フィンランド初のボクシング世界戦に挑む実在のボクサー、オリ・マキと恋人ライヤを巡るロマンス映画。全編モノクロで撮られた映像がリアリズムと美しさを醸し出している。日本公開は2020年1月。

た女性ライヤに渡す婚約指輪を買いに行ったのだ。世界戦を前にしたボクサーがなぜ？　当然の疑問に本作を企画、監督したユホ・クオスマネンは「周囲の思惑や常識にとらわれない部分が人間オリ・マキの魅力であり、映画を作るきっかけにもなった」と語っている。

世界戦から1年半後欧州チャンピオンに

フィンランドで初めて開催されるボクシングの世界タイトルマッチに集まった2万3千463人の観客は、試合が始まってほどなく悲鳴をあげることになる。2ラウンドでマキがムーアのハードパンチを食らい、あっさりKO負けしてしまったのだ。

映画はこの後、マキとライヤのデートシーンを描き、結婚を予感させて終わる。実際に2人はこの試合後に夫婦となり、家庭を築く。2人の子供も授かり、それはまさにマキが願っていた幸福だった。

しかし、マキのボクシング生活はまだ終わらず、世界戦から1年半後の1964年2月14日、欧州スーパーライト級の王座につき、1967年2月まで3年間ベルトを守り続ける。ボクサーとしてのピークはこの頃だった。引退したのは1973年8月。通算成績28勝14敗8分。現役リタイア後は、コーチ、マネージャーとして活躍し、1991年、ボクシング界から身を引いた。

一方、マキを相手に5度目のベルト防衛を果たしたムーアは1963年3月21日、ドジャー・スタジアムで行われた6度目の防衛戦でシュガー・ラモスと対戦し、10回終了時TKO負けで王座から陥落。この試合でのダメージが原因で2日後の3月23日に息を引き取る。

29歳での若すぎる死は世界に衝撃を与え、後に漫画『あしたのジョー』で力石徹が死亡するシーンで引用され、また、当時大人気を誇ったフォーク歌手のボブ・ディランがこの試合を題

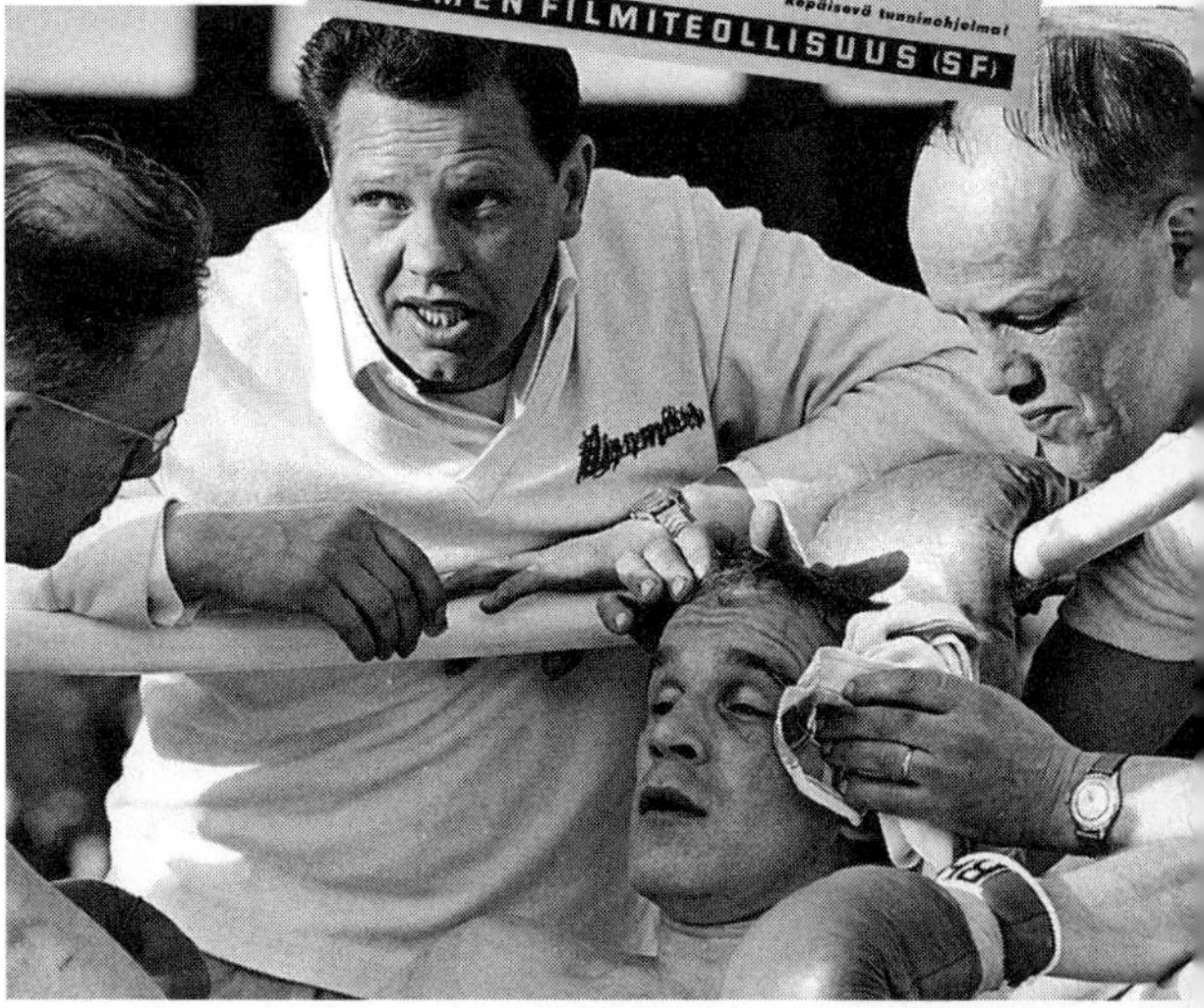

右／試合のポスター。フィンランド人が世界王者に挑戦するのも、フィンランドで世界戦が行われるのも初めてだった
下／1ラウンド終了時の様子。ダメージを受け座り込むオリ・マキ（中央）とマネージャーのエリス・アスク本人（左）。アスクはは2003年3月、76歳で死去

1963年3月21日、シュガー・ラモス（右）がムーアに挑んだWBA・WBC世界フェザー級タイトルマッチ。試合はTKOでラモスが勝利し、ムーアはそのダメージで2日後に死亡した

ムーアは6度目の防衛戦でTKO負けした2日後に死亡

晩年のオリ・マキ（左）と妻ライヤ

材とした「Who Killed Davey Moore?（誰がデビー・ムーアを殺したの?・）」という曲を発表、コンサートのレパートリーにするほどだった。

愛する女性に求婚し、世界戦を闘った1962年8月17日をその後も「人生で最も幸せな日」と言い続けたマキと、翌年の防衛戦後に命を落としたムーアの人生はあまりに異なる。

しかし、映画の企画が持ち込まれた2011年当時、マキは重いアルツハイマー型認知症を患い闘病生活を強いられていた。2016年の作品完成時には妻ライヤと公の場に顔を見せたものの、それから3年後の2019年4月6日、老人ホームで息を引き取る。享年82だった。

童貞卒業を願った重度障害者の男性と、セックス・サロゲートの女性の〝セッション〟

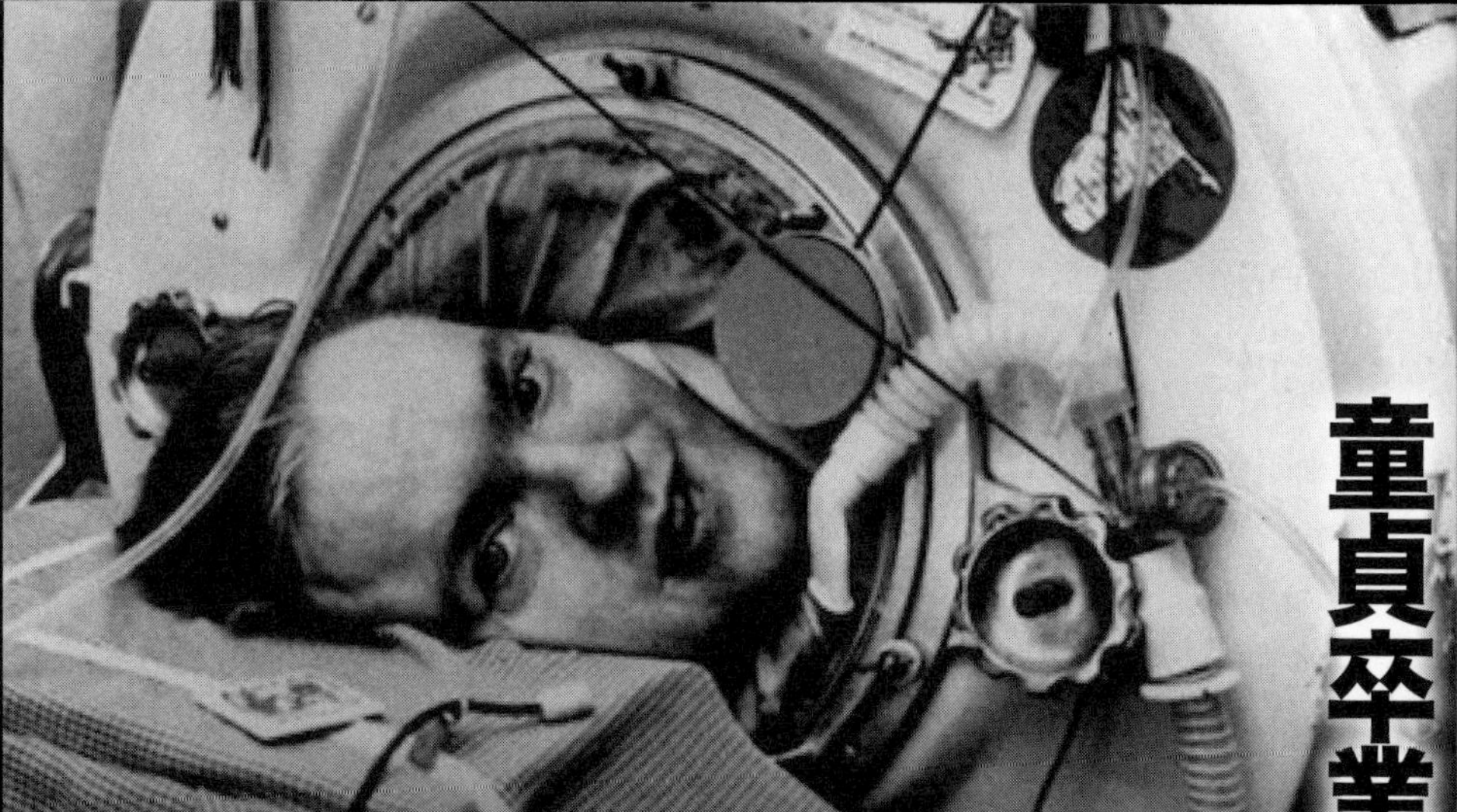

「鉄の肺」に入った実際のマーク・オブライエン。身長は約140センチ、体重は27キロ程度だった。下がオブライエンの童貞を卒業させたセックス・サロゲートのシェリル・コーエン・グリーン本人

セッションズ

２０１２年に公開されたアメリカ映画「セッションズ」は身体障害者の性を題材に、全身麻痺の男性が「セックス・サロゲート」（セックス代理人）の助けを借り、童貞を卒業するまでの過程をユーモラスなタッチで描いたヒューマンドラマだ。

主人公のモデルとなったのは、実際に障害を負ったジャーナリストにして詩人のマーク・オブライエン。映画は彼が１９９０年、雑誌に寄稿した体験記「セックス・サロゲートについて」がモチーフになっている。

1日の大半を人工呼吸器の中で

オブライエンは、１９４９年、米マサチューセッツ州ボストンで生まれた。１９５５年、６歳のときに「ポリオ」（急性灰白髄炎。日本では小児麻痺と呼ば

れる）に罹患。一命はとりとめたものの、首から下の全身に麻痺が残ってしまう。同時に重度の呼吸器障害を併発、長時間の自発呼吸ができないため「鉄の肺」と呼ばれる負圧人工呼吸器の中での生活を余儀なくされる。

そんな状態でも、オブライエンは自力で動かすことができる唇にマウススティックをくわえてパソコンを操作。熱心に勉強を続け、名門カリフォルニア大学バークレー校に進学する。

驚くべきことに、彼は電動ストレッチャーを使い一人でキャンパスへも通った。日に約3〜4時間なら「鉄の肺」から出て、携行用の人工呼吸器で過ごせたのだ。結果、オブライエンは大学院まで通って英文学の学士号とジャーナリズムの修士号を取得。卒業後はジャーナリストとして自宅で執筆活動をする傍ら好きな詩作をし、ヘルパーに日常生活を手助けしてもらいながら日々を過ごしていく。

映画は、38歳になったオブライエンのもとに新たなヘルパーがやってくるところから始まる。大学生のアマンダだ。優しく笑顔の絶えない彼女に恋心を抱くオブライエン。アマンダも紳士的でウイットに富んだ彼を好ましくは思ったが、その障害を受け止めきれず辞めてしまう。

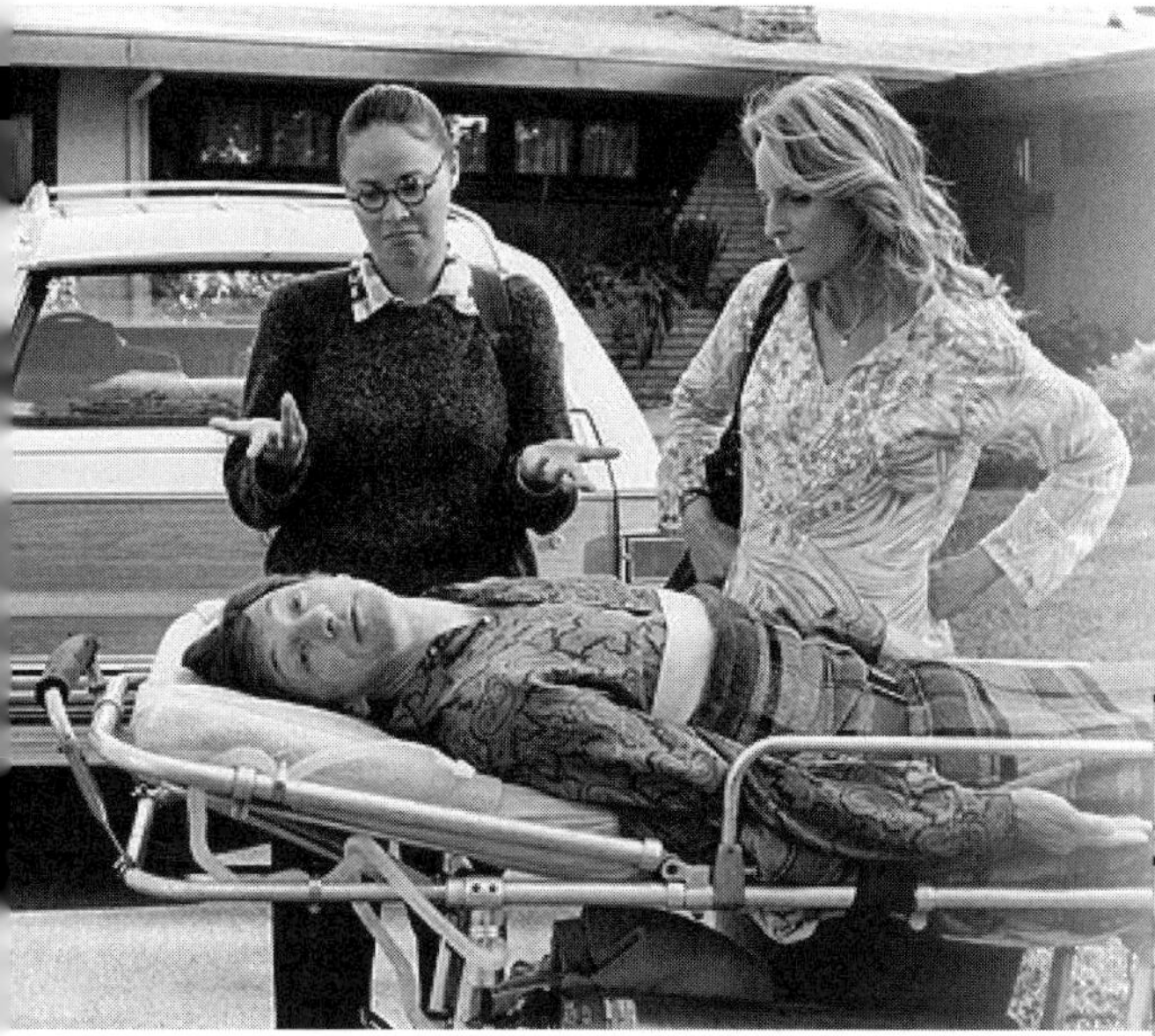

オブライエン役ジョン・ホークス（手前）の演技が高い評価を受けた。右の女性がセックス・サロゲートのコーエン・グリーンを演じたヘレン・ハント。映画「セッションズ」より

劇中では、アマンダとの出会いが、オブライエンが健常な男性と同様「愛する女性と肉体的にもつながりたい」と願うきっかけになったように描かれているが、このエピソードはフィクションだ。オブライエンの残した著作に、女性ヘルパーに恋した記述は一切ない。

実際のきっかけになったのは、1983年、34歳のとき、ジャーナリストとして活躍していた彼に、障害者のセックスについての原稿依頼が舞い込んだことだ。それまで彼は、自分が性的感情を持つことに罪悪感を覚えていた。全身に麻痺があっても

セッションズ

2012／アメリカ
監督：ベン・リューイン
幼少期、ポリオにかかり首から下が麻痺してしまった男性が、女性と肉体的につながりたいという願いを叶えようと奮闘する日々を描く。監督自身もポリオ罹患経験者である。

性器の勃起機能は正常な自分に対し、オブライエンは神から与えられた呪いではないかと考えていたという。

　だが、原稿を執筆するにあたり、障害者たちを取材したところ、彼らの中にセックスを謳歌している者が多くいることを知る。オブライエンはここで初めて、自分も女性に抱かれてみたいと思うようになった。

4度目のチャレンジでセックス成功

　1985年、オブライエンはセラピストから、女性と深い関係を持てるよう心身ともに導いてくれるセックス・サロゲートの存在を知る。日本では馴染みが薄いが、障害者だけでなく性生活に不安や不満を持つ人なら誰でも「セックス・セッション」を行う、欧米では一般的な職業だ。

　オブライエンはサロゲートに童貞を卒業させてもらおうと考える。が、すぐには行動に移せなかった。背骨も首も曲がった洗濯板のような胸の青白くて薄い体を見られるのが恐ろしかったからだ。

　決心がついたのはそれから2年後の1987年、38歳のとき。セラピストの紹介でサロゲートのシェリル・コーエン・グリーン（1944年生。当時43歳）と出会う。彼女は1972年、サンフランシスコの看護師のグループによって設立された、セックスに関する実践的なカウンセリングを行う「サンフランシスコ・セックス・インフォメーション」のメンバーで、1973年からサロゲートとして活動。私生活では夫と2人の子供を持つ主婦でもあった。

　オブライエンとコーエン・グリーンの「セッション」のプロセスは、映画で描かれているとおりだ。初日の最初の1時間はオブライエンの状況や望みを聞き、次は2人で裸になって「身体意識運動」を行う。これは、コーエン・グリーンがオブライエンの体をあちこち触り、どこが感じるのかを探る作業だ。映画の中でコーエン・グリーンがオブライエンの髪をなでながら「柔らかくて気持ちいい」と言うシーンがあるが、彼は後に自分に魅力的な部分が少なくとも一つあったことで大きな自信になったと記している。

　結局、その日はおしゃべりをしながらコーエン・グリーンがペニスに軽く触れたときにオブライエンは射精してしまう。コーエン・グリーンがありのままの自分を不快に思わなかったことでオブライエンは泣きそうになったそうだ。

　2度目のセッションでは2回射精しながらも性交に至らず、3度目も不成功。そして4度目に無事、セックスを成し遂げる。このとき映画では、高さが2メートル以上もある姿見をコーエン・グリーンが担いでいるシーンがある。実際、彼女がベッドルームに持ち込んだのは1メー

2時間のセッションで費用は300ドル

右／オブライエンは全身麻痺の体ながら電動ストレッチャーに乗って大学院まで通った
左／劇中の「セッション」シーンは、オブライエンが書いた体験記を忠実に再現している。映画「セッションズ」より

トル足らずの鏡で、オブライエンが自分の体をひどく卑下しているのを聞き、現実を見せようとしたのだ。ポリオにかかって以来、己の裸体や性器を見たことがなかったオブライエンは、そこに映った自分の姿が想像とは違いごく普通なことに驚き、子供時代と違った男らしい性器にも自信が持てるようになったそうだ。

1990年、オブライエンはこの体験を雑誌『サン』に寄稿。誰かを愛して拒絶されることが恐いが、誰かに受け入れられ愛されることも恐れていると書き綴った。

オブライエンと晩年の5年間をともに過ごしたガールフレンドのスーザン・ファーンバッハ

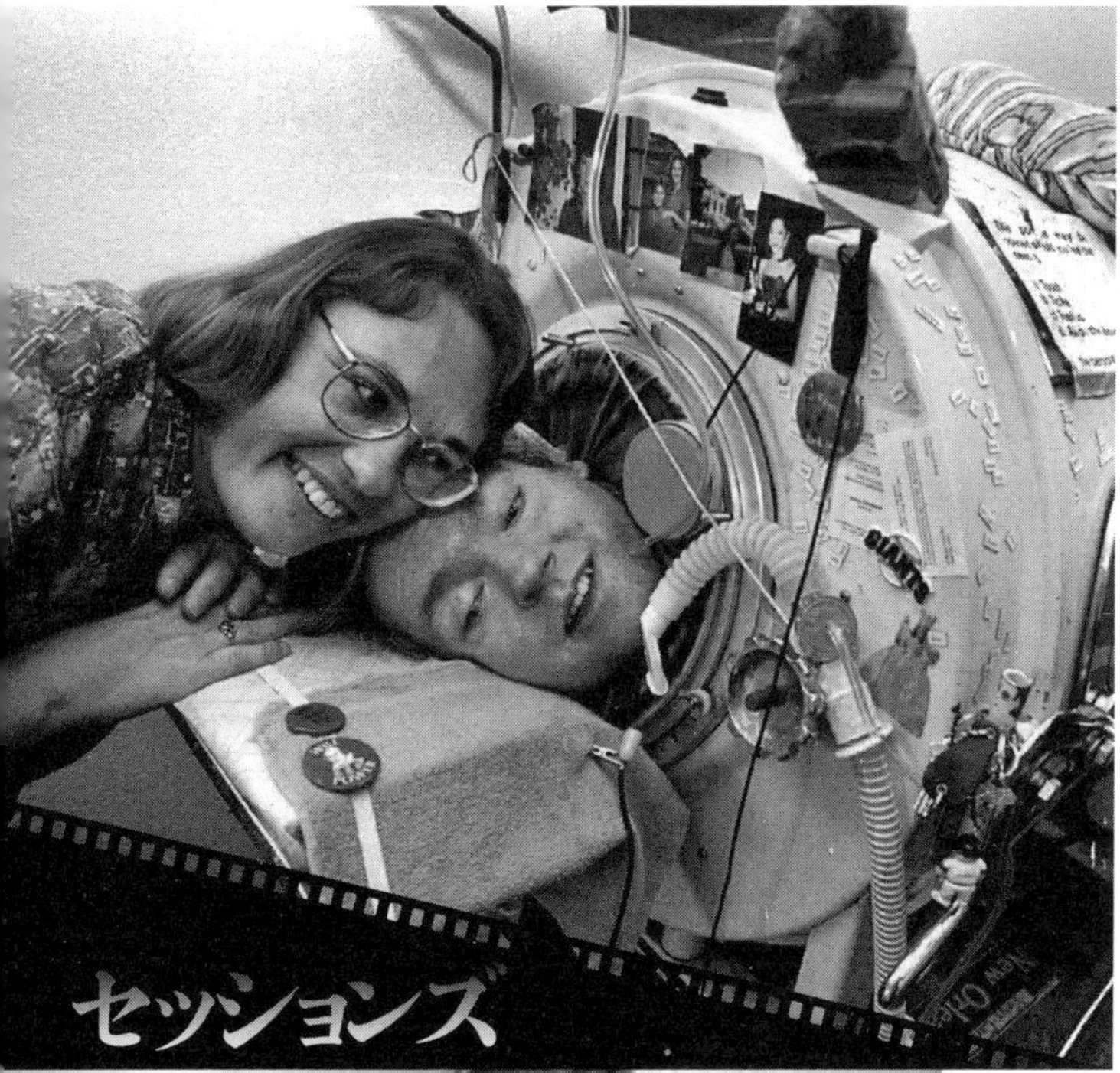

2013年、コーエン・グリーン(右)が69歳のとき、45歳童貞男性とのセッションの様子を映したドキュメンタリー番組のカット

映画の最後にナレーションで伝えられるように、1994年、オブライエンは停電の日に「鉄の肺」が動かなくなり入院。そのとき、病院でボランティア活動をしていたスーザンと出会い、恋仲となる。2人で過ごした詳細については不明だが、1999年7月にオブライエンが49歳で亡くなるまで、5年間をともに生きたそうだ。ただし、2人の間に性的関係があったかどうかは不明である。

一方、コーエン・グリーンは2012年の映画公開時、メディアの取材に答え、2時間のセッションは300ドルで、これまで900人以上と寝たと発言。売春と何が違うのかと物議を醸したが、翌2013年にはイギリスのドキュメンタリー番組で45歳童貞男性とのセッションを公開し、セックス・サロゲートが単にセックスを売っているわけではなく、性機能障害を克服するためのエクササイズであることを体を張って示した。

主人公ソロモン・ノーサップを演じたキウェテル・イジョフォー（中央右）。
映画「それでも夜は明ける」より

12年間、奴隷生活を強いられた「自由黒人」ソロモン・ノーサップの苦闘

本書でも複数の記事で取り上げたように、アメリカには人種差別を題材とした映画は数多くあるが、その源である奴隷制度を正面から扱った作品はほとんどない。２０１３年度のアカデミー賞で最優秀作品賞に輝いた「それでも夜は明ける」は19世紀半ば、奴隷として売られ12年後に解放された黒人男性ソロモン・ノーサップの過酷な体験を、本人の回想録に基づき映像化した歴史ドラマである。

誘拐・監禁され奴隷市場へ

アメリカでは、イギリスによる植民地開発時代の17世紀半ばより、アフリカから連れてきた黒人を奴隷とすることが合法化されていた。裕福な白人家庭が「所有物」として彼らを買い滅私奉公を強いたばかりか、奴隷法は黒人に対する暴力も認めていた。

本作の主人公ソロモン（１８０８年生）の父親も若い頃、奴隷として働いていたが、主人の死により解放されニューヨーク州へ移住。当然ながら息子ソロモンは一度も奴隷経験がなく、読み書きもできる普通のアメリ

カ人として育った（このように、主にアメリカ北部に居住していた奴隷ではない黒人は「自由黒人」を呼ばれた）。

ソロモンは成人して、地元の舞踏会に引っ張りだこのヴァイオリニストとして活躍。1828年、黒人女性アン・ハンプトンと結婚し3人の子供（劇中では2人）を授かり、何不自由のない暮らしを送っていた。

人生が一変するのは1841年、ソロモンが32歳のとき。サーカス会社のスタッフを名乗る男2人組からヴァイオリン奏者として公演に参加しないかとの誘いを受けワシントンD.C.に向かったところ、食事中に睡眠薬の入ったワインを飲まされ、小屋に監禁される。目覚めたとき手首は鎖で繋がれており、やがて現れた見知らぬ男性から「おまえはジョージア州出身の逃亡奴隷だ」と告げられる。男の正体は奴隷商人だった。

ソロモンは自分が「自由黒人」であることを主張するが、男は聞く耳を持たずソロモンを奴隷市場へ連行。そこで、ルイジアナ州で農園を営むウィリアム・フォードに売却する。映画では説明されないが、当時、アフリカからの奴隷輸入が禁止されていたことから、綿花畑などを営む南部の人間に奴隷のニーズが高まっており、ブローカーたちは誰彼構わず黒人を誘拐、高値で売りさばいていた。ソロモンもその標的になったのだ。

また、劇中の奴隷市場のシーンで、ソロモンとともに黒人の母子を買うことを申し出たフォードに対し商人が母親のみ売却したのは、意図的に家族関係を断ち切るためだ。親子や兄弟を同じ場所に売ると、結束して主人に歯向かうので家族はバラバラにする。当時はそれが黒人奴隷を統治する常套手段だった。

自分の所在を知らせる手紙を託して

ソロモンはフォードの奴隷として、材木の市場価格算定の仕事に就く。映画のとおりフォードは信仰心が篤《あつ》く温和な人物だ

回想録に収められている、ソロモンを描いた版画

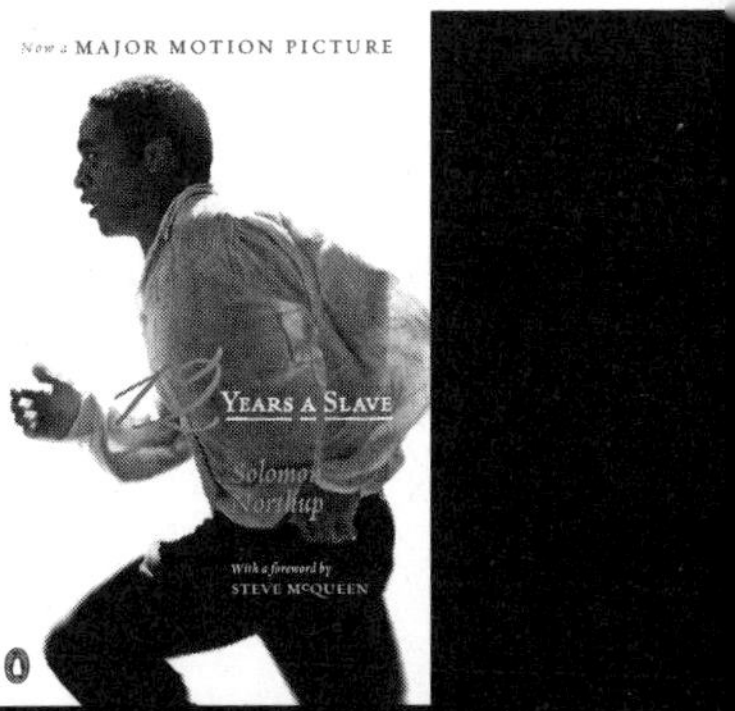

それでも夜は明ける

2013／アメリカ
監督：スティーヴ・マックイーン
1841年にワシントンD.C.で誘拐され奴隷として売られた自由黒人ソロモン・ノーサップの12年間に及ぶ過酷な体験を、ソロモン本人が著した回想録『12 years a slave』を基に描く。2013年度のアカデミー賞で作品賞、助演女優賞（ルピタ・ニョンゴ）、脚色賞の3部門で最優秀賞に輝いた。

上／ソロモンの最初の主人となったルイジアナ州の農園主ウィリアム・フォード。左が本人。右が演じたベネディクト・カンバーバッチ。
下／左がエドウィン・エップス本人。右はエップスを演じたマイケル・ファスベンダー（左）と、彼の性奴隷パッツィに扮したルピタ・ニョンゴ

ったが、１８４２年冬、経済難から奴隷を売却。ソロモンはフォードの水車場で大工として働いていたジョン・ティビッツに買われた後、１８４３年初め、ニューオリンズに広大な綿花畑を持つエドウィン・エップスに売り払われる。

エップスは無差別に奴隷を虐待しては馬車馬のように働かせる残酷な主人だった。毎日、綿花摘みのノルマを奴隷に課し、達成できなかった者に容赦なくムチを打ちつけたのは劇中で描かれるとおりで、ソロモンは後にムチ打ちの音を聞かない日はなかったと回想している。

エップスが、パッツィなる若い奴隷女性を気に入り、夜ごと性的虐待を繰り返していたのも事実で、エップスの妻は嫉妬で怒り狂い、夫にパッツィの背中をムチで打つよう命じる。劇中では、そんな状況に絶望したパッツィがソロモンに自分を殺してくれるよう頼んでいるが、これは映画用に作られたエピソードで、実際の彼女は過酷な環境に耐えるよりなかったそうだ。

また、かつて農園の監督だったものの自身の不始末でソロモンと同じ奴隷としてエップスのもとで働いていたアームズビーなる白人男性も実在の人物で、ソロモンは彼に親近感を抱き、自分の近況を家族に知らせる手紙を投函してくれるよう頼んでいる。が、アームズビーは主人エップスにこのことを密告。ソロモンに危険が及んだものの、手紙をアームズビーに渡していなかったことで難を逃れた。

エップスの奴隷として9年が過ぎた１８５２年、移動労働者のカナダ人大工サミュエル・バスが農園を手伝うようになる。ソロモンは、奴隷制度に反対の意思を示す彼と話すうち信用を

置き、自分が自由黒人であることを告白。再び手紙を投函してくれるよう依頼する。宛先は、故郷の知り合いだった商店主シーファス・パーカーだった。

　バスが頼まれたとおり手紙を出したことで、ソロモンの所在を知ったパーカーがエップスの農園を訪れソロモンを救出。故郷の家族と再会を果たし、映画は終わる。

　しかし、実際にソロモンを助けに来たのは、彼の幼馴染であるヘンリー・B・ノーサップなる弁護士だ。ヘンリーはパーカーからソロモンの妻アンに転送された手紙を受け取り、ソロモンが自由黒人である証明書をエップスに見せつけ、解放を納得させた。1853年1月4日。ソロモンが奴隷になってから12年の年月が流れていた。

　自由の身になったソロモンは、自分をジョージア州出身の奴隷と偽り不当に売り払ったとして奴隷商人の男を告訴したが、白人が被告の裁判で黒人の証言は許されず、結局、商人は無罪に。同様に誘拐の実行犯も訴えたものの、最後まで行方がわからなかった。

　その後、ソロモンは映画の原題にもなっている回想録『12イヤーズ・ア・スレイブ』を出版。奴隷制度廃止運動家として、北米を中心に自身の体験を語る講演を行ったが、彼の歴史的記録は1857年を最後に消えており、死に関する事情も一切わかっていない。

　奴隷制存続を主張する南部11州と、リンカーン大統領を指揮官とした北部23州が戦った南北戦争が勃発するのは1861年。4年後の1865年、北軍の勝利により奴隷制は終焉《しゅうえん》を迎える。

奴隷に容赦なしのムチ打ちが

女性奴隷パッツィがムチ打ちされている様子を描いた版画（ソロモンの回想録より）

それでも夜は明ける

ソロモンの所在を知らせる手紙を投函し、解放に繋げたカナダ人労働者サミュエル・バスを演じたブラッド・ピット（製作も兼務）

映画になった奇跡の実話II　2020年7月21日発行

編著　鉄人ノンフィクション編集部
発行人　稲村 貴
編集人　尾形誠規
編集スタッフ　木村訓子
表紙＋デザイン　細工場
発行所　株式会社 鉄人社
〒102-0074 東京都千代田区九段南3-4-5 フタバ九段ビル4F
TEL 03-5214-5971　FAX 03-5214-5972　HP http://tetsujinsya.co.jp/
印刷・製本　株式会社シナノ

〈主要参考サイト〉
映画ウォッチ　HISTORY vs HOLLYWOOD　uDiscoverMusic.JP　COLLIDER　ELLE
20世紀・シネマ・パラダイス　TIME　CNN　知恵ラボ　真夜中のブロックバスター
THE saratogian　The NewYork Times　デイリー・ミラー　YouTube　Wikipedia　Cinema Café.net
livedoorNEWS　NEWSポストセブン　NAVER まとめ　映画.com　exciteニュース
その他、多くの資料を参考にさせていただきました。

ISBN978-4-86537-191-8　C0076